근거이론의 실천

GROUNDED THEORY

A Practical Guide

Grounded Theory: A Practical Guide
by Melanie Birks and Jane Mills

근거이론의 실천

2015년 8월 14일 1판 1쇄 발행
2019년 2월 25일 1판 2쇄 발행

지은이 | Melanie Birks · Jane Mills
옮긴이 | 공은숙 · 이정덕
펴낸이 | 김진환
펴낸곳 | 학지사메디컬 HAKJISA MEDICAL
04031 서울특별시 마포구 양화로 15길 20 마인드월드빌딩
대표전화_ 02-330-5188 팩스_ 02-326-0338
등 록 | 2010년 2월 8일 제313-2010-36호
메 일 | hakjisamd@hakjisamd.co.kr
홈페이지 | http://www.hakjisamd.co.kr

ISBN 978-89-6069-484-2 93510

가 격 | 18,000원

이 번역서는 2014년도 정부재원(교육과학기술부 사회과학연구지원사업비)으로 한국연구재단의 지원을 받아 연구되었음(NRF-2014S1A3A2044461)

근거이론의 실천

GROUNDED THEORY

A Practical Guide

Melanie Birks · Jane Mills 공저

공은숙 · 이정덕 공역

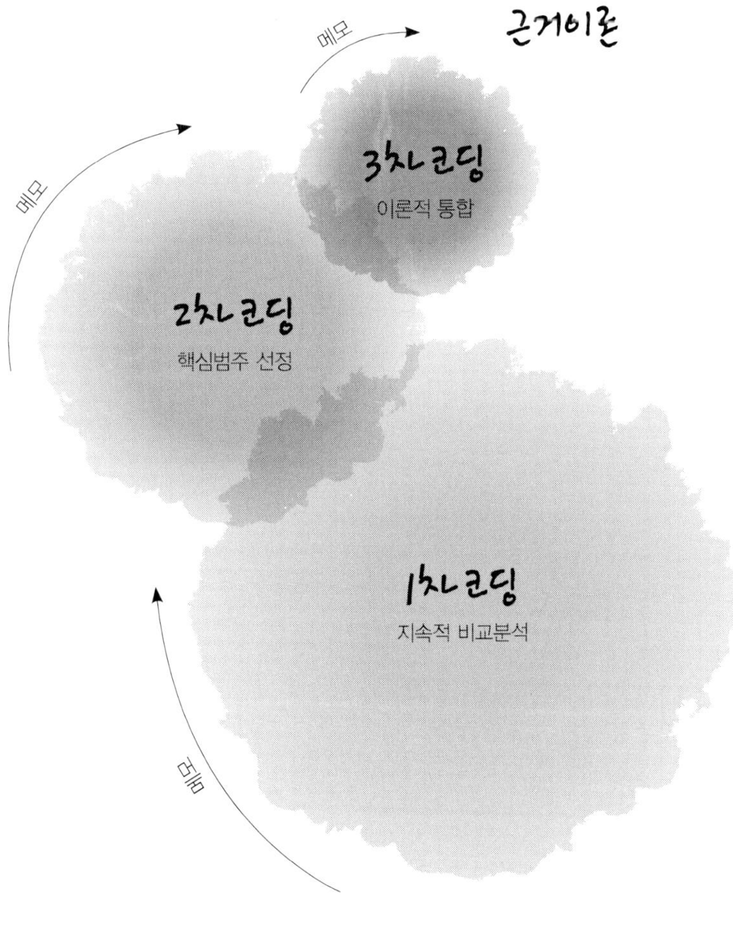

학지사메디컬
HAKJISA MEDICAL

역자 소개

공은숙

뉴욕시립대학교 헌터칼리지 간호학과 학사
버지니아대학교 대학원 간호학과 석사, 박사
현 예수대학교 간호학부 교수

주요 저서

『자살상담과 치료』 (공역), 학지사.
『인생각본』 (공역), 아카데미아.
『보건교육학』 (공저), 정담미디어.
『노인과 건강』 (공저), 현문사.
이외 다수

이정덕

서울대학교 인류학과 학사, 석사
뉴욕시립대학교 대학원 인류학과 석사, 박사
현 전북대학교 고고문화인류학과 교수

주요 저서

『21세기 한국의 문화혁명』, 살림출판사.
『근대라는 괴물』, 신아출판사.
『동아시아 일기연구와 근대의 재구성』 (공편저), 논형.
『창평일기 1–4』 (공편저), 지식과 교양.
『아포일기 1–5』 (공편저), 전북대학교 출판문화원.
이외 다수

저자 소개

멜라니 버크스(Melanie Birks)는 호주의 제임스 쿡 대학교의 간호학 교수로서 교육, 연구, 간호에 집중하고 있다. 버크스 교수는 연구 분위기를 진작하고 멘토역할을 통해 학습과 강의의 질을 높여 전반적인 학문수준을 높이는 데 집중하고 있다. 홍콩, 싱가포르, 파푸아뉴기니, 말레이시아에서 강의를 하는 등 국제적 학습에 경험이 많다. 버크스 교수의 관심은 간호학 졸업생들이 졸업 후 현장에서 수준 높은 간호를 하고 전문성에 기여할 수 있도록 간호교육의 접근성, 혁신, 적절성, 질적 수준을 높이는 데 있다. 버크스 교수의 연구에 대한 열정은 많은 논문, 공저, 저서에서 잘 나타난다. 가장 최근에는 대학원생을 위해 『질적연구방법론-실천적 가이드Qualitative Methodology: A Practical Guide』라는 책을 제인 밀즈 교수와 함께 출간하였다. 웹사이트 주소는 아래와 같다.
https://research.jcu.edu.au/portfolio/melanie.birks/

제인 밀즈(Jane Mills)는 호주의 제임스 쿡 대학교의 간호학 교수이며 연구대학원 부학장, 간호와출산 연구소 소장이다. 밀즈 교수는 훌륭한 졸업생과 연구결과를 통해 열대지역에서의 더 나은 삶에 기여할 수 있도록 연구와 교육을 개선하는 데 노력하고 있으며, 이들 분야의 학생들이나 연구자들과 밀접한 관련을 맺고 일하고 있다. 밀즈 교수의 연구분야는 지역건강관리, 건강 관련 전문가 양성, 지역 건강체계 강화, 근거이론과 여러 방법론을 활용한 강의와 학습 방법이다. 밀즈 교수는 질적연구방법론에 대한 많은 논문을 출판하였으며, 특히 근거이론 연구방법에 대한 연구가 널리 알려져 있다. 버크스 교수와 10년 가까이 작업을 해왔으며 공동으로 중요한 학술적 논문과 책들을 출판하였다. 특히 대학원생에게 도움이 되는 책들도 출판해왔다. 웹사이트 주소는 아래와 같다.
http://research.jcu.edu.au/portfolio/jane.mills/

감사의 글

이 책의 개정판을 쓰도록 요청받아서 기쁘다. 초판에서 우리의 목표는 근거이론연구가 어렵고 복잡하다는 생각을 불식시키고 근거이론연구에 필수적인 철학적 방법론적 기본개념을 쉽게 독자에게 제공하는 것이었다. 우리가 받은 수많은 메일과 반응이 이 점에 있어서 우리가 성공하고 있다는 것을 보여준다. 개정판을 내는 데 있어서도, 근거이론을 보다 쉽게 연구에 활용할 수 있도록 하고자 노력하였다.

우리가 이 저술에 몰두하고 있을 때 계속 끈기를 가지고 기다리고 지지해준 가족들에게 다시 한 번 감사를 표하고자 한다. 또한 우리가 연구를 시작할 때부터 멘토로서 가이드해준 프랜시스(Karen Francis) 교수와 채프맨(Ysanne Chapman) 교수에게도 감사드린다. 자신들의 근거이론 연구경험을 우리와 공유해주어 초판과 개정판에 실릴 수 있게 해준 '근거이론 들여다보기'의 회원들에게 감사드린다. 우리 연구에서 수많은 자료를 찾아주고 정리해준 연구보조원 챔벌린-살론(Jennifer Chamberlain-Salaun) 양 그리고 스튜어트(Lee Stewart) 학장에게 특별히 감사를 표한다. 마지막으로 SAGE 출판사의 편집자 메보드(Lily Mehrbod) 씨와 출판인 시먼(Jai Seaman) 씨의 전문적인 출판가이드로 더 멋있는 책이 나올 수 있게 되어 감사드린다.

이 책의 웹사이트

study.sagepub.com/birksmills2e

역자 서문

글레이저와 스트라우스가 1967년『근거이론의 발견』을 출간한 다음 질적연구에서 근거이론의 인기가 계속 높아지고 있다. 근거이론은 다양한 철학적, 이론적 입장과 공존할 수 있는 방법론이기 때문에 다양한 학문의 학자들이 근거이론을 활용하고 있다. 특히 스트라우스와 코빈이 1990년, 1998년, 2008년『질적연구의 기초』라는 책을 출판하고 개정판을 내면서 근거이론의 방법을 보다 알기 쉽게 정리하여 누구나 사용할 수 있게 되었다.

근거이론은 문화인류학의 민족지(참여관찰방법론)처럼 장기간의 조사와 분석기간이 요구되므로 박사논문을 쓸 때는 체계적으로 이에 접근하여 절차를 꼼꼼하게 진행하면서 연구를 진행해야 한다. 그러나 학위논문이 아닌 경우, 좀 더 작은 주제에 집중하여 더 쉽게 접근할 수 있는 방법을 찾아 논문을 쓰는 경향이 있다. 연구비 없이 근거이론을 제대로 적용하여 넓은 주제에 접근하여 분석을 끝내려면, 1년 이상의 시간과 방대한 자료수집 그리고 엄격한 연구절차를 거쳐야 하므로 시간, 노력 그리고 비용이 많이 든다. 이를 해소하기 위해 NVivo 등의 소프트웨어 프로그램이 발전되었고, 코딩과 범주를 컴퓨터를 통해 처리하고 분석하는 작업이 가능해져, 보다 짧은 시간에 보다 철저한 분석이 가능해졌다. 하지만 컴퓨터 소프트웨어는 자동으로 자료처리를 빠르게 해주는 것에 불과하여, 결국 자료를 코딩하고 범주화하며 개념과 분석을 발전시키는 능력은 연구자에게 달려 있다.

역자 중 이정덕은 일기를 통해 동아시아의 압축근대의 경험을 연구하면서 일기에 쌓여 있는 자료를 보다 체계적인 질적연구방법을 적용하여 연구할 수 있는 방법을 찾다가 근거이론을 알게 되었다. 역자 중 공은숙은 중년 여성의 노화 경험, 노인의 일상생활경험, 간호대학생들의 치매노인 간호경험 등을 현상학적인 방법으로 코딩하고 분석하여 연구하였으며 이를 좀 더 체계적인 방법으로 분석할 방법을 찾으면서 근거이론을 접하게 되었다. 근거이론방법은 질적연구 중에서 가장 체계적인 과정과 분석방법을 발전시켜왔고, 따라서 질적연구를 하고자 하는 많은 사람들이 근거이론을 사용하게 될 것으로 생각한다. 연구자들이 학술지에 논문을 게재하고 각종 연구비를 신청할 때 양적연구에 익숙한 학자들은 질적연구를 체계적인 방법론이 미비한 것으로 평가하여 탈락시키는 경우가 많으나, 근거이론은 질적연구방법론 중에서 상대적으로 체계적인 방법론을 가지고 있어 논문심사나 연구비심사에서 다른 질적연구방법론보다 유리한 점이 많다.

최근, 근거이론에 대한 요구가 계속 증가하고 있으며 한국에서 근거이론방법론을 체계적으로 설명하는 책들에 대한 요구도 증가하고 있다. 특히 근거이론방법을 만들어낸 글레이저의『근거이론 분석의 기초』와 코빈과 스트라우스의『근거이론』이라는 책이 번역되어 출판되었지만, 글레이저와 스트라우스가 상당히 다른 방식으로 근거이론과 근거이론방법을 제시하고 있어 여러 가지 혼란을 일으키고 있다. 이 책은 글레이저와 스트라우스를 종합하는 중간자의 길을 선택하고 있다. 그래서 글레이저와 스트라우스의 철학적 입장의 차이, 방법론의 차이, 분석법의 차이를 모두 설명과 표로 제시하면서 이를 종합하여 접근할 수 있는 방안을 제시하고 있다. 따라서 이 책은 글레이저의 입장과 방법을 스트라우스의 입장과 방법과 비교하면서 자신의 길을 찾는 데 도움을 준다.

물론 이러한 정도의 차이를 정확히 이해하고 이를 통해서 자신의 길을 찾는 데는 근거이론과 방법에 대한 이해가 더욱 심화되어야 가능할 것이다. 이 책은 대학원생 수준에서 글레이저와 스트라우스의 차이를 이해하면서 근거이론에 접근할 수 있도록 쓴 책이다.

근거이론은 독특한 방법론과 개념체계를 발전시켜왔기 때문에 처음 책을 읽을 때는 상당히 혼란스럽다. 각각의 개념들이 근거이론의 맥락에서 어떠한 의미를 지니는지를 파악한 다음에 책을 읽으면 도움이 되기 때문에 이 책을 본격적으로 읽기 전에 뒤에 제시된 '용어정리'를 먼저 읽어본 다음 책을 읽기를 권한다. 그러면 본문을 좀 더 쉽게 이해할 수 있을 것이다. 그리고 본문의 내용을 읽으면서 논의된 개념을 다시 확인하기 위해 자주 '용어정리'로 돌아가서 그 의미를 제대로 파악하면서 읽기를 바란다.

이를 위해 이 책의 용어정리에서 근거이론에 중요한 어휘들은 원래 저자가 쓴 내용을 보충하여 역자들이 더욱 자세하게 추가로 설명하였다. 이를 통해 근거이론의 개념들을 좀 더 쉽게 이해하고 좀 더 구체적으로 근거이론의 방법을 이해할 수 있도록 하였다. 본문을 번역하는 데 있어서도 가능하면 한국말로 쉽게 이해할 수 있도록 하기 위해 노력하였고, 한국말로 직역하면 맥락이나 설명이 잘 전달되지 않는 것들은 맥락을 고려하여 과감히 의역하였다. 또한 본문의 내용 안에 역주를 달아 이 책을 읽으면서 바로바로 이해하는 데 도움을 주려고 노력하였다.

근거이론방법은 상당히 복잡하여 직접 한번 해봐야 그 과정과 절차에 담긴 미묘함을 제대로 이해할 수 있다. 그래서 이 책은 저자들이 다양한 연습문제와 질문과 사례들을 통하여 직접 실습을 해볼 수 있게 만들었다. 매 장의 첫 부분에는 이 장에서 배워야 할 학습목표를 자세하게 제시하고 있다. 근거이론을 직접 배우고 시도해볼 생각으로 이 책을 읽는 독자들은 매 장을 읽을 때 가장 먼저 학습목표에 제시된 목표를 정확히 이해하고 이러한 목표를 달성하고자 하는 자세로 본문을 읽기 바란다. 본문에는 독자들에게 여러 사항을 질문하거나 해보라는 내용을 포함하고 있고, 또한 각 장에 활동, 상자, 질문, 연습 등이 제시되어 있어, 여기에서 제시되는 것들을 하나씩 답해보고 실행해봐야 그 방법들을 제대로 이해할 수 있고, 학습목표를 달성할 수 있다. 독자들은 이를 꼼꼼하게 수행하면서 읽어나가기 바란다. 이 책을 질적연구의 수업교재로 사용하는 경우에도 학생들에게 반드시 이러한 작업을 수행하도록 요구하여야 학생들이 근거이론을 제대로 배울 수 있을 것이다.

근거이론은 열려 있는 방법론이지만 일단 엄격한 과정을 꼼꼼하게 다 수행하면서 이해하고 나면 자신이 더 적합하거나 더 잘 분석할 수 있다고 느끼는 절차나 방법을 시도해볼 수 있다. 따라서 엄격한 절차나 방법을 충분히 시도해본 다음에 자신에게 알맞은 방법을 점검해보는 것이 좋다. 교재에서 제시된 절차나 방법을 바꿔서 하거나 수정해서 하는 것이 왜 자신에게 더 적합한지에 대해 성찰하고 설명할 수 있어야 한다. 이러한 능력이 충분히 쌓이기 전까지는 가능하면 기존의 논리와 방법을 잘 이해하고 사용해보면서 계속 성찰해보는 것이 필요하다. 근거이론이 기계적으로 이론을 생성하거나 결론을 내리는 것이 아니고 연구자가 계속 코딩하고 성찰하면서 분석의 수준을 높여나가 최종적으로 이론에 이르기 때문에 연구자가 코딩, 성찰, 분석하는 안목을 계속 높여나가는 것이 중요하다. 자료나 이론에 대한 민감성은 자주 실제로 해보고 메모를 많이 작성하면서 스스로를 성찰해야 향상된다.

이 책에서 잘못된 번역이 있다면 이는 전적으로 번역자들의 책임이다. 가능하면 한국말로 쉽게 번역하고자 하였으나 워낙 근거이론의 용어들이 독특하고 여러 차원으로 쓰여 한국말로 번역할 때 원래의 의미가 제대로 전달되지 못하는 경우가 있었다. 예를 들어 evidence라는 말은 한국어의 증거와 상당히 다른 맥락으로 사용하고 있다. 따라서 같은 단어라 할지라도 맥락에 따라서 조금씩 다르게 번역한 경우가 있다. 경직되게 번역하는 것보다 해당 맥락에 맞게 번역하거나 의역하여, 이해하는 데 조금이라도 더 도움이 되고자 하였다.

NVivo의 소프트웨어가 근거이론을 위해 발전한 소프트웨어이고 코딩을 분석하는 데 여러 가지 이점이 있기 때문에 이 책을 소프트웨어와 함께 사용하면 더욱 쉽게 코딩과 분석작업을 수행할 수 있을 것이다. 그러나 각 소프트웨어들이 조금씩 용어나 접근방식이 다르므로 해설서를 충분히 읽어보고 사용할 필요가 있다.

좋은 책을 만드는 즐거움과 열정으로 이 책의 출판을 흔쾌히 허락해주신 학지사의 김진환 사장님께 깊은 감사를 드린다. 또한 모든 출판과정에서 다양한 의사소통으로 더 좋은 책으로 나오도록 도와주신 안호연 부장님, 권승하 부장님, 그리고 서희정 사원과 직원들께 깊은 감사를 드린다. 끝으로 이 책을 번역한다는 핑계로 올해 많은 시간을 같이 하지 못했지만 번역을 하는 부모를 적극 밀어준 사랑하는 딸에게 진심으로 고마운 마음을 전하고 싶다.

2015년 8월

공은숙, 이정덕

차례

CHAPTER 01

근거이론의 핵심

Essentials of grounded theory

학습목표

1. 근거이론의 역사적 배경을 요약할 수 있다.
2. 연구방법으로서 근거이론의 방법론적 영향을 설명할 수 있다.
3. 근거이론에 관한 문헌에서 핵심입장을 파악할 수 있다.
4. 자신의 철학적 입장을 파악할 수 있다.
5. 핵심 근거이론방법을 정의할 수 있다.

서론

근거이론은 세계적으로 가장 널리 알려진 연구방법 중 하나이다. 근거이론방법을 사용한 헤아릴 수 없이 많은 연구논문들이 있을 뿐만 아니라 연구자들이 연구안내서로 사용할 수 있고 또한 연구의 엄격성을 보여주는 중요한 책들도 많이 있다. 그런데 왜 근거이론에 대한 또 다른 책이 필요할까? 현존하는 근거이론방법과 결과에 관한 엄청난 규모의 정보는 오히려 대학원생을 포함한 초보연구자들에게 근거이론연구를 복잡하고 힘들게 만들고 있다. 근거이론연구의 전통을 쌓아온 많은 논쟁과 토론내용에서 근거이론의 일반적인 원리를 파악하는 것은 정말 어렵다. 어디에서부터 시작해야 하는지, 무엇을 읽어야 하는지, 어떤 학자의 방법론을 따라야 하는지, 왜 그렇게 해야 하는지, 많은 질문이 제기될 것이다. 이 책의 목적은 독자들이 이러한 혼란을 겪지 않도록 광범위한 근거이론문헌을 탐색할 때 필요한 기본 지식을 제공하는 것이다.

근거이론가가 되는 중요한 첫걸음은 철학적으로 당신의 입장이 무엇인가를 결정하는 것이다. 버크스(Birks, 2014)가 설명하듯이, 존재와 현실에 대한 개념화가 개개인마다 다르다. 우리가 세상을 어떻게 이해하는가는 우리의 인생경험과 우리가 자신이 살아가는 맥락을 어떻게 생각하느냐에 영향을 받는다. 개인적인 철학이 우리가 무엇을 실제라고 생각하는지 그리고 우리가 어떻게 세상을 알게 되는지 또는 어떻게 지식에 도달하는지를 규정하기 때문에 매우 중요하다. 버크스는 철학을 "질문과 그 답을 찾는 절차를 포함하는 세계관이며 이러한 질문과 답을 찾는 절차가 다시 세계관에 영향을 미친다."라고 설명하였다(2014: 18). 이 장의 학습목표 중 하나는 각자 자신의 철학적인 입장을 이해하고 이를 기초로 근거이론방법을 어떻게 사용할 것인지를 결정할 때, 방법론적으로 더욱 탄탄한 기반에서 결정하도록 하는 것이다. 곧 이해하겠지만, 근거이론 연구자들은 핵심적인 근거이론연구의 수행에 영향을 미치는 다양한 철학적, 방법론적인 입장을 갖고 있다. 이 교재의 각 장에서는 이러한 다양성을 설명하고 있으며, 연구를 수행할 때 이러한 차이가 미치는 영향이나 함축을 강조하여 보여줄 것이다.

근거이론의 발생

최근 근거이론에 관한 책들은 글레이저(Barney Glaser)와 스트라우스(Anselm Strauss)가 최초로 출판한 작업들과 방법에 대해 기록하고 있다(Covan, 2007; Stern, 2009; Urquhart, 2013). 1990년 스트라우스는 샌프란시스코에 위치한 캘리포니아 주립대학교(UCSF) 간호대학에 합류하였다. UCSF 간호대학은 미국 간호사로서 첫 번째 박사학위를 취득한 에디스 브라이언(Edith Bryan)이 1918년 설립하여(UCSF, 2007), 학술적 자부심이 대단한 학교이다. 간호대학의 교수들은 44세인 스트라우스를 교수로 임용하면서 박사과정프로그램을 설립하여 운영하도록 하였다. 스트라우스를 임명한 다음 간호대학 내에 사회행위과학과를 만들고 스트라우스를 학과장으로 임명하였다.

글레이저는 뉴욕콜럼비아대학교에서 라저펠드(Paul Lazerfeld) 교수와 머튼(Robert Merton) 교수의 지도를 받아 1961년 33세 때 박사학위를 취득하였다(Covan, 2007). 이때 스트라우스는 죽음과 관련된 경험을 연구하기 위해 4년의 연구비를 신청하여 연구비를 받았고, 연구팀에 글레이저를 발탁하였다. 이 기간에 오늘날 우리가 알고 있는 근거이론방법이 형성되기 시작했다. 『죽어감의 인식Awareness of Dying』이라는 책을 끝낸 후, 1967년 글레이저와 스트라우스는 『근거이론의 발견The Discovery of Grounded Theory』이라는 책을 출판했다. 두 저자는 이 책을 출판하면서 매우 명확하게 자신들의 학문적인 동기를 적었다.

> 사회적 연구에서 이론을 생성하는 과정은 이를 증명하는 과정과 연결되어 있다는 것에 대하여 우리 모두는 동의할 것이다. 그러나 많은 사회학자들은 여기에서 벗어나 있다. 이들은 자신들이 생성과정에 전혀 참여하지 않은 기존의 이론들이나 이론을 검증하는 데 열정을 바치고 있다.(1967: 2)

기존이론을 검증하는 것과는 반대로, 자료로부터 새로운 이론을 생성한다는 생각은 여러 사회과학자들로부터 반향이 있었고, 이에 따라 연구설계로서의 근거이론이 점차 유행하게 되었다. 이후 10년간 스트라우스와 글레이저는 UCSF에서 함께 학생들을 가르쳤다. 오늘날 그들의 많은 제자들은 그들의 전통을 계승하는 학파를 형성하고 있다. 스트라우스는 1987년까지 UCSF에서 가르쳤고, 이후에는 명예교수로 재직했다. 글레이저는 대학을 떠나 글을 쓰고, 책을 출간하고, 전 세계를 방문하여 자문 및 교육을 하고 있다.

글레이저와 스트라우스를 근거이론의 1세대로 구분하는 문헌이 증가하고 있다. UCSF에서 글레이저와 스트라우스는 도전적이고 장려하는 교육환경을 만들었고, 이 환경에서 2세대 근거이론가로 알려지게 된 많은 학자들이 훈련을 받았다(Morse et al., 2009). 2세대 근거이론가들은 글레이저와 스트라우스의 근거이론방법을 해석하는 글을 써왔고, 많은 경우에 자신들의 논의의 출발점으로 글레이저와 스트라우스의 초기저술을 사용했다(Bowers and Schatzman, 2009; Charmaz, 2006; Clarke, 2005).

표 1.1 근거이론의 가장 중요한 문헌들

연도	저자	제목
1967	글레이저와 스트라우스	『근거이론의 발견 The Discovery of Grounded Theory』
1978	글레이저	『이론적 민감성 Theoretical Sensitivity』
1987	스트라우스	『사회과학자를 위한 질적 분석 Qualitative Analysis for Social Scientists』
1990	스트라우스와 코빈	『질적연구의 기초: 근거이론 절차와 기술 Basics of Qualitative Research: Grounded Theory Procedures and Techniques』
1992	글레이저	『근거이론 분석의 기초 Basics of Grounded Theory Analysis』
1994	스트라우스와 코빈	"근거이론 방법론: 개요" in 『질적연구 핸드북(초판) Handbook of Qualitative Research(1st Edition)』
1995	차마즈	"근거이론" in 『심리학에서의 방법론 재고 Rethinking Methods in Psychology』
1998	스트라우스와 코빈	『질적연구의 기초: 근거이론 절차와 기술(개정판) Basics of Qualitative Research: Grounded Theory Procedures and Techniques(2nd Edition)』
2000	차마즈	"근거이론: 객관주의자와 구성주의자 방법론" in 『질적연구 핸드북(개정판) Handbook of Qualitative Research(2nd Edition)』
2005	클라크	『상황적 분석: 포스트모던 이후의 근거이론 Situational Analysis: Grounded Theory after the Postmodern Turn』
2014	차마즈	『근거이론 구축: 질적 분석을 통한 실용안내서(개정판) Constructing Grounded Theory: A Practical Gudie Through Qualitative Analysis(2nd Edition)』

표 1.1에 중요한 문헌들을 연대순으로 열거하였다. 위의 책들은 우리가 독창성과 영향력을 고려하여 선정한 가장 중요한 근거이론의 문헌들이다. 물론 이러한 방식으로 책들을 선정하는 것은 자의적이기도 하지만, 위에 제시한 문헌들이 가장 많이 인용되고 있다는 점은 위의 책들이 학계에서 아주 중요하게 받아들여지고 있다는 점을 보여준다. 지도교수가 위의 책들을 추천한다고 하더라도 초보 근거이론가가 위에 열거된 책을 위에서 아래까지 모두 읽을 필요는 없다.

오랫동안 스트라우스와 글레이저가 갈라서게 된 계기는 스트라우스와 코빈이 1990년에 『질적연구의 기초: 근거이론의 절차와 기술Basics of Qualitative Research: Grounded Theory Procedures and Techniques』을 출간한 이후부터라는 추측이 많았다(Babchuk, 2011). 글레이저의 반박(1992)은 근거이론 학자들 사이에 스트라우스와 글레이저의 차이점에 대한 논쟁을 불러일으켰고 지금까지 지속되고 있다(Boychuk, Duchscher and Morgan, 2004; Heath and Cowley, 2004; Howell, 2013). 근거이론방법의 사용에 대한 차이점을 둘러싼 지적인 논쟁에도 불구하고 1996년 스트라우스가 사망할 때까지 글레이저와 스트라우스의 개인적이고 학문적인 관계는 지속되었다.

여러분들은 근거이론에 대한 스트라우스와 글레이저의 다른 관점을 언급하는 문헌들을 이 책에서도 자주 보게될 것이다. 또한 연구자들은 근거이론 형태에 있어 전통적인 글레이저의 근거이론이나 진화된 스트라우스의 근거이론을 때로는 광적으로 고수하기도 한다. 이 책은 이분법적인 입장에서가 아니라 근거이론방법에 대한 균형잡힌 관점을 제공하는 것이 목적이다. 흑과 백으로 완벽하게 나누기는 어렵다. 특히 명백하게 해석적인 부분을 포함하는 연구에서는 더욱 그렇다. 모든 선배 근거이론가들로부터 배울 것이 많이 있다.

철학, 방법론, 방법

박사과정의 연구프로그램이나 다른 대학원 프로그램의 핵심목적 중 하나는 학생들에게 다양한 철학적 배경의 지식 그리고 이들 학파와 연결된 방법론, 그리고 방법을 가르치는 것이다. 방법론과 방법의 차이점을 이해하는 것은 중요하다. 방법론은 연구설계를 하는 데 필요한 일련의 연관된 원칙과 아이디어들로서 철학적으로 통합되어 있다. 이에 비해 방법은 자료분석과 생성을 위해 사용되는 실용적인 절차이다. 연구를 수행하는 과정에서 방법론과 방법 간에 유연한 상호작용이 나타난다. 철학적인 토대와 방법론적 틀은 연구자가 참여자(근거이론은 연구대상자들의 능동성을 고려하여 이들을 참여자라고 부른다-역주)들을 어떤 위치에 두고 어떻게 연구를 할 것인지에 영향을 미친다. 연구자들의 철학적 신념과 채택된 방법론에 따라, 연구현장에서나 연구의 마지막 결과에서 참여자들과 거리를 두거나 아니면 참여자들과 함께 할 수 있다(제4장 참조). 또한, 결정적으로 근거이론에서 방법론은 자료분석에 영향을 미친다. 방법론은 연구자가 어떠한 동학(dynamics)에 관심을 가지는지에 영향을 미치며, 개념적, 이론적 추상화를 진전시키는 과정에서 어떠한 분석틀(analytic configuration)을 선택할 것인가에 영향을 미친다. 그림 1.1은 근거이론 연구과정의 각 요소들을 나타내는 것으로, 철학, 방법론, 그리고 방법의 역할도 포함하고 있다. 여러분이 아래 그림을 보면 알 수 있듯이, 철학과 방법론과 "연구과제를 수행하는 데 연구자가 선택한 방식을 보여주는 전략……."(Howell, 2013: ix)은 근거이론 연구과정 내내 변하지 않는다. 이 책의 내용을 근거이론 연구과정과 연결하여 정리하기 위해, 이 책의 장들을 근거이론연구의 준비, 실행, 확산단계에 맞게 배치하였다(그림 1.1). 이 그림이 직선형태로 도식화되었지만 실제 과정은 반복-순환과정임을 인식하는 것이 중요하다. 리치(Rich)가 상기시킨 바와 같이 근거이론은 "연구자들이 오로지 전단계를 성공적으로 완성한 후 다음 단계로 이동하는 엄격한 연구방법론은 아니다"(Rich, 2012: 4).

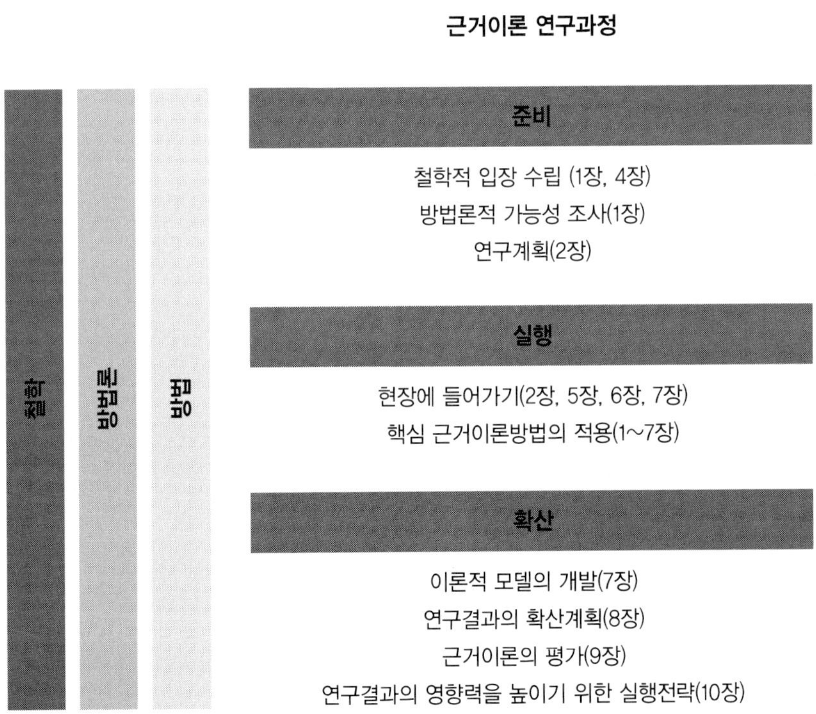

그림 1.1 근거이론 연구과정

본 장의 목적은 근거이론에 대한 철학적이고 방법론적인 영향을 설명하는 것이다. 연구자들이 택할 수 있는 다양한 패러다임의 입장에 대한 더 넓고 깊은 전반적인 설명을 원한다면 여러분은 이러한 이슈를 더 세밀하게 다룬 다른 책들을 구해서 읽어보기 바란다.

스트라우스와 공동으로 책을 쓴 코빈(Corbin)을 포함한 1세대 근거이론가들에 대한 주요 비판 중 하나는 그들이 근거이론을 방법론과 방법의 집합체로 설명하지 않고, 단지 사용가능한 다양한 전략과 기법(방법)들에 대해 썼다는 것이다(Amsteus, 2014). 다행히 코빈과 스트라우스는 최근 개정된 책(2008)에서는 이 점을 바로잡았다. 이 책은 초판에는 없었던 장을 추가하여 스트라우스의 근거이론방법의 철학적 토대로서 실용주의와 상징적 상호작용론을 설명하고 있다(Chamberlain-Salaun, Mills and Usher, 2013). 글레이저는 근거이론의 '방법론'에 대한 토론에 진실되게 참여한 적이 없으며, 그의 글은 무엇이 근거이론을 구성하는지와 근거이론의 '방법'에 초점을 두고 있다. 코빈과 스트라우스와는 반대로 그는 상징적 상호작용론을 포함한 어떤 구체적인 철학이나 학문적 관점을 적용할 수 있다는 생각 자체를 거부해왔다. 그는 어떤 철학이나 학문적 관점을 채택하는 것은 근거이론의 폭넓은 가능성을 감소시키는 것이라는 신념을 갖고 있다(Glaser, 2005).
동시에 자료를 수집하고 분석하는 과정에서 생성되는 것을 서술할 때, 그리고 핵심범주가 생성될 때 시행되는 후기 분석단계에서, 글레이저가 사용하는 용어들 때문에 글레이저는 일반적으로 포스트 실증주의 틀 내에서 연구하는 비판적 사실주의자로 간주되어 왔다(Annells, 1996). 그러나 최근에 전개된 한 논쟁에서 글레이저학파 또는 '고전적' 근거이론은 나다니엘(Nathaniel, 2011)의 실용주의적 철학적 틀과 일치하며, 이 철학의 존재론적, 인식론적 그리고 방법론적 명제가 글레이저의 연구와 연결된다는 주장이 있었다.

1세대 근거이론가들의 책에서 나타나는 방법론적 논의의 결핍을 극복하려는 2세대 근거이론가들은 엄밀한 검증을 통과할 수 있는 연구를 가능하게 하기 위해 근거이론이 존재론적이고 인식론적으로 어떠한 상황에 있는지를 파악하기 위한 노력을 계속하고 있다. 이를 위해 2세대 근거이론가들은 철학에 토대를 둔, 근거이론방법을 위한 방법론적 틀을 발전시켜왔다. 이 책에서 독자는, 우리들이 한 장르의 근거이론을 주장하기보다는 방법론들이 근거이론방법의 사용에 어떻게 영향을 미쳤는지를 보여주기 위해, 이미 잘 수립된 방법론적 입장들을 가로지르는(절충하여 사용한다는 뜻-역주) 것을 목격하게 될 것이다. 우리는 또한 다른 학자들(Bryant and Charmaz, 2007)과 일치하는 가정을 만들었다. 그것은 근거이론 연구설계에 필수적인 일련의 방법들이 있으며 연구결과가 근거이론으로 간주되기 위해 반드시 이런 방법들이 사용되어져야 한다는 것이다.

이 책을 통해 우리는 여러분이 여러분의 세계관의 기본 가정들을 파악하고, 각자 자신의 철학적 그리고 방법론적인 입장이 무엇인지 파악하기를 장려한다. 여러분이 이를 보다 쉽게 할 수 있도록 이 장의 뒷부분에 몇몇 전략들을 제공할 것이다. 일단 여러분이 스스로의 세계관, 철학적 그리고 방법론적 입장을 파악하고 나면, 여러분은 자신의 연구설계에서 근거이론방법을 어떻게 선택하고 어떻게 사용할 수 있는지에 대해 훨씬 유리한 입장에 서게 된다. 즉, 여러분에게 가장 좋은 방법을 찾아낼 수 있다. 많은 2세대 근거이론가들도 자신들의 연구를 위해 이렇게 해왔고, 그 결과 근거이론 연구설계가 새로운 단계로 발전할 수 있었다(Charmaz, 2000; Clarke, 2005).

근거이론에서 방법론적 영향력

근거이론은 대체로 질적(해석학적) 성격의 자료로부터 도출된다. 질적연구는 탐험가나 식민지 개척자들이 낯선 세계를 탐험할 때, 해당 지역에서 문화적 자료들을 수집하며 원주민들과 접촉한 경험을 기록하면서 시작하였다. 덴진과 링컨(Denzin and Lincoln, 2011)은 서로 다른 성격의 사회적 환경을 배경으로 나타난 역사적 시기에 영향을 받은 질적연구의 변화를 8개의 시기로 구분하였다. 질적연구의 8개 시기는 이미 지나간 것이라기보다 현재도 지속되고 있으며, 연구자들이 각자의 연구설계에서 채택한 다양한 방법론적 입장에서 나타나고 있다. 방법론적으로 근거이론은 질적연구의 8개 시기 중 2, 3, 4, 5번째 시기의 연구자들로부터 영향을 받아왔다. 관련 시기의 설명에 명기된 연도는 가장 두드러진 시기를 적은 것이다.

상자 1.1 덴진과 링컨의 질적연구의 시기(Mills and Birks, 2014A: 6)

연도	시대적 특징
1950~1979	전통적
1950~1970	모더니스트의 시대 또는 '황금시대'
1970~1986	모호한 장르
1986~1990	재현(표현, representation)의 위기
1990~1995	포스트모더니즘
1995~2000	포스트실험주의적 연구
2000~2004	현재에 대한 방법론적 논쟁
2005~현재	균열된 미래

제2차 세계대전부터 1970년까지, 글레이저와 스트라우스가 근거이론방법을 개발하였던 기간인 2번째 시기는 "엄격한 질적분석의 황금시대"(Denzin and Lincoln, 2005: 16)로 알려졌다. 철학적으로 두 번째 시기는 포스트실증주의가 두드러졌다. 연구자들은 분리된 객관적인 관찰자로서 실재를 연구한다고 가정하는 존재론적 인식론적 틀 안에서 연구하였다.

질적연구의 세 번째 시기는 1968년에 나타난 미국의 문화적 파열에 대한 반응으로 『근거이론의 발견』 출간으로부터 확산되었다(Mills and Birks, 2014a). 이 단계는 '모호한 장르'의 시기(1970~1986)로 불리며, 질적연구자들이 연구논문에서 연구자의 위치가 무엇인가에 대한 질문을 많이 했다. 이 시기에 구성주의적 사고가 크게 부각되었다. 차마즈가 구성주의적 방법론을 근거이론에 적용하려고 하면서 구성주의적 사고가 근거이론에도 중요하게 되었다.

차마즈(Charmaz, 1995)가 구성주의적 근거이론에 대해 출판하기 시작했던 시기로 '재현의 위기'(1986~1990)라고 별명이 붙은 질적연구의 4번째 시기이다. 차마즈(Charmaz, 2000, 2014)는 글에서 저자의 위치, 참여자들과의 관계, 자료에 근거해서 최종 텍스트를 구성하는 글쓰기의 중요성에 초점을 맞추고 있어 분명히 3번째와 4번째 시기에 의해 영향을 받았다.

질적연구의 5번째 시기는 4번째 시기와 중복되며 확장된 시기이다. 재현의 위기 위에 정당성과 실천의 문제가 제기되어 '삼중의 위기'로 일컬어지는 포스트모더니즘의 시기이다. 정당성 문제는 질적연구 결과의 가치를 평가하는 기준에 대해 의문을 제기하였고, 실천 위기는 사회에 대한 학문적인 연구가 실제 사회를 변화시킬 수 있는지에 대해 의문을 제기하였다(Denzin and Lincoln, 2005). 포스트모던 사상은 이러한 논쟁에 스며들어 있었고, 차기 근거이론에서 핵심으로 부상한 상황적 분석(Clarke, 2005)에 영향을 미쳤다.

상자 1.2에서 메릴린 에널스(Merilyn Annells)는 자신의 연구를 5번째 시기의 질적연구에 두고, 이 시기는 그녀의 철학적 입장을 수립하는 데 영향을 주었다고 이야기한다. 에널스가 어떻게 연구자들로 하여금 근거이론의 광범위하고 진화하는 관점을 택하도록 하는지를, 그리고 비전통적인 입장을 채택하여 성공하기 위해 어떻게 충고하는지를 주목하기 바란다.

상자 1.2 근거이론 들여다보기

메릴린 에널스, 철학적 토대를 논하다.

비록 내가 근거이론연구라고 생각하는 조그만 연구를 1991년에 시작했지만 사실상 나의 첫 번째 근거이론

연구는 1994년 박사논문 연구이다. 1991년 연구는 근거이론 연구과정을 포함했으나 근거이론처럼 완전히 설명력을 지닌 질적연구라기 보다는 개념적인 질서를 파악하기 위한 서술적이고 탐구적인 질적연구였다.

박사연구를 할 때 다행히 나의 지도교수는 1994년이 질적연구의 5번째 시기라는 것을 알고 있었다. 덴진과 링컨에 의하면 질적연구의 5번째 시기는 재현과 정당성의 이중위기로 정의되는 시기이다. 그러므로 연구에 대한 나의 철학적 입장이 나를 어떠한 질적연구 패러다임에 위치 지우는지를 생각하도록 자극받았다. 그래서 구바와 링컨(Guba and Lincoln)의 책을 읽었고, 내가 구성주의 패러다임에 너무 빠져 있다는 것을 발견하였다.

그러나 나는 딜레마에 빠졌다. 존재론적이나 인식론적으로나 방법론적으로 구성주의자인 내가 어떻게 근거이론연구를 할 수 있을까? 그 시기에 근거이론 문헌은 나의 질문에 만족스러운 답을 주지 못했다. 근거이론은 글레이저 학파나 스트라우스 학파로 양분되어 자신들이 옳다고 싸우고 있었고, 철학적인 관점에 대해서는 매우 조용했다. 그래서 나는 '정면으로 문제에 맞섰고' 근거이론의 거장인 글레이저, 스트라우스, 그리고 코빈이 쓴 문헌들을 스스로 광범위하게 분석하였다. 나의 견해로는 글레이저학파의 근거이론은 후기 실증주의자였고, 역설적으로 스트라우스 학파의 근거이론은 아직까지 상징적 상호작용론으로 포스트실증주의 면도 보였지만 구성주의 쪽으로 기울어 있었다. 그래서 나는 스트라우스 학파의 양식을 적용하였으나, 스트라우스보다 훨씬 강하게 구성주의 방식을 사용하였다. 나는 이를 방어하기 위해 이 부분을 상당히 자세하게 써야 했다.

1995년 미국에서 코빈을 만나 나의 연구자료 분석과 관련하여 토론한 것과 1996년 스트라우스가 죽기 전에 나의 철학적 분석에 대해 그와 서신교환을 통해 논의했던 것이 나에게 도움이 되었다. 나는 1990년대 중반에 근거이론들을 철학적으로 분석하는 논문들을 발표하였는데, 다른 사람들로부터 비판을 받았다. 그럼에도 불구하고 나의 학위논문 심사자들이 뛰어나서 철학적 분석과 연구에 대한 내 논문의 신뢰도를 증가시켰다. 이 심사위원들은 질적연구 방법론자들로 샌들로우스키(Margarete Sandelowski)와 선구자적 근거이론 간호연구자이며 1960년도에 글레이저, 스트라우스와 함께 연구했던 베놀리엘(Jeanne Quint Benoliel)이었다.

지속적으로 내가 믿고 있는 것은, 만약 반복할 수 있는 과정과 결과만 분명하다면 근거이론은 어느 질적연구 틀에서도 시도될 수 있다는 것이다. 연구를 계획하고 결과를 보고할 때, 과정과 결과의 제시가 완벽하게 정당화되어야 한다. 더구나 나는 근거이론이 계속 진화하고 있으며, 여러 다른 양식이 있어서 선택할 수 있으면 더 좋다고 생각한다. 내가 지도한 박사후보자들은 근거이론에서 상당히 다른 방식을 이용하여 성공적으로 연구를 했다. 요즈음 근거이론의 철학적 토대에 대한 많은 문헌들이 있어서 이제 학생들이 스스로 이런 것을 정리하지 않아도 된다. 만일 근거이론에 대해 새로운 생각과 의견이 필요하다고 생각하면 지체하지 말고 철저히 파고들어라. 근거이론 만세!

에널스의 관점은 근거이론을 전통적인 또는 글레이저 근거이론과, 진화한 또는 스트라우스 근거이론으로 나누는 것이 전혀 도움이 안 된다는 이 장 앞에서 이야기한 우리의 주장과 일치한다. 이렇게 양분하는 것은 질적연구의 3번째, 4번째, 5번째 시기에 발전해온 근거이론 연구설계의 미묘함과 차이점을 고려하지 못한 것이다. 방법론적으로 근거이론방법의 사용에 옳거나 틀린 접근법이 있다고 볼 수 없다. 하지만 방법의 차이점은 충분히 고려되어야 한다. 이제 우리는 어떻게 핵심 근거이론방법을 사용하는지 그리고 여기에 담긴 방법론적 차이가 무엇인지를 설명하고자 한다.

개인의 철학적 입장 파악

여러분은 자신이 스스로를 철학적으로나 방법론적으로 어떻게 보는지를 이미 잘 알고 있을 수도 있다. 어떤 사람에게는 이러한 자아이해가 학술적인 과정과 훈련의 한 부분으로 이루어졌을 수도 있고, 어떤 사람들에게는 이러한 자아인식을 아직 체계적으로 시도하지 않았을 수도 있다. 여러분이 자신의 연구과제를 개념적으로 정리하기 전에 자신의 철학적 입장을 통찰하는 것은 아래와 같은 이유로 중요하다.

> 모든 연구는 해석적이다. 세상에 대한 그리고 세상을 어떻게 연구하고 이해하여야 하는지에 대한 연구자의 생각과 정서에 의해 연구가 유도된다. 어떤 생각들은 당연하게 받아들여지며, 당연해 보이지 않고 또는 그냥 그렇게 믿는다. 하지만 다른 생각들은 아주 문제시되고 논란의 대상이 된다 (Denzin and Lincoln, 2005: 22).

연구자는 세상에 대한 자신의 생각과 정서를 반영하여 자신의 연구에 대한 방법론적인 성격을 결정하게 되며, 이는 다시 핵심 근거이론방법을 어떻게 사용할 것인가에 영향을 미친다. 따라서 연구자의 생각이나 정서가 문제시되거나 논란이 된다면, 왜 그렇게 되었는지를 반드시 먼저 점검해야 한다. 누구의 입장에서 누가 문제시되거나 논란이 되는가? 제4장에서 연구자의 입장에 대해 더 자세하게 논의할 것이다. 그러나 초기 저작의 철학적인 입장과 관련하여 생각해볼 필요가 있다면 지금이 그것을 논의할 때다. 지금이 "정글칼로 불필요한 것을 쳐내 글쓰기에 대해 논의하고"(Lamott, 1994), 글쓰기를 시작할 시간이기 때문이다.

활동 1.1 세상에 대한 자신의 잠재적인 가정을 파악하기

자신이 편안하고 방해받지 않는지를 확인하라(커피와 초콜릿이나 비스킷을 준비하라). 멈추지 않고 계속 6분 동안 써내려 가라. 다음 질문들을 생각해봐라.

1. 우리는 자신을 어떻게 정의하는가?
2. 현실의 본질은 무엇인가?
3. 연구자와 참여자는 어떤 관계가 될 수 있는가?
4. 우리는 세상을 어떻게 아는가? 또는 세상에 대한 지식을 어떻게 얻는가?

이제 6분간 위에 열거된 질문을 생각하며 써봐라. 스타일이나 철자나 문법을 생각하지 말고 그냥 여러분의 생각들을 쏟아내어 써봐라. 잘못되었는지 점검하지 말고 오로지 쓰기에만 집중하라.

이렇게 쓴 글을 며칠 동안 치웠다가 다시 꺼내서 봐라. 프린트해서 형광펜을 집어 들고 읽어봐라. 글 더미 속에 있는 보석을 찾아내라. 이 보석에 집중하여 글을 더 써봐라. 비약된 부분을 찾아보고, 어떤 것을 더 읽고 생각해야 하는지 생각해봐라. 조금 더 써봐라. 절대 아무것도 버리지 말고 후일을 위해 잘 간직해 두어라.

핵심 근거이론방법

다음 장들에서 논의하겠지만, 근거이론이라고 주장하는 연구들은 종종 질적인 기술적(descriptive) 분석이다(Glaser, 2007). SAGE에서 출판한 『SAGE 근거이론 핸드북The SAGE Handbook of Grounded Theory』(Bryant and Charmaz, 2007)은 근거이론 연구설계에서 어떤 것이 가장 중요한 근거이론의 특성인지를 적극적으로 제기하고 있다. 우리들은 핵심 근거이론방법은 다음을 포함하여야 한다고 생각한다. (1) 자료의 1차(초기) 코딩과 범주화, (2) 동시에 행해지는 자료의 생성과 수집과 분석, (3) 메모 작성하기, (4) 이론적 표집, (5) 귀납적 그리고 가추적(abductive) 논리를 사용한 지속적 비교분석, (6) 이론적 민감성, (7) 2차(중간) 코딩, (8) 핵심범주 선정, (9) 3차(고급) 코딩과 이론적 통합. 이 장에서는 근거이론연구를 할 때 이러한 방법을 어떻게 사용하는지를 간단하게 설명하여 독자들에게 방법과 근거이론이 어떻게 관련되는지를 보여줄 것이다. 또한 기존 문헌에 나타난 다양한 생각과 논쟁을 설명하면서 이러한 방법이 통합된 근거이론을 생산하는 데 어떻게 관련되는지를 살펴볼 것이다.

자료의 1차(초기, initial) 코딩과 범주화

1차(초기) 코딩 또는 개방 코딩은 자료분석의 첫 번째 단계이다. 자료에서 중요한 단어나 단어의 집합체를 찾아내고, 이들에게 적절한 명칭을 붙이는 단계이다.

범주는 관련된 코드들의 집합체인데 반해, 참여자(in vivo, 원래 생체적이라는 단어이나 여기에서는 자료의 내부에 또는 참여자들이 말한 내용에 들어있다는 의미로 사용되고 있다-역주) 코드는 보통 연구참여자들이 직접 말한 단어나 단어의 집합체(보통 참여자의 말을 직접 인용표시하여 사용한다)가 명칭으로 사용된다(Holloway, 2008). 새로운 자료분석이 기존 범주에 맞는 코드로만 회귀될 때, 그리고 이런 범주들의 속성과 차원이 충분히 설명되었을 때, 그 범주들은 이론적으로 포화되었다(saturated)고 간주된다.

근거이론에서는 코딩을 서술하는 데 다양한 용어가 사용되고 있어 혼란스럽다. 글레이저와 스트라우스(1967)는 초기 저작에서 코딩과정을 서술하는 데 거의 관심을 두지 않았다. 그들은 독자들이 아마도 코딩이 무엇인지를 이미 알고 있다고 가정하였기 때문이다. 그 후로 근거이론연구에서 코딩과정은 어느 정도 자세하게 서술하는 단계(Strauss and Corbin, 1990)를 거쳐, 최근에는 직접적이고, 구체적으로 서술하는 단계에 와있다(Charmaz, 2012; Charmaz, 2014; Saldaña, 2013).

동시에 행해지는 자료의 생성과 수집과 분석

근거이론 연구설계의 핵심은 동시에 자료의 생성과 수집과 분석을 행하는 것이다. 이를 성취하기 위해 연구자는 초기부터 의도된 표집으로부터 어느 정도 자료를 생성하거나 수집해야 한다. 더 많은 자료를 생성하고 수집하고 분석하는 반복적인 절차를 거치기 전에 초기에 얻은 자료를 먼저 코딩해야 한다. 근거이론을 다른 연구설계와 구분하는 것은 먼저 자료를 수집하고 분석에 들어가는가, 아니면 이론적인 명제를 설정하고 이를 검증하기 위해 자료를 수집하는가의 차이점이다. 전자가 근거이론이다(Glaser and Strauss, 1967).

메모 작성

메모는 '은행에 쌓은 지적 자본'이라고 아주 좋게 서술되어 왔다(Clarke, 2005: 85). 더 평범하게 말하면, 메모는 근거이론연구를 진행하는 동안에 연구자가 자신의 생각을 기록한 것이다. 그러므로 메모는 그 안에 적힌 내용에 따라 주제, 강도, 일관성, 이론적 내용, 그리고 마지막 결과에 대한 유용성 등이 매우 다르다. 여러분이 지속적으로 메모를 작성하는 것을 비판적으로 생각할 수도 있겠지만, 메모를 버릴 수는 없을 것이다. 그 메모가 갑자기 굉장히 중요한 부분이 될 수도 있기 때문이다. 근거이론가에게 메모를 작성하는 것은 습관이 되어야 한다. 연구를 계획한 초기에서부터 연구가 끝날 때까지 메모 작성은 지속된다. 여러분의 메모는 적절한 절차를 거쳐 근거이론의 결과물로 전환될 것이다. 계속 많이 기록하는 것이 여러분의 지적 자산을 확대하는 데도 도움이 된다.

이론적 표집

연구자들은 한 주제에 집중하여 자료의 비교분석을 지속적으로 실시하기 위해 이론적 표집을 사용한다. 이런 과정을 반복하면 해당 범주를 충분히 발전시키기 위하여 더 많은 정보가 필요한지를 분명하게 파악할 수 있다. 이론적 표집은 여러분이 범주의 속성, 범주가 존재할 만한 조건, 범주의 차원, 그리고 범주들 사이의 관계를 더 파악할 필요가 있을 때 사용한다(Strauss and Corbin, 1998). 이론적으로 표집하기 위해서 연구자는 연구자의 분석적 요구를 충족시킬 가장 풍부한 자료의 원천이 누구인지 또는 무엇인지를 전략적으로 결정해야 한다. 메모 작성은 이 과정에서 사용되는 중요한 방법이다. 메모를 작성하면 연구자가 이론적으로 표집가능한 대상들을 찾아내는 데 도움이 되며, 동시에 결정과정에서 생성된 메모들은 나중에 결정과정을 추적하여 분석하는 데 중요한 자료가 된다.

지속적 비교분석

자료의 수집과 분석을 동시에 행하는 과정은 사건(incident, 근거이론에서 사건은 말, 행동, 이미지의 최소단위로, 자료의 최소단위이기도 하다-역주)에서 사건, 사건에서 코딩, 코딩에서 코딩, 코딩에서 범주, 범주에서 범주로의 지속적인 비교과정이기도 하다. 지속적 비교분석이라고 명명된 이 과정은 근거이론이 완전히 통합될 때까지 계속된다.

근거이론방법은 자료로부터 이론을 세우는 과정으로 생각되어 귀납적 방법으로 간주되어 왔다. 귀납적 이론은 지속적인 비교분석을 통해 얻게 된다. 근거이론방법에 대한 최근 문헌들에서 가추법(abduction) 논리가 더욱 많이 나타나고 있다(Charmaz, 2006; Reichertz, 2007; Richardson and Adams St Pierre, 2005). 가추적 추론은 분석의 모든 과정에서 나타나는데, 특히 이론적 통합으로 가는, 범주에서 범주의 지속적 비교분석을 진행하는 동안에 나타난다. 가추적 추론을 사용할 때 연구자들은 "이제 더 이상 전통적인 관점에 집착할 필요가 없다고 결정하였다 … 그러므로 가추법은 사람들이 이전에는 전혀 연관 짓지 않았던 것들을 연관시켜 생각해보는 두뇌작용, 지적활동, 정신적 도약이다. 새로운 발견을 위한 인지적 논리이다"(Reichertz, 2007: 220).

이론적 민감성

이론적 민감성은 글레이저와 스트라우스(1967)의 중요한 초기 저작에서 처음 언급되었다. 이 개념에는 두 부분이 포함되어 있다. 첫째, 연구자의 이론적 민감성의 수준은 개인마다 다르다. 이론적 민감성은 연구자의 스스로에 대한 통찰력과 연구하는 영역에 대한 통찰력의 수준을 반영한다. 둘째, 연구자의 이론적 민감성은 이미 축적되어 매일 생각하는 과정에서 사용되고 있는 연구자의 지적역량과 연구자가 공부한 이론 내용을 반영한다. 연구자는 자신이 경험해온 모든 것의 총합이다. 이론적 민감성이라는 개념은 이런 사실을 인정하고, 연구과정에서 이를 고려하도록 한다. 근거이론가가 자료 속에 빠져 들어갈수록 분석적 가능성에 대한 이론적 민감성은 더욱 증가하게 될 것이다.

2차(중간, intermediate) 코딩

2차 코딩은 1차 코딩 다음에 하는 자료분석의 두 번째 단계이다. 연구자는 동시에 행해지는 자료의 생성 또는 수집과 분석을 하고, 지속적으로 자료를 비교하면서, 1차 코딩과 2차 코딩 사이를 왕복하게 된다. 연구자는 2차 코딩을 두 가지 방법으로 활용한다. 첫째는 하위범주를 연결시켜 완전히 개별적인 범주를 개발하고, 범주의 차원과 속성을 완전히 발전시키는 것이다. 둘째는 범주들을 서로 연결시키는 것이다. 1차 코딩은 보통 자료의 절단이라고 말한다(1차 코딩은 자료를 각각의 단어나 조각으로 나눠서 이를 다시 비슷한 것끼리 모으는 과정을 거치므로 단어나 정보조각으로 나누는 과정을 여기에서 절단으로 표현하고 있다-역주). 반면에 2차 코딩은 자료를 다시 연결한다. 자료를 연결하여 주제분석으로 산출하는 것보다 개념적으로 훨씬 추상적인 수준으로 발전시킨다. 축 코딩은 2차(중간) 코딩의 가장 발전된 형태이며, 스트라우스(1987)나 스트라우스와 코빈(1990)의 연구에서 잘 나타나고 있다.

핵심범주 선정

2차 코딩 과정을 통해 범주를 발전시키면, 근거이론 발전에서 나타나는 개념적 분석의 수준도 높아질 것이다. 이때 연구자는 근거이론을 전체로서 압축하여 표현하는 핵심범주를 선택할 수 있다. 이론적 표집과 선택적 코딩을 지속하여 핵심범주를 아주 추상적인 개념수준으로 출현시킬 수 있다. 이러한 출현은 핵심범주와 부차적 범주, 하위범주와 그들의 속성에 대한 완전한 이론적 포화를 거쳐 성취된다.

3차(고급, advanced) 코딩과 이론적 통합

3차 코딩은 이론적 통합에 아주 중요하다. 이론적 통합은 핵심 근거이론방법 중에 제대로 성취하기가 가장 어려운 부분이다. 근거이론은 일반적으로 특정한 현상에서 나타나는 과정이나 구조를 종합적으로 설명해준다. 종합적이라고 하는 이유는 근거이론이 연구 질문에 하나의 답만 있다고 생각하기보다는 다양한 변이를 포함하여 설명하기 때문이다. 3차 코딩 절차는 근거이론을 통합하고 표현하는 기제로서 스토리라인 기법(storyline technique)의 사용을 포함한다(Strauss and Corbin, 1990). 글레이저(2005)는 3차 코딩단계에 이론적 코딩이라는 말을 사용하였다. 이론적 코드들은 근거이론연구의 최종 산출물을 지식의 이론체계에 맥락화하여 설명력을 높이고, 이론적 통합을 제고하기 위해 기존의 이론들로부터 추출해낼 수 있다.

이론의 생성

근거이론 연구결과는 통합되어 포괄적인 근거이론으로 나타나며, 현상과 연관된 과정이나 구조를 설명한다.

근거이론은 연구자들에 의해 생성되는 것(Glaser and Strauss, 1967)으로 위에서 설명한 방법들을 사용한다. 그림 1.2는 핵심적인 방법들이 근거이론 연구과정에 어떻게 결합되어 사용되는가를 보여주고 있다.

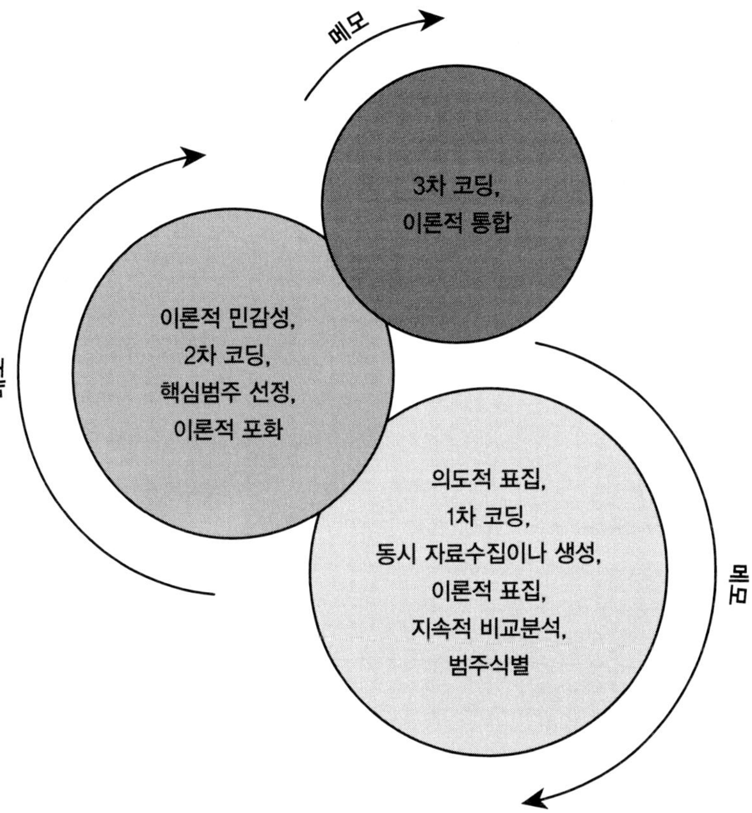

그림 1.2 핵심 근거이론방법

우리들은 여러분이 근거이론을 생성하는 기계를 쉽게 운전할 수 있도록 하기 위하여 의도적으로 핵심적 근거이론방법을 3개의 바퀴에 배정하였다. 맨 아래쪽 바퀴(1)는 의도적 표집, 1차 코딩, 동시 자료생성과 수집 및 분석, 이론적 표집, 지속적 비교분석, 그리고 범주식별을 포함하고 있다. 이 바퀴는 가장 직접적이고 쉽게 배울 수 있는 방법들로 구성되어 있다. 큰 바퀴(1) 내의 모든 방법들은 근거이론 연구설계의 핵심요소들이며, 여러분이 자료를 생성하고 정제하는 데 도움이 될 것이다. 두 개의 작은 바퀴(2, 3)에도 그만큼 중요한 개념과 기법들을 담고 있다. 두 개의 바퀴에 포함된 방법들은 여러분의 연구를 추상적 수준으로 발전시켜, 보통의 질적분석을 능가하도록 해줄 것이다. 중간에 위치한 작은 바퀴(2)는 이론적 민감성, 2차 코딩, 핵심범주 선정, 그리고 이론적 포화를 포함하고 있다. 이런 방법들을 사용하면 더욱 세련된 분석이 가능해지고, 최종 결과물의 포괄적 설명력이 증가할 것이다. 맨 위의 작은 바퀴(3)는 3차 코딩과 이론적 통합이라는 복잡한 방법들을 포함하고 있다. 이곳에서 근거이론이 잘 통합될 수도 있고, 그렇지 않을 수도 있다. 메모작성은 근거이론 연구과정이 진행되는 동안 바퀴들이 서로 연계하여 돌아갈 때 각 바퀴에 윤활유를 공급해준다. 수준높은 메모를 지속적으로 작성하게 되면, 기계가 원활하게 돌아가지만, 그렇지 않으면 바퀴가 마모되어 멈출 것이다. 만일 한 개의 작은 바퀴가 막히거나 부속품이 빠지게 되면, 근거이론은 결코 생성되지 못할 것이다. 이처럼 아주 간단하다.

결론

이 장에서는 여러분에게 근거이론연구를 소개하였다. 다음 장부터는 이제까지 소개한 근거이론의 중요한 요소들을 정밀하게 탐구할 기회를 가질 것이다. 이제 여러분은 첫 번째 메모를 작성할 것이다. 자신의 연구 초기에 스스로 어떻게 현실을 이해하고 있는지, 사람들은 어떻게 지식을 획득하면서 발전시키는지를 메모로 작성해봐라. 여러분이 근거이론연구를 계획하기 전에 꼭 해봐야 할 아주 중요한 작업이다. 어떻게 근거이론연구를 계획하는지는 제2장에서 다룰 것이다.

비판적 사고를 위한 질문

1. 여러분은 글레이저와 스트라우스가 근거이론을 개발하는 데 당시의 일반적인 연구문화가 어떠한 영향을 미쳤다고 생각하는가?
2. 2세대 근거이론가를 생각해봐라. 여러분은 그들의 연구에 가장 중요한 영향을 미친 것이 무엇이라고 생각하는가?
3. 핵심 근거이론방법은 다면적이다. 각 방법들의 목적을 파악해봐라.
4. 근거이론연구에 명백하게 나타나는 다른 방법론들의 영향을 생각해봐라. 여러분은 참여자와 연구결과의 관계에서 근거이론의 유명한 저자들이 어떠한 방식으로 표현하였으리라고 생각하는가?

근거이론연습

APPENDIX A에 제시된 '근거이론연습–사례'를 가지고 다음을 생각해봐라.

- 이 연구자가 근거이론연구를 하기 전에 근거이론에 대해 가지고 있던 생각들
- 이 연구자의 근거이론에 대한 중요한 초기 저서들과의 관계
- 연구자 자신의 철학적 입장은 무엇이며 어떻게 표현되었는가?

CHAPTER 02

근거이론연구의 계획

Planning a grounded theory study

학습목표

1. 근거이론연구의 독창적인 속성을 논의할 수 있다.
2. 근거이론을 사용한 조사의 사례들을 설명할 수 있다.
3. 근거이론 연구계획의 단계를 설명할 수 있다.
4. 근거이론연구를 수행하기 위한 연구계획서의 핵심요소를 파악할 수 있다.
5. 다양한 연구설계 중에서 근거이론방법의 사용법을 설명할 수 있다.

서론

제1장에서는 근거이론의 철학적이고 방법론적인 토대의 중요한 흐름들을 소개하였다. 근거이론연구의 역사, 원리, 방법들을 이해하여, 이제 여러분은 다른 기본적인 개념들을 잘 파악할 수 있는 위치에 있다. 이러한 기본적인 개념들은 자료의 생성, 수집 그리고 분석에 사용하는 개념으로 훌륭한 근거이론연구를 수행하는 데 필요하다. 이 장에서 우리는 근거이론연구의 계획을 세우는 데 필요한 이슈들을 탐구할 것이다. 여러분이 연구계획을 세우는 데 필요한 구조적인 틀도 제시될 것이다. 이 틀은 다양한 연구설계 중에서 근거이론방법의 특징을 이해하고 사용하는 데 도움을 줄 것이다. 근거이론 지침도 함께 제공되어 있다.

근거이론의 차이점

연구의 설계는 해당연구의 목적에 의해 결정된다. 질적연구들은 현상을 탐색하고 서술하고자 한다. 핵심 근거이론방법은 앞장에서 소개되었고, 계속 이 책을 통해 단순한 탐색과 기술을 넘어설 수 있도록 더욱 자세하게 설명될 것이다. 근거이론은 다른 접근법들과 차이가 있다. 근거이론은 연구하고자 하는 현상을 설명하는 데 기여한다. 현상을 경험한 사람들의 맥락과 관점에서, 현상을 설명하는 이론을 생성하는 것이 근거이론이 자료수집과 분석에서 사용하는 전략이다. 근거이론연구의 가장 큰 특징은 이론이 조사과정의 산출물이라는 것이다. 이론은 연구자가 수집하고 생성한 자료에 근거하여 생성되거나 또는 이 자료로부터 바로 추상화하여 생성된다.

근거이론을 목적으로 하는 연구가 항상 설명력을 지닌 이론을 생성하는 것은 아니다. 어떤 연구는 이론생성연구라고 주장하지만 추상적 과정이 부적절하여, 이 이론이 얼마나 자료에서 근거하고 있는지에 대한 의문이 제기된다. 근거이론방법은 자체적으로 효과적인 방법이다. 우리는 다양한 연구설계 중에서 근거이론방법이 어떠한 목적을 달성하기 위해 채택되어 어떻게 사용되는지를 이 장의 후반부에서 설명할 것이다. 그러나 그냥 근거이론방법을 선택하여 사용하는 경우 근거이론을 생성하기 어렵다. 그러나 방법들을 보다 신중하게 목적에 맞게 선정하여 접근하면, 글레이저(2004)가 개발한 질적자료분석(Qualitative Data Analysis, QDA)이나 후드(Hood, 2007)가 개발한 포괄적 귀납적 질적 모델(Generic Inductive Qualitative Model, GIQM)과 같은 정도의 탐색적 서술적 연구결과를 생성할 수 있다. 위의 두 저자들은 많은 사람들이 탐색적 서술연구의 목적과 가치를 근거이론의 목적과 가치로 혼동하여 근거이론이 저평가되고 있다고 주장한다. 그림 2.1은 근거이론을 생성했다고 잘못 주장하는 많은 연구자들이 어디에서 근거이론연구의 독특한 특징을 오해하고 벗어나는지를 보여준다. 더 높은 수준에서 이론적 통합과 추상화를 가능하게 하는 요소들(그림 2.1의 원안의 그림자로 상징되는)이 보통 연구설계에서 누락되어 있는 경우가 많다.

근거이론은 언제 적합한가?

여러분이 하고자 하는 연구에 근거이론이 적합한지 못한지를 어떻게 아는가? 가끔 연구자들은 자신의 연구목적을 성취하는 데 최고의 방법인지 아닌지를 세밀하게 검토하지 않고 비교적 명확한 방법들에 매료되어 근거이론연구를 적용하려고 한다. 근거이론방법의 독특한 성격 때문에 우리는 어느 상황에서 근거이론방법을 사용하는 것이 적합한지를 파악할 수 있다. 다음과 같은 경우에 근거이론이 유용하다.

- 연구영역에 대해 거의 알지 못하는 경우
- 연구결과가 설명력을 지닌 이론생성이어야 하는 경우
- 연구과정이 연구상황에 내재적이어 근거이론방법으로 설명하기 좋은 경우

근거이론의 결과는 이론의 형태로 새로운 지식을 생산하게 된다. 그러므로 특정 주제에 대해 거의 알려지지 않은 영역에서 가장 가치있는 기여를 할 수 있다. 이미 폭넓게 연구된 주제에 대한 조사에서는 새로운 지식을 얻을 가능성이 적다. 하지만 연구설계에서 해석학적 접근은 대체로 일반화를 목적으로 하는 것이 아니며, 비슷한 다른 대상에서 진행된 연구의 결과로는 개별 연구대상의 독특한 상황과 독특한 질문에 답할 수 없는 경우가 많다는 점에 주목해야 한다. 모든 연구자들은 계획한 연구가 적절하고 유의미한 지식을 생성할 것이라는 점을 보여줄 수 있어야 한다. 여러분이 근거이론을 활용할 때, 새롭고 독특한 방법이라는 점을 잘 알고 있어야 한다. 예를 들어, 바넷(Barnett, 2012b)은 학생들의 정서적 장애라는 주제에 적절한 이론적 토대가 아직 부족하여 근거이론이 중요한 기여를 할 수 있다고 생각하여 연구를 시작했다. 플레처와 사카(Fletcher and Sarkar, 2012)도 역시 이전 연구에서 거의 다루지 않았기 때문에 스포츠 성취와 심리적 회복력(탄력성)의 관계를 근거이론으로 접근하는 것이 적절하다고 생각하여 12명의 올림픽 우승자들을 근거이론방법으로 연구했다.

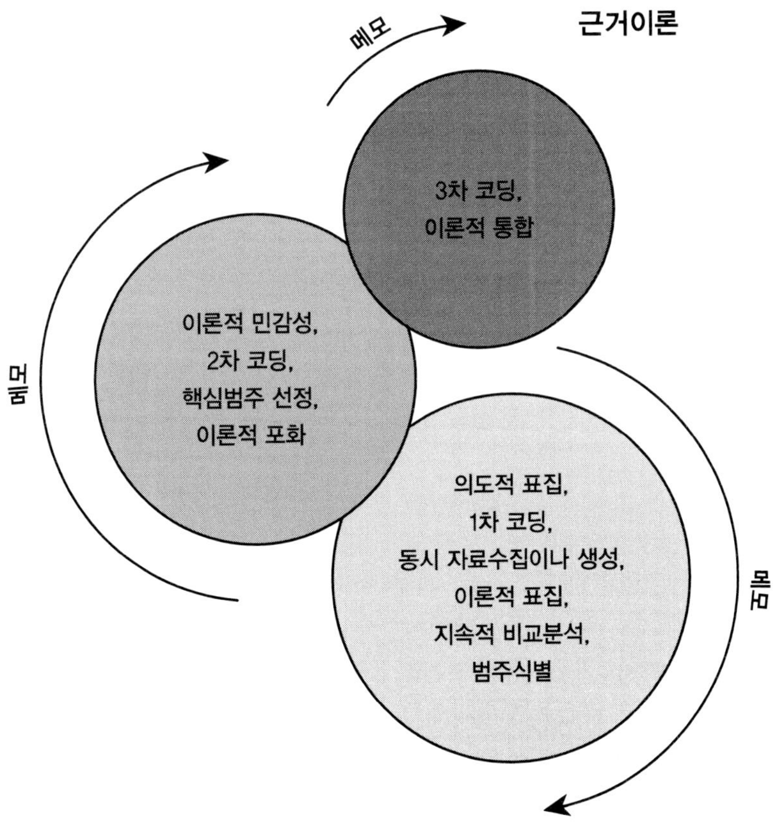

그림 2.1 근거이론 vs 탐색적 서술연구

앞에서 말한 바와 같이, 연구자에게 흥미가 있는 현상을 설명하는 이론을 생성하는 것이 목적인 경우 근거이론은 좋은 선택이다. 그러므로 여러분은 연구를 계획할 때 여러분의 분석과정이 탐색을 통한 단순한 서술을 넘어서고자 한다는 점을 분명하게 해야 한다. 수많은 탐색적 서술연구들이 수많은 주제에 대해 이루어졌고 해당 주제에 유의미한 수많은 지식들을 생산해왔다. 여러분의 연구목적이 설명보다는 탐색하고 서술하는 데 있다면, 여러분은 근거이론보다는 그 목적에 맞는 다른 접근법을 찾아야 한다.

'과정'이라는 개념은 종종 근거이론의 특징으로 표현된다. 근거이론에서 과정이 얼마나 중요한가에 대해 그리고 이 개념이 어떻게 정의될 수 있는가에 대해 논쟁이 있다. 글레이저(1978)는 기본 사회과정이라는 개념을 길게 논의하면서, 과정은 꼭 필수적이지는 않지만 근거이론의 중요한 요소라고 강조한다. 그러나 차마즈(2014)는 과정을 근거이론의 필수적 요소라고 믿고 있으며, 핵심 근거이론방법의 하나로 사람들의 구체적인 행동을 보여주기 위해 '동명사(동사의 명사형태)'의 사용을 장려한다. 여기에서 더 나아가, 살다나(Saldaña, 2013)도 '과정코드 Process Code'라는 개념을 도입하였다(제6장 참조). 분석할 때, 과정을 강조하는 것은 여러분이 해당 연구에서 과정을 작동시키는 관계를 주목하도록 강요한다(Charmaz, 2014). 우리가 과정이라는 용어로 다양한 영역을 더 심도있게 접근할 수 있기 때문에 과정을 근거이론의 핵심으로 채택하는 것은 그 의미가 크다. 코빈과 스트라우스(2008: 96)는 과정을 "어떤 상황이나 문제에 대한 반응으로 생겨나 계속 진행되는 행동, 상호작용, 정서"라고 정의하고 있다. 그러므로 과정은 시간이나 단계나 국면의 개념에 국한할 필요가 없으며, 오히려 삶의 자연적이고 역동적인 성질을 드러내는 모든 측면에서 나타나는 것으로 생각할 수 있다.

활동 2.1 출간된 논문들의 근거이론 사용

여러분의 전공과 다른 학문영역의 문헌자료들을 찾아봐라. 그리고 '근거이론'이라는 용어를 사용하여 문헌들을 검색해봐라. 여러분이 검색결과를 잘 살펴보기 위해서는 최근 연도나 또는 전체논문을 다운받을 수 있는 논문들로 한정하는 것이 좋을 것이다. 여러분의 흥미를 자극하는 논문을 10~12개 정도만 선정하여 읽어봐라. 그림 2.1을 사용하여 저자들이 어떤 핵심 근거이론방법을 활용하였는지 파악해봐라.

논문 저자들이 다음과 같이 하였는지를 파악해봐라.

- 연구대상 영역의 기존지식을 논의했는가?
- 설명력 있는 이론의 생성이 저자가 성취하고자 하는 연구결과라고 말하고 있는가?
- 근거이론방법의 사용을 정당화하는, 연구상황에 내재적인 연구과정을 파악할 수 있는가?

근거이론연구의 계획

초보연구자들에게 근거이론의 인기가 높은 것은 질적자료를 활용하는 다른 방법들보다 근거이론 연구설계가 더 구체적이어 더 쉽게 행할 수 있다는 믿음과 관련되어 있다. 이 장의 목적은 연구프로젝트의 계획과정을 포괄적으로 설명하는 데 있지 않다. 이러한 개괄적인 설명을 위해서는 그에 알맞은 책들이 많이 나와 있으니 그 책들을 참조하라. 여기에서는 근거이론연구에서 꼭 고려해야 할 연구계획의 측면들에 초점을 맞추고자 한다. 연구계획의 단계는 아래의 상자 2.1에 요약하였다.

상자 2.1 연구계획의 단계

1. 가정 인식하기
2. 연구질문과 목적을 명확히 하기
3. 문헌고찰하기
4. 연구설계 만들기
5. 윤리적 · 법적인 이슈 검토하기
6. 필요한 자원 결정하기
7. 일정표 만들기

가정 인식하기

연구자들은 특정 주제에 대한 개인적인 경험에서 우러나오는 관심이나 열정 때문에 자신의 연구주제로 선정하는 경우가 많다. 또한 그러한 관심은 연구하고자 하는 주제에 대해 스스로 어느 정도 알고 있기 때문에 생기는 것이다. 연구자들이 연구를 시작할 때 열린 마음을 유지해야 한다는 글레이저(1992)의 주장에 대해 그리고 연구자가 현실적으로 어느 정도까지 열려 있을 수 있는지에 대해 많은 논의가 있었다. 제4장에서 논의하겠지만, 연구자의 이론생성능력은 자료에서 드러나는 개념들에 얼마나 이론적으로 민감한지에 달려 있다. 그러므로 자료선택 및 분석과정에서 개념의 이론적 중요성을 얼마나 예민하게 파악하느냐와 열린 마음을 유지하는 것 사이의 균형이 요구된다. 연구자로서 이론을 개발할 때, 여러분은 자신의 선입견을 벗어나야 한다. 그러나 스트러빙(Strubing, 2007)은 여러분의 지식과 경험이 핵심 근거이론방법들을 적용하여 연구할 때 효과적으로 활용되어야 한다고 충고하고 있다. 즉, 선입견을 벗어나면서도 자신의 지식과 경험을 효과적으로 사용하여야 한다.

여러분이 이미 가지고 있는 연구주제에 대한 가정들, 경험, 지식을 파악하는 것은 계획한 연구와 관련되어 여러분의 입장이 어느 곳에 위치하고 있는지를 이해하기 위해 먼저 해야 할 일이다. 연구를 시작하기 전에 여러분의 생각이나 정서나 아이디어를 파악하고 있는 것이 연구의 초기에서부터 더 투명한 접근을 할 수 있게 해준다. 연구주제에 대한 자신의 가정들을 어떻게 기록할지는 여러분의 선택에 달려있다. 그러나 다음 장에서 메모하기를 더 자세하게 설명하겠지만, 우리는 계속 메모에 적어두는 것을 추천한다. 연구초기부터 메모에 써두는 것은 여러분의 연구과정을 추적할 수 있게 해주고, 초기에서부터 여러분의 프로젝트를 계속 기록하는 습관을 갖도록 해준다.

여러분이 식별할 필요가 있는 '가정들'과 관련된 이슈들은 무엇일까? 일단 대면해서 무엇이 있는지를 인식하고 나면 더 잘 이해될 수 있는 요소들이 많다. 그런 요소들은 아래와 같다.

- 여러분의 철학적 관점(여러분이 세상을 어떻게 보는지?), 그리고 이러한 철학적 관점이 여러분의 연구주제 그리고 근거이론방법과 원리를 적용하는 것과 어떻게 관련되어 있는가(이미 제1장에서 연습한 바와 같은 내용이다)?
- 연구 문헌들뿐만 아니라 개인적인 또는 전문가로서의 경험을 포함하여, 여러분이 연구주제에 대해 이미 알고 있는 것은 무엇인가?
- 여러분이 연구에서 발견할 것으로 기대하는 것은 무엇인가? 이러한 기대가 연구결과에 영향을 미쳐서는 안되며, 이러한 기대를 스스로 파악하고 있는 것이 선입견의 영향을 피하는 데 도움이 된다.
- 여러분이 연구와 관련하여 어떠한 우려나 걱정이나 두려움을 가지고 있는가, 그리고 여러분의 강점과 약점이 연구과정에 어떻게 영향을 미칠 것인가?

모든 종류의 연구수행은 학습과정이다. 특히 대학원생들의 경우 더욱 그렇다. 연구 프로젝트의 시작에 여러분의 모든 노력을 집중하는 것이 연구 수행과정에서 방향감을 상실하지 않게 하는 가장 효과적인 방법이다. 연구계획과정의 일부로서 여러분이 가지고 있는 가정들을 인식하는 것이 연구의 모든 진전 과정에서 방향을 상실하지 않고 자료에 잘 침잠할 수 있게 해준다.

연구질문과 목적을 명확히 하기

대부분의 연구에서 연구질문은 연구가 어떻게 진행될 것인가를 규정한다. 근거이론에서는 질문을 생성하는 것은 연구과정이다. 연구자가 다른 연구설계에서는 보통 가설이나 구체적인 연구질문을 가지고 연구를 시작하지만, 전통적인 근거이론연구에서는 가설이나 구체적인 질문 없이 연구를 시작하는 것이 중요한 특징이다. 글레이저는 근거이론에서 연구결과는 '출현'하는 것이라고 지속적으로 강조해왔다(예: Glaser, 1978, 1992, 2004의 문헌 참조). 근거이론은 자료의 수집과 분석을 반복하면서 진전한다. 그러므로 연구설계는 연구가 진전되면서 결과가 출현하는 방식이며, 이는 연구의 결과 자체보다 연구의 과정을 중요시하는 관점이다. 근거이론은 저절로 나타나지 않는다. 오히려 연구자가 핵심 근거이론 방법들을 적용하면서 근거이론이 생성되고, 진전되며, 통합된다.

초기에 글레이저와 스트라우스(1967)는 연구 질문 자체도 '출현'해야만 한다고 제안했다. 스트라우스와 코빈은 1990년도에 발간된 책에서 연구 질문도 구체화하여야 하고 연구범위도 미리 정해야 한다고 주장했다. 글레이저(1992)가 이를 연구 질문과 범위를 '강요'하는 것으로 근거이론이 피해야 할 것이라고 비판하면서, '출현 대 강요'라는 논쟁이 시작되었다. 글레이저(1998)의 입장은 질문이 타당성을 가지려면 그것이 의미있다고 느끼는 사람들로부터 나와야 한다는 그의 신념에 기초하고 있다(또는 우리는 의미있다고 느끼는 사람들로부터 생성되어야 한다고 생각한다). 스트라우스와 코빈(1990, 1998, 이어서 Corbin and strauss, 2008)의 입장은 글레이저보다 훨씬 실용적이며 현대의 학술연구 흐름에 더 적합하다. 현대의 학술적 연구에서는, 연구자가 연구주제를 보다 구체적으로 좁힐 것을 요구한다. 물론 이것은 현대에 가장 주도적인 과학적 접근의 흐름을 반영한 것이다. 이 주제가 연구질문으로 나타나는가, 연구 문제에 대한 진술로 나타나는가, 또는 연구가정으로 나타나는가는, 연구자가 채택한 연구설계에 의해 결정될 것이다.

근거이론연구를 수행하는 데 있어서도, 여러분은 연구자가 의도하는 연구에 대한 진술을 포함하는 공식적인 연구계획서를 작성하여야 한다(이 장의 뒷부분에서 자세히 논의할 것이다). 여러분이 구체적인 연구목적과 연구질문을 작성하는 데 있어서, 글레이저의 입장 그리고 스트라우스와 코빈의 입장의 중간 어디를 선택할 수도 있다. 글레이저(1992: 22)는 근거이론연구가 '추상화의 놀라운 발견', 즉 자료를 추상화하면서 스스로 새로운 발견이 이루어진다는 입장을 중요시하여 미리 질문과 목적을 한정하는 것을 반대하였고, 스트라우스와 코빈은 더 구체적으로 연구계획을 세워 연구할 것을 제안하였다. 가능하다면, 여러분의 연구질문을 광범위하게, 그리고 연구할 현상을 살아가거나 경험한 사람의 문제 중심적 관점을 반영하는 방식으로 진술하라. 근거이론연구에서 구체적인 주제에 스스로를 가두는 것은 근거이론방법의 활용을 제한할 가능성이 높고, 또한 여러분의 연구를 심사할 경험있는 근거이론가들로부터 강한 비판을 받을 수 있으니 피하는 것이 좋다. 연구질문을 미리 구체화하지 않더라도, 연구과정 초기에 점점 더 구체화될 것이다(Glaser, 1992). 스스로 구체화될 때까지, 여러분의 연구영역을 충분히 폭넓게 가지고 시작하라. 그렇게 하여 연구방법들의 역동성과 유연성을 허용하고 작동하도록 하면 연구질문이 스스로 구체화될 것이다.

어떻게 연구질문이 표현될 수 있는지에 대한 사례들은 상자 2.2에서 제시되고 있다.

상자 2.2 연구질문의 사례

1. 망명신청자들이 수용소생활에서 풀려난 후, 해당국가에 어떻게 적응하는가?
2. 무엇이 민간단체의 관리자들에게 전문적 역량을 높이도록 영향을 미치는가?
3. 개발도상국의 여성들은 어떻게 재정적인 독립을 성취하는가?

활동 2.2 연구질문 만들어보기

지역신문을 훑어봐라. 그리고 잠재적인 연구주제를 찾아봐라. 이를 근거이론을 사용하여 조사하기 위한 연구질문으로 만들어봐라.

문헌고찰하기

근거이론연구에서 문헌을 활용하는 것은 아마 가장 논쟁적이고 오해되는 사항 중의 하나일 것이다. 문헌은 근거이론연구의 모든 과정에서 중요하다. 그러나 여기서는 모든 문헌활용을 논의하기보다는 편의상 이론적인 민감성을 높이기 위한 활용, 분석 과정에서 자료로서의 문헌, 이론적 코드의 자원으로서의 문헌, 이 세 영역에서의 문헌의 역할을 논의하겠다.

근거이론 정립의 초기단계에서 문헌의 활용에 대한 격렬한 논쟁이 있었다. 많은 질적연구들에서도 그런 것처럼, 근거이론에서도 연구자가 연구 과정이나 결과를 현존이론이나 지식으로 재단하는 것을 막기 위해 공식적인 문헌고찰을 중요시하지 않았다. 그렇지만 스트라우스와 글레이저(1967)도 연구자가 백지 상태로 연구영역에 입문하는 경우는 없다는 점을 인정하고 있다. 스트라우스와 코빈(1990)도 이 입장을 반복하고 있으나 이들은 연구 초기단계에 연구자가 연구주제를 다룬 문헌들로부터 거리를 두라고 명확하게 하지는 못했다. 결국 글레이저(1992)는 연구주제와 관련된 문헌을 읽는 것을 모두 피하는 것이 중요하다고 강력하게 주장하였다. 이렇게 주장함으로써, 글레이저는 근거이론연구자들이 현존하는 코드와 개념으로부터 오염당하거나 제한당하는 것을 피하기 위해서는 주제와 관련된 문헌들은 읽지 말고, 연구 초기단계부터 연구주제 밖의 문헌들만 읽으라고 한 셈이다.

사실상 이들의 입장에는 별 차이가 없다. 연구자가 계획한 연구영역에 관해 광범위한 지식을 학습하고서(이는 의심할 여지없이 관련 문헌을 읽어야 한다는 뜻이다) 연구를 시작한다는 점을 아무도 부인하지 않으며, 또한 근거이론연구를 수행하기 전에 관련 주제에 대해 문헌고찰을 철저히 하라고 아무도 주장하지 않는다(광범위하게 알고 있어야 하지만 연구하는 주제 자체에 대해 기존 문헌에 갇혀서는 안된다는 뜻이다-역주). 그러나 우리는 연구주제에 대한 제한된 예비적 문헌고찰이 이론적 민감성의 초기 단계뿐만 아니라 연구의 초기단계에서도 도움이 되는 여러 가지 방식이 있다고 생각한다.

연구계획서의 주제에 대한 문헌고찰은 그 영역에서 현재 연구와 지식이 어디까지 확장되었는지를 이해할 수 있게 해준다. 어콰트(Urquhart, 2007)는 이렇게 사전에 문헌을 고찰하는 것이 해당 연구영역을 섭렵하는 데 효과적인 방법이며, 또한 기존의 이론적 개념들을 읽었다고 꼭 편견이 생기는 것은 아니라고 주장했다. 또한 연구비를 신청하거나 학위논문 등을 위해 공식적인 연구계획서를 작성할 때 연구필요성을 정당화하기 위한 기존 문헌의 고찰이 필수적으로 요구되기도 한다. 이런 요구를 만족시키는 데 필요한 정도의 깊이와 넓이를 지닌 문헌고찰을 해야 한다. 앞에서 기술한 바와 같이 여러분이 지닌 연구가정을 잘 정리하려고 노력하는 과정은 여러분이 연구하려는 영역의 현존 지식과 생각들을 효과적으로 파악하는 데 도움이 되며, 어쩔 수 없이 행하게 되는 문헌고찰이 미치는 잘못된 영향을 제한하는 데도 도움이 된다. 연구의 초기단계에서 문헌이 어떻게 활용될 수 있고, 활용되어야만 하는지에 대한 글레이저(1998)의 관점은 상자 2.3에 요약하였다. 여기에 덧붙여, 글레이저는 절차적인 요구 때문에 연구시작 전에 문헌고찰을 꼭 해야 한다면, 연구자가 문헌을 자료로 간주하라고 충고하고 있다(문헌을 자료로서 처리하는 방식과 그에 대한 논의는 제5장 참조).

상자 2.3 문헌활용에 대한 글레이저의 관점

문헌고찰은 근거이론연구를 하는 많은 사람들에게 문제이다. 전통적인 접근에서는 연구자가 연구를 시작하기 전에 관련 영역의 문헌을 최대한 읽어야 한다. 그러나 근거이론의 가장 큰 원칙은 다음과 같다. (a)**연구의 실제적인 주제나 관련 영역에 대한 문헌고찰을 하지 말라.** (b)근거이론이 범주의 정리와 글쓰기를 거쳐 거의 완성되어 갈 때, 연구주제에 대한 문헌을 찾아 지속적인 비교를 위한 추가 자료로서 활용하여 최종 근거이론에 통합시킬 수 있다.

보다 직설적으로 말하자면, 이런 원칙은 연구자들이 기존 연구에 사로잡히지 않고, 최대한 자유롭게 자료자체로부터 개념이나 문제나 해석을 출현시키고 발견하도록 하게 하기 위함이다. 연구 이전의 문헌고찰은 아래와 같은 이유로 근거이론의 생성에 해로운 영향을 미친다.

1. 연구자가 적절하지 않거나 맞지도 않는 개념의 포로가 될 수 있다.
2. 연구자가 연구주제에 적합하지 않은 '전문가들의' 문제의식을 사전에 합당한 것으로 오판하여 수용할 수 있으며, 그렇게 되면 진짜 현장에서 진행되는 현실에서 벗어나게 되어, 현실적실성이 없는 연구를 하게 된다.
3. 연구자가 추측적이고 비과학적인 해석과 관계를 근거이론에 통합시킬 수 있다. 그렇게 되면 근거이론은

적실성도 없어지게 된다. 근거이론은 자체적인 과정을 거치면서 해석이 저절로 출현하게 되는 방식이다. 추측을 개입시킬 필요가 없다.

4. 연구자가 다른 저자들, 특히 해당 연구영역의 대가들에 대해 '너무 존경심'을 갖게 되어, 이론의 생성자로서의 자신의 가치를 망각하게 된다.
5. 연구자가 기존 개념들에 얽매여, 기존 문헌과 같은 말을 하게 되며, 이론의 발견자로서의 목소리를 내지 못하게 된다. 결국 연구자의 이론적 민감성도 현학적인 말로 가득 차 그 가치를 상실하게 된다.
6. 어느 문헌이 관련성이 있는지는 지속적인 해결과정을 통해 참여자의 주된 관심이 출현할 때까지는 알 수 없다. 어떤 문헌이 관련되는지는 선입견으로 미리 생각한 영역들과 전혀 다를 수 있으며, 한참 자료분석이 진행되어야 알 수 있다. 그때서야 기존의 문헌도 새롭게 의미가 밝혀지고, 근거이론도 풍성해진다. 그래야 잘못된 문헌을 학습하는 시간을 절약할 수 있다. 연관된 문헌이 제대로 기여할 수 있도록 집중해야 한다.

그러나 연구자는 연구를 수행하는 동안 다른 실제 영역의 문헌들을 적극적으로 읽어야 한다. 먼저 (a)자기 연구에서의 근거이론 출현을 오염시키지 않을 영역을 선정하고, (b)사회이론의 활용에 있어서 이론적 코드와 지식을 제공하여 이론적 민감성에 도움이 되는 영역을 선정하라.

자료출처: Glaser, B.G.(1998). *Doing Grounded Theory: Issues and Discussions*. Mill Valley, CA: Sociology Press, pp67–8. Used with permission.

연구초기 단계에서 문헌고찰이 연구자에 기여하는 가장 커다란 이점은 다른 연구자들이 근거이론방법을 어떻게 활용하는지에 대한 사례를 제공하는 것이다. 다양한 학문영역에서 전체적으로나 또는 부분적으로 근거이론을 사용한 문헌들은 풍부하다. 이런 논문들은 여러분이 다른 연구자들의 경험으로부터 배울 기회를 제공한다. 또한 이런 논문은 여러분의 연구를 실제 내용에서보다 방법론적인 입장에서 많은 정보를 제공해준다. 그런 논문의 질을 꼭 평가하라(제9장 참조). 그리고 근거이론방법의 적용에 있어 사소한 오류도 찾아내라. 그러한 오류는 아마도 여러분의 연구와 다른 연구에서도 반복될 수 있으니 미리 찾아서 해결해야 한다(Cutcliffe and Harder, 2012).

많은 연구방법론에서 연구방향을 결정하고 연구결과의 해석을 돕는 이론적인 틀은 기존 문헌들로부터 도출된다. 근거이론은 해당 연구 영역의 기존 사고에 영향을 받지 않고 자료에 근거하여 이론생성을 모색한다. 따라서 연구를 이끄는 이론적인 틀을 대체로 채택하지 않는다. 여러분 연구를 이끌기 위해 외부적인 틀을 도입하는 것이 근거이론의 기본원리와 일치하지 않는다. 그러나 코빈과 스트라우스(2008)는 이론적 틀이 어느 정도 실용적 가치를 지니고 있으며, 특히 연구결과의 해석에 중요하게 기여할 수 있다고 본다. 제7장에서 우리는 근거이론이 모습을 형성할 때, 이론적 코딩의 과정에서 이론적 틀을 어떻게 사용하지에 대해 논의할 것이다.

연구설계 만들기

연구설계는 연구에 대한 청사진이다. 연구설계는 연구목표를 성취하기 위해 사용할 여러분의 철학적 입장과 방법론적인 입장 그리고 구체적인 방법들을 제시한다. 여러분의 연구를 가이드하기 위한 적절한 계획을 세우기 위해서 여러분은 연구에 착수하기 전에 핵심 근거이론방법을 충분히 이해하고 있어야 한다. 이 책에서 핵심 근거이론방법과 그 윤곽을 자세히 설명하고 있다.

이 책의 제1장에서 우리는 근거이론방법과 관련된 방법론적인 고찰을 하였다. 글레이저와 스트라우스(1967)의 초기 저작은 보다 일반적인 방법론을 논의하였다. 스트라우스와 코빈의 1990년 이후의 저술들은 더 구체적인 절차를 설명하고 있다. 차마즈(2006)나 클라크(2005)와 같은 근거이론가는 다양한 철학적이고 방법론적인 입장을 반영한, 근거이론방법에 입각한 새로운 접근법을 개발했다. 앞에서도 언급했듯이 여러분의 연구전체를 통해 한 가지 형식의 근거이론만 사용할 필요는 없다. 여러분이 근거이론방법을 연구에 적용할 때, 여러분 각자의 철학적 입장이 어떤 저자의 방법론을 선택할지 또는 여러 저자들의 방법을 어떻게 섞어서 사용할지에 영향을 미칠 것이다.

근거이론연구를 설계할 때, 근거이론연구의 기본적인 속성이 점진적으로 비교하면서 분석을 심화시켜나가는 과정이라 아마 매우 어렵다고 느낄 수 있다. 또는 미리 틀을 꽉 짜놓고 하는 것이 아니고 스스로 점진적으로 발전시켜 나가는 것이라, 유연성과 발전가능성을 즐길 수도 있을 것이다. 특히 아주 구체적인 이슈가 손에 잡히지 않아 광범위한 영역으로부터 연구를 시작해야 할 때는 더욱 그렇다. 여기에 근거이론방법의 특별한 장점이 있다. 여러분이 구체적인 자료를 수집하여 분석하면서 연구과제가 점점 더 분명해지는 실천적인 이점이 있다.

어쨌든 여러분은 연구설계를 할 때, 실천성을 고려하여야 한다. 근거이론의 유연하고 역동적인 성격으로 여러분이 뒷짐을 지고 앉아 있어도 저절로 뜻밖의 발견에 이르게 된다고 믿으면 안된다. 연구가 진행될 때 어떻게 이론적 표집을 하느냐가, 자료가 어떤 원천에서 어떤 장소에서 어떻게 생성되는가를 결정할 것이다. 결국 여러분이 연구에 어떻게 핵심 근거이론방법을 사용할 것인지, 어느 정도까지 사용할 것인지를 결정하는 것이다. 그리고 연구를 계획하는 단계에서 이런 이슈를 미리 점검하는 것이 후기 단계에서 일어나는 문제를 피할 수 있게 해준다. 그래야 연구과정이 제대로 진행되고 질이 높은 글쓰기가 이루어질 것이다.

연구를 계획하는 단계에서 여러분이 할 가장 중요한 일 중 하나는 분석의 단위를 명확하게 하는 것이다. 상자 2.4에서 배리 깁슨(Barry Gibson)은 자신의 연구에서 어떻게 연구의 단위를 명확하게 하고 이 요소에 초점을 유지하는 것이 그의 연구에서 얼마나 중요했었는지를 설명하고 있다.

상자 2.4 근거이론 들여다보기

배리 깁슨의 연구단위 명확하게 하기

『근거이론의 발견The Discovery of Grounded Theory』(Glaser and Strauss, 1967)의 제2장 '이론생성의 발견'이라는 장의 '개념의 명확화'라는 부분은 근거이론을 처음 시작하는 대부분의 초보자들이 쉽게 놓치는 경우가 많지만, 아주 중요한 정보를 제공하고 있다. 이 부분은 단순히 분석단위를 명확하게 하는 것을 설명하고 있다. 그 과정은 '고통스러운 과정'으로 서술되어 있지만, 제대로 된 근거이론을 생성하는 데 아주 중요하다. 그러나 근거이론을 처음 시작한 대부분의 연구자들은 분석단위에 대한 별다른 생각 없이, 그냥 문제를 지닌 개인이나 집단이 근거이론의 분석단위라고 가정한다. 『근거이론의 발견』에서 '댄스 홀', '빈민가', '고등학교' 등을 전통적인 사회학적 분석단위로 설명하고 있다. 분명히 개인들이 이러한 장소에서 행동하고 있지만, 분석의 초점은 개인이 아니라 문제로 인식되는 상황이 어떻게 나타나는가이다.

나는 박사논문을 쓸 때 이 문제로 심각하게 고민했다. 나는 HIV 양성 환자들을 치료하도록 고안된 치과치료를 연구하고 있었다. 내가 조사한 첫 번째 치료과정에서, 치과의사가 그런 환자의 치료를 원하지 않으며, 따라서 전략적으로 HIV 환자를 회피한다는 사실을 알 수 있었다. HIV 양성 환자들은 정말 위험하며 치과의사를 감염시킬 소지가 있다. 결과적으로 치과의사는 국소마취를 사용하지 않으려 하였다. 그 결과 환자가 엄청난 고통을 느끼게 하려 했다. 또한 보호안경, 얼굴가리개, 녹색 수술복, 이중장갑, 마스크를 착용하였다. 환자들은 이처럼 중무장한 의사를 보고 깜짝 놀랐다. 이 치과의사를 제대로 이해하기 위해서, 다른 클리닉의 치과의사들과 비교할 필요가 있었다. HIV 양성 환자들을 치료하는 것이 별로 위험하지 않고 감염력도 약하다고 생각하는 치과의사가 있는 다른 클리닉을 찾을 필요가 있었다.

앞으로 생성될 근거이론에 적절한 클리닉의 속성을 명확하게 하여야, 어떤 클리닉을 찾을지 결정할 수 있었다. 첫 번째 특성은 클리닉의 의사 수였다. 앞의 클리닉은 치과의사 한 명이 홀로 일하고 있었다. 전통적으로 혼자 일하는 클리닉은 보수적이어, 이와 비교하기 위해 여러 의사들이 팀으로 일하는 클리닉을 찾고자 하였다. 두 번째 특성은 클리닉의 위치였다. 첫 번째 클리닉은 HIV 양성 환자의 비율이 아주 낮은 곳에 위치해 있었다. 이러한 지역에서는 HIV는 아직도 '이질적'이고 특이한 것으로 간주되었다. 세 번째 특성은 HIV를 다룬 기간이다. 앞의 클리닉은 최근에 생긴 곳이었다.

결국 나는 다른 두 곳에서 치과치료과정을 더 조사하게 되었다. 한 곳은 두 명의 치과의사가 있었고, 다른 곳에는 4명의 치과의사가 있었다. 이 두 곳은 매우 다른 지역에 위치하고 있었다. 한 곳의 클리닉에서는 병원방문자가 광범위한 환경에서 오는 곳으로 주요 HIV 전이통로는 이성과 성교를 하면서 마약을 사용하는 과정이었다. 다른 클리닉은 동성연애가 활발하게 이루어지는 지역을 주 대상으로 하였다. 두 곳 모두 첫 번째 클리닉과 대조했을 때, 생긴 지가 오래된 클리닉이었다. 결국 위험에 대한 정의는 같은 지역에서도 다양하였으며, 이러한 정의가 실제 위험과 다르며, 이를 바탕으로 나의 연구에서 '차단점(cutting point)' 이론을 생성하게 되었다. '차단점'에 이르게 되면 치과의사들이 치료를 할지 말지를 결정하고, 또한 치료를 어떻게 할지를 결정한다. 첫 번째 클리닉의 속성은 치과의사가 적절한 민감도를 갖고 환자들을 치료하게 하는 데 방해가 되는 요소들이었다. 이 치과의사는 위험한 상황에서 환자를 치료한다고 느끼고 무서워했다. 반면에 다른 클리닉의 치과의사들은 자신이 통제할 수 있다고 느끼고 있었다. 감염위험이 있으나 아주 낮다고 생각했다. 위험을 통제할 수 있다고 생각하고 환자의 상황에 대응하여 적절하게 치료할 수 있다고 상황을 정의하였다. 두 번째, 세 번째 클리닉에서는 치과의사들이 책임을 공유하고 서로 지지하였다. 첫 번째 치과의사는 고립되어 있으며 무서워하였고, 환자를 치료를 하는 데도 공포심을 느끼며 치료했다. 그는 또한 최근에서야 HIV 양성 환자를 치료하기 시작하였으나, 다른 클리닉은 10년이나 20년 이상 HIV 양성 환자를 치료한 역사를 가지고 있었다.

차단점의 여러 층위를 파악하는 과정은 매우 어려운 과정이었고, 분석을 완성하는 데도 많은 시간이 걸렸다. 결국 모든 클리닉에 통하는 보편이론으로 생성된 것은 위험과 위험감수의 상호작용이 차단점을 구성한다는 것이었다. 분석단위를 명확하게 하고, 연구의 모든 과정을 통해 여기에 집중하는 것이 견고한 근거이론을 개발하는 데 필수적이다. 『근거이론의 발견』에서 분석단위를 명확하게 하라는 그 한 페이지는 그 당시 나에게 아주 커다란 영향을 미쳤다. 분석단위를 명확하게 하는 것은 내가 근거이론을 이해하는 데 지금까지 핵심적인 요소로 남아있다.

윤리적 · 법적인 이슈 검토하기

근거이론방법은 현상을 탐구하고 설명하는 데에는 연구자에게 폭넓은 기회를 제공하지만, 문제도 있다. 연구를 시작할 때부터 잠재적인 윤리적 · 법적 문제를 정확하게 인식하는 것은 매우 어렵다. 이 단계에서는 어떤 성격의 자료가 수집될지 아직 불명확하고, 누구로부터 그리고 얼마나 많은 종류의 사람에게서 자료를 수집해야 하는지 아직 불명확하기 때문이다. 여러분 지역이나 대학의 윤리심사위원회(Institutional Review Board) 또는 윤리위원회가 잠재적으로 문제가 될 만한 소지가 있는지를 평가하므로 여러분은 윤리적인 문제에 관심을 가지고 연구신청서에 이를 적절하게 다뤄야 한다. 여러분은 광범위한 연구초점을 방어하기 위한 준비해야 한다. 자료의 수집과 생성을 위한 전략(예: 표집이나 초기 면담을 위한 질문지)과 자료의 원천이 무엇인지를 구체적으로 사례를 들어 설명해야 한다. 현재의 법과 윤리적인 이슈를 충분히 이해하고 있음을 나타내야 한다. 특정 사생활법이 여러분이 접근하고 있는 특정 문서와 어떻게 관련되어 있는가? 연구질문이 아직 불명확한 상태에서 면담조사에서 나타날 수 있는 불쾌함을 예방하고, 최소화하고, 해결하기 위해 여러분은 어떻게 하겠는가? 이런 질문들도 반드시 고려되어야 한다. 물론 방법론과 무관하게, 인간을 대상으로 하는 모든 연구는 윤리적이고 법적인 문제를 먼저 고려해야 한다.

근거이론연구는 계속 유연하게 진화하고, 변하며, 따라서 예측불가능하다. 여러분의 연구방향은 핵심 근거연구방법을 적용하여 진행하면서 변할 수 있다. 윤리심사위원회는 연구대상자 보호와 연구의 진실성과 관련하여 여러 가지 기능을 수행하고 있다(Mills and Birks, 2014b). 연구대상자에 변화가 있거나 수집할 자료의 성격이 바뀌면 윤리심사위원회에서 수정에 대한 승낙을 다시 받아야 한다. 여러분이 이러한 변화가 윤리적 또는 법적인 영향을 전혀 발생하지 않는다고 생각하더라도 윤리심사위원회로부터 승인을 다시 받아야 한다. 대부분의 경우, 여러분은 그런 수정에 대한 승낙을 얻는 것이 간단한 절차임을 알게 될 것이다. 스바라이니, 카터, 에반스, 그리고 브린크혼(Sbaraini, Carter, Evans and Blinkhorn, 2011)의 경우에도 윤리심사위원회에 처음 제출할 때부터 연구계획서에 연구 속성상 연구대상이나 내용이 변할 수 있다는 점을 명기하였고, 수정할 때마다 쉽게 승인을 받았다. 근거이론은 풍부한 연구수행을 위한 커다란 잠재력을 지니고 있으며, 연구수행과정의 윤리적이고 법적인 측면에서 그에 걸맞게 책임있는 행동이 요구된다.

필요한 자원 결정하기

여러분의 연구가 제대로 진행되기 위해서는 근거이론연구에 필요한 자원에 대해 현실적인 결정을 해야 한다. 근거이론은 다양한 자원으로부터 다양한 유형의 자료를 찾아 활용하도록 한다. 여러분은 연구가 진행되는 과정에서 이론적 표집기술을 통해 가장 적합한 자료를 생성할 자원을 파악하게 될 것이다. 자료의 수집과 분석을 진행하면서 여러 자원들로부터 자료를 생성해야 할 것이다. 그러나 근거이론은 역동적인 연구과정이어서, 연구초기 단계에 어떤 자원이 특별히 자료의 원천이 될 것인가를 파악하기가 쉽지 않을 것이다. 여러분이 매번 일어나는 우발적인 상황을 다 대비할 수는 없지만, 연구에 필요한 최소한의 요구사항을 정립할 필요는 있다. 자원과 관련된 가장 커다란 요구사항(반복적으로 나타날 것이다)은 돈과 관련된 문제일 것이다. 여러분은 컴퓨터 하드웨어 또는 자료관리 프로그램이나 디지털 음성레코더 등과 같은 도구를 구입해야 하는가? 여러분은 훈련프로그램을 수강해야 하거나 학술대회나 세미나에 참석할 필요가 있는가? 여러분은 어디에서 자료수집을 시작할 작정인가? 멀리 여행할 필요가 있는 장소들도 연구계획에 포함되어 있는가? 연구참여자의 시간에 대해 보상을 하고, 나머지 경비들도 보상해 줄 것인가? 여러분은 전문적인 녹취자를 고용할 필요가 있는가?

잠재적인 자원의 필요성에 대해 넓게 검토하여 계획을 세우는 것이 여러분이 연구를 진행할 때 나타날 좌절이나 지체를 미리 예방할 수 있게 해준다. 여러분이 연구를 시작하기 전에, 연구비나 보조비용을 지원해줄 잠재적인 자원들을 미리 점검하라. 그러면 여러분이 필요로 할 때 도와주고 지원해 줄 사람들이나 자원을 미리 파악할 수 있을 것이다. 이를 통해 경제적인 부담을 줄이거나 해결할 수 있을 것이다.

일정표 만들기

근거이론연구를 위한 일정표를 만드는 것은 연구를 계획대로 진행하기 위해 필수적이다. 일정표는 연구의 초점을 계속 유지하게 하고 또한 목표를 효율적이고 효과적으로 성취하게 만든다. 연구를 체계적으로 수행하게 되면, 특히 대학원 수준에서는 더욱 그렇지만, 관련

전문지식뿐만 아니라 개인적으로도 성장하게 된다. 여러분은 연구에 몰입하게 되면서 여러 루트를 따라가게 될 것이다. 그중 어떤 루트는 다른 루트보다 더 생산적일 것이다. 또한 여러분의 연구도 완성해야 할 하나의 프로젝트라는 점을 계속 기억해야 한다. 완성하기 위해 방향과 실천이 필요하다. 다시 한 번 강조하지만 근거이론 연구과정이 유연하듯이 시간도 유연한 개념이다. 잘못하면 시간은 쏜살같이 지나간다. 시간계획을 철저히 세우고 지켜야 프로젝트를 잘 마무리 할 수 있다.

연구를 시작하기 전에 연구계획의 핵심 부분들에 대한 완성 날짜를 결정하여 일정표를 만들라. 이때 연구에 영향을 미칠 수 있는 외적인 요소를 반드시 고려해야 한다. 윤리심사위원회에 신청서 제출 날짜를 미리 파악하라. 휴일이나 다른 행사일정으로 인해 잠재적인 연구참여자들이나 자료출처들을 접속할 수 없는 기간을 미리 확인하라. 가장 중요한 것은 유연성을 가지고 만일의 사태에 대비하는 것이다. 윤리심사위원회가 추가 정보를 요구할 수 있고 또한 신청서를 처리하는 데 생각보다 오래 걸릴 수도 있다. 관리자가 시간을 끌어 자료의 원천에 접근하는 것이 지연될 수 있다. 연구참여자나 조사대상자를 구하는 데 어려움을 겪을 수 있다. 연구 후반 단계에 재조사를 위해 연구지로 돌아가야 하는 일이 생길 수도 있다. 여러분은 장애가 나타나거나 연구 방향에서 바꿔야 할 일이 생길 때마다 미리 미리 준비되어 있기는 매우 어렵다. 이미 알려진 문제들이나 일어날 것으로 예상되는 문제들에 대해 대비를 하는 것이 예측하지 못했던 일이 발생했을 때 여러분의 시간낭비를 막을 수 있는 가장 좋은 방어이다.

활동 2.3 근거이론에서의 연구설계

앞의 활동 2.1에서 여러분이 수집한 논문들을 참조하라. 저자들이 근거이론방법의 사용을 어떻게 설명하고 있는가? 연구설계에 대해 상세하게 서술하고 있는가 아니면 단순히 근거이론을 활용하였다고 적고 있는가? 저자들은 잠재적인 윤리적 또는 법적인 문제들을 어떻게 할 것인지를 설명하고 있는가? 위 논문들 중에 저자들이 근거이론방법을 사용해 연구할 때 직접 경험한 내용을 논의한 논문이 있는가?

연구계획서의 작성

거의 모든 연구가 어느 정도 구체적인 연구계획서의 제출을 필요로 한다. 가장 흔한 사례이지만, 석사나 박사과정에 진학할 때나 또는 윤리심사위원회로부터 윤리적 승인을 받기위한 신청서에도 연구계획서를 제출해야 한다. 또한 연구비나 연구지원비를 신청할 때는 더욱 상세하게 기술된 계획서를 재단이나 기관에 제출해야 한다.

여러분이 연구수행 계획서를 작성할 때 필요한 부분을 상세하게 작성하는 것이 중요하다. 그렇지 않으면 연구계획서를 다시 제출하거나 신청이 바로 기각되거나 불합격되는 상황에 처할 수 있다. 대부분의 연구계획서 양식은 대체로 상자 2.1에 포함된 항목들에 대한 논의를 포함할 것이다. 여러분의 구체적인 연구목적이 앞에 제시된 항목들에서 어떤 것을 더 중요시할 것인지, 각 항목을 어느 정도나 자세히 다뤄야 하는지를 결정할 것이다. 모든 연구계획서는 연구를 수행할 여러분의 능력뿐만 아니라 해당 연구의 적성성과 중요성을 제시하도록 요구할 것이다. 연구비를 신청하기 위해 제출하는 연구계획서는 계획된 시간 내에 연구를 완성할 여러분의 능력과 자원요구사항에 큰 비중을 둘 것이므로 이를 자세히 써야 하고, 연구윤리증명을 위해 제출하는 연구계획서는 연구참여자를 보호하는 사항이 중요하기 때문에 이를 자세하게 써야 한다.

연구재단이나 윤리심사위원회는 질적인 연구를 이전보다 많이 받아들이고 있다. 그러나 아직까지 학문적인 영역에서 양적연구방법론이 우세하다. 이러한 현상은 근거이론과 같은 비실증주의적 접근이 학계에서나 학계 밖에서 어떻게 받아들이고 있는지에 영향을 미치고 있다(Hesse-Biber, 2007). 특히 구조화 된 연구방법론에 익숙한 심사위원들은 근거이론을 세밀하게 검토하는 경향을 보인다. 심사위원들은 참여자 수, 기록, 장소 등을 명확하게 규정하고 이들이 어떤 목적으로 활용되는지를 명확하게 하는 연구설계에 더 익숙하다. 연구계획서에서 여러분은 근거이론을 조사하면서 진화하는 방법론이고, 왜 적합한지를 구체적으로 기술해야 한다. 이러한 유연한 연구설계가 지니는 함의를 잘 설명하고, 여러분이 예측하지 못한 잠재적인 또는 예측할 수 없는 역효과를 어떻게 최소화하고 관리할 것인지를 구체적으로 설명해야 한다. 여러분이 후반 단계에서 수정을 하거나 유연하게 자료수집의 변화를 반영할 필요가 있을 때, 다시 위원회에 수정한 계획서를 제출할 필요가 생길 수도 있다는 점을 명심해야 한다.

다양한 연구설계에서의 근거이론방법들

다른 방법론적 틀에서 근거이론방법을 활용하는 경우도 많다. 왜냐하면 근거이론방법은 분석적인 과정에 기여를 할 수 있기 때문이다. 근거이론방법은 다양한 방식으로 활용될 수 있는 효과적인 도구이다. 핵심 근거이론방법을 혼합적으로 사용하는 것도 장려되어야 한다. 그럼에도 앞에서 이야기하였듯이 근거이론이라고 주장하지만 실제적으로는 근거이론이라고 볼 수 없는 연구들과 관련된 문제점들이 많다. 그러므로 연구신뢰도를 지키기 위해서는 근거이론방법을 사용할 때 정확하고 구체적으로 기술하여야 한다.

근거이론이 아닌 다른 연구설계에서도 근거이론방법을 활용한 논문들이 많이 발표되고 있다. 연구자가 근거이론방법을 사용하고는 있지만 이론 생성을 목적으로 한 연구가 아닌 경우가 많다. 궁극적인 결과가 현상의 서술이나 탐색인 연구에서도 근거이론방법과 원리들을 다양하게 사용하고 있다. 베이건(Vagan, 2009)은 노르웨이의 의과대학 학생들이 의사소통기술을 배울 때 자아 정체성을 어떻게 지각하는지에 대한 연구에서 근거이론을 사용하였다. 바호라, 스터크, 에립슨(Bahora, Sterk, and Elifson, 2009) 또한 미국에서 나타나는 레크리에이션에서의 희열을 조사하는 데 근거이론방법을 활용하였다. 이 두 연구에서 저자들은 연구방법을 '수정된 근거이론'이라고 하였으며, 탐구된 결과들은 현상에 대한 통찰력을 제공해주고 있었다.

특히 양적, 질적 영역에서 나온 다양한 연구전략을 활용한 혼합된 방법을 사용한 연구에 근거이론방법이 많은 도움이 된다. 혼합된 방법을 사용한 연구에서 근거이론방법은 질적연구를 보다 체계적으로 수행하기 위해 도입되는 경우가 많다. 케이글과 웰스(Cagle and Wells, 2008)는 이러한 연구의 좋은 사례를 보여준다. 이들은 멕시코계 미국여성의 암환자 간호경험을 탐구하면서 양적, 질적 방법을 같이 사용하였는데, 질적연구를 보다 체계적으로 진행하기 위한 방편으로 근거이론을 사용하였다.

현상학적 연구, 사례연구, 역사적 연구, 민족지적 연구 그리고 행동연구 등 한 가지 방법론을 위주로 하는 연구에서도 근거이론방법은 중요한 보조 연구방법으로 사용할 수 있다. 에널스(Annells, 2006)는 방법론들이 서로 다른 장점과 단점과 목표를 가지고 있기 때문에 다른 방법론적 연구들이 근거이론방법을 적절하게 사용하면 상승효과를 낼 수 있다고 말하고 있다. 근거이론방법을 어느 정도나 활용할 것인지는 근거이론방법이 연구자의 방법론적인 목표와 철학적인 입장에 얼마나 잘 기여할 수 있을지를 고려하여 결정하여야 한다.

다양한 연구설계에서 근거이론전략과 방법들을 사용할 때 얼마나 사용할지를 판단하기 위한 기준은 간단한 편이다.

- 여러분의 연구에 대한 총괄적인 방법론 틀을 파악하라.
- 연구목적에 맞춰서 사용할 근거이론방법을 선정하여야 한다. 단순히 개인적으로 좋아한다고 해서 사용하면 안된다.
- 여러분이 사용하고자 하는 방법의 원리를 충분히 이해하고 있어야 한다.
- 선정된 개별적인 방법들을 전체적인 연구맥락에서 어떻게 사용할지 미리 계획하라.
- 연구의 결과를 논문이나 보고서로 작성할 때, 근거이론방법을 어떻게 수정하였는지 그리고 어떻게 사용하였는지를 구체적으로 기술하라.

이러한 기준을 지키지 않으면 논문의 질과 신뢰도에 부정적인 영향을 줄 수 있다(Cutcliffe and Harder, 2012: 2). 또한 다양한 연구설계에 근거이론이 가져올 수 있는 이점이 상실될 수도 있다.

결론

근거이론의 원리와 방법의 적용은 고정되어 있는 것이 아니고, 유연하고, 유동적이고, 계속 진화하는 과정이다. 근거이론연구는 역동적이어서 다른 경직된 연구방법론보다 훨씬 커다란 이점을 가지고 있다. 그러나 연구 초기 단계에서 계획을 제대로 세우지 못하면 연구과정에서 방향성을 상실할 위험이 있다. 여러분의 목표가 근거이론생성에 있는지 또는 다양한 연구방법론의 의존한 연구에서 근거이론방법을 활용하는 데 있는지를 처음부터 명확하고 상세하게 계획을 세우는 것이 중요하다. 그래야 여러분의 연구방법론이 가지는 장점과 단점을 미리 제대로 파악하여 연구목표에 맞는 연구를 방향을 잃지 않고 제대로 수행할 수 있게 해준다. 그렇지 않으면 연구에 큰 문제가 발생할 수 있다. 다음 장에서 우리는 근거이론연구의 질적인 측면과 관련된 이슈를 논의할 것이다. 또한 연구초기 단계에서부터 세부사항까지 잘 점검하여 진행되도록 하기 위한 실천적인 가이드라인을 제시할 것이다.

비판적 사고를 위한 질문

1. 여러분의 전공을 고려하여, 연구를 통해 이론생성을 하면 어떤 분야의 일반적 또는 세부적인 지식에 도움을 주는지 파악해봐라.
2. 과정이라는 개념은 매우 광범위하게 정의될 수 있다. 여러분의 일상생활에서 행하는 활동을 생각해봐라. 일상생활에서 어떤 활동들이 명확한 과정을 거치고 어떤 활동들은 불명확한 과정을 거치는지 생각해봐라. 이러한 방식으로 사건이나 활동을 조사하면, 사건이나 활동에 대한 우리의 인식에 어떻게 영향을 미칠까?
3. 연구수행을 위한 신청서(예를 들면 윤리신청서, 연구비 신청서, 특정 과목 신청을 위한 계획서 등)를 제출하는 사례를 하나 선택해봐라. 여러분은 인터넷에서 이런 예들을 쉽게 찾을 수 있다. 또는 관련 기관으로부터 얻을 수 있을 것이다. 각 부분을 검토하고 근거이론연구가 얼마나 효과적으로 통합되어 작성되었는지를 판단해봐라.

근거이론연습

APPENDIX A에 제시된 '근거이론연습–사례'를 가지고 다음을 생각해봐라.

- 근거이론에 따른 조사가 적절하게 통합된 연구의 특성
- 이 장에서 논의된 근거이론의 계획 단계들이 이 사례에서 명확하게 나타났는지의 여부
- 연구수행을 위한 계획서의 작성과 관련된 이슈들을 다루는 연구자의 전략

CHAPTER 03

근거이론연구에서의 질적 과정

Quality processes in grounded theory research

학습목표

1. 연구일반과 근거이론연구와 관련하여 질적인 문제를 논의할 수 있다.
2. 근거이론방법을 사용하는 연구의 질에 영향을 미치는 요소들을 파악할 수 있다.
3. 근거이론연구에서 질을 보장하기 위한 개인적, 방법론적, 절차적 전략을 서술할 수 있다.
4. 메모를 핵심 근거이론방법으로 이해하고 설명할 수 있다.

서론

대학원생에게 자연스러운 현상의 하나는 높은 수준의 연구를 스스로 수행할 능력이 있는지 자문하는 것이다. 우리는 대학원생들과 함께 작업하면서 대학원생들이 '제대로' 연구할 능력이 있는지에 대해 걱정하는 말을 자주 들었다. 연구를 수행한다는 것이 누구에게나 처음에는 매우 벅찬 일이겠지만, 성실한 학생은 특히 연구 초기 단계에서 많은 궁금증과 걱정을 하게 된다. 여러분은 핵심 근거이론방법의 사용이 적합하게 이루어지고 있는지를 어떻게 확신할 수 있나? 여러분의 연구가 다른 사람의 철저한 심사를 통과할 수 있을까? 여러분의 노력이 '좋은 연구'가 되리라고 어떻게 확신할 수 있나? 제9장에서 우리는 근거이론연구의 '결과물'을 판정할 목적으로 사용되는 근거이론의 평가에 대해 살펴볼 것이다. 우리가 근거이론의 결과물이라고 할 때 여러분의 결과물뿐만 아니라 학자들의 연구결과물도 포함한다. 이 장에서 우리는 여러분의 연구수행에서 생성된 결과와 경험의 질을 보장하기 위해 연구과정에서 해야 할 전략과 기법들을 논의할 것이다.

연구의 '질'이란 무엇인가?

연구와 관련하여 질을 논의할 때 그 의미는 무엇인가? 연구의 질과 관련된 논의들은 아주 많다. 다양한 패러다임이나 연구프레임에 의해 수행된 연구들을 어떻게 평가할 수 있고, 어떻게 평가하여야 하는지를 둘러싼 논쟁이 많이 이루어지고 있다. 제9장에서 우리는 이러한 논쟁을 검토하여 연구의 질과 관련한 최근 논의를 살펴볼 것이다. 이 단계에서는 근거이론연구의 수행에서 질적 과정이 중요하며 이에 대해 관심을 가져야 한다는 점을 강조하고자 한다. 연구수행을 위해 사용한 철학적이고 방법론적인 입장과 상관없이, 연구결과물의 신뢰도는 연구자가 연구의 질을 확보하기 위해 연구를 어떻게 했는가에 달려 있다. 달리 말하자면 여러분은 연구의 수행을 '엄격한' 절차를 거쳐 해야 한다.

연구의 맥락에서 질이 높다는 것은 엄격한 절차를 거쳐 연구했다는 말이다. 종종 엄격하다는 말은 힘들거나 어려운 상황을 거쳤다는 뜻이다. 힘든 날씨, 또는 엄격한 군사훈련이나 학업성취평가 등에서의 의미와 비슷하다. 그러한 상황에서는 통제를 잘해서 실수를 대폭 줄여야 한다. 엄격함을 이러한 방식으로 개념화하는 것은 연구과정에서 질을 지키는 것에도 그대로 적용될 수 있다. 힘들지만 엄격한 절차를 거쳐야 한다는 뜻이다. 그렇다고 여러분이 근거이론생성의 핵심인 창조성을 억눌러야 한다는 뜻은 아니다. 그보다는 여러분이, 연구결과의 가치에 영향을 주거나 또는 잠재적으로 악화시킬 수 있는 요소들을 찾아내고 설명하기 위한 과정을 엄격하게 진행하여야 한다는 뜻이다.

앞서 제2장에서 논의한 바와 같이 최근 수십 년 동안 근거이론방법의 인기도가 올라간 것은 절차적인 세부사항이 더욱 엄밀해졌기 때문이다. 1990년에 스트라우스와 코빈이 저술한 실천적인 가이드라인(이어서 1998, 그리고 Corbin and Strauss, 2008)이 출판되면서 절차적인 세밀함이 강화된 것과 관련되어 있다. 어떤 연구자들은 근거이론이 뷔페식으로 다양한 방법들을 가지고 있어서 그중에서 어떤 방법을 어떻게 사용할지를 마음대로 고를 수 있다고 생각하기 때문에 근거이론을 연구방법으로 채택한 경우도 있을 것이다. 어떤 경우에도 여러분이 신뢰할만한 연구결과를 원한다면 연구를 수행할 때 엄격한 절차를 거쳐야 한다. 여러분의 철학적 입장이나 연구주제나 방법론적인 해석과는 관련이 없다.

근거이론의 질에 영향을 미치는 요소

근거이론연구를 수행할 때, 여러 요소들이 연구의 질에 영향을 미친다. 편리성을 위해 우리는 이런 요소들을 '연구자 숙련도', '방법론적 일치', 그리고 '절차적 정확성'으로 범주화했다(그림 3.1).

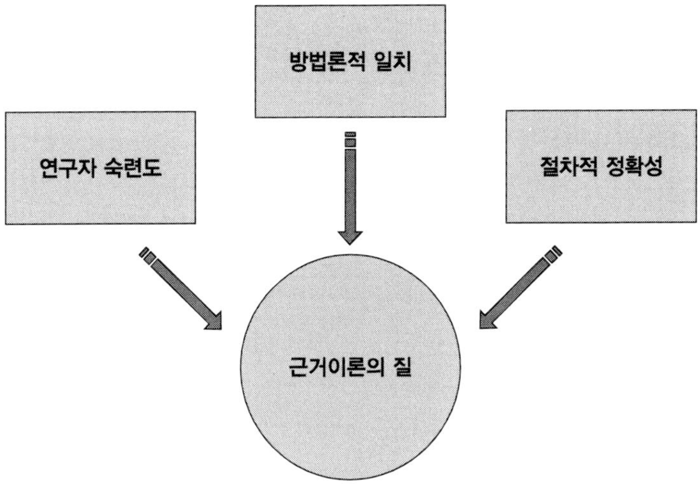

그림 3.1 근거이론 연구수행에서 질에 영향을 미치는 요소들

연구자 숙련도

여러분이 이 책을 읽고 있다는 사실은 연구수행에 대한 많은 경험이 없다는 것을 뜻한다. 또는 숙련된 연구자이지만 근거이론에는 처음인 연구자일 것이다. 근거이론의 용어가 복잡하고 중요한 초기 저작들도 복잡하여, 초보연구자들이 근거이론연구를 시작할 때(가끔 연구의 후반 단계까지도) 압도되는 느낌을 받을 것이다. 우리들은 스턴(Stern, 2007)의 경험에 공감한다. 그녀는 연구과정을 모두 스스로 마치고 나서야 근거이론을 이해할 수 있게 되었다고 말했다. 이러한 경험은 사적이거나 또는 전문가로서의 생활에서도 자주 나타나는 것이다. 만약 학문적으로 우리가 박사학위 과정을 '학문적 도제과정'으로 본다면, 우리는 이 과정을 지식의 습득과 기술의 숙련 과정으로 볼 수 있다. 그러므로 연구자들이 근거이론연구를 시작할 때 제한된 연구경험을 가지고 있는 것은 당연하다. 그럼에도 불구하고 대부분의 연구자들은 경험적 지식을 습득하게 될 것이고, 이러한 지식은 연구를 수행할 때 중요한 기여를 할 것이다. 아주 초보연구자일지라도 연구에 사용할 수 있는 일반적인 기술을 알고 있는 경우가 많다. 자원에 접근하고, 프로젝트를 관리하고, 학문적 글을 쓸 능력이나 기술은 그러한 능력의 예라고 할 수 있다.

여러분은 여러분의 연구이론의 일반적 기술로도 근거이론연구를 잘 수행할 수 있다는 우리의 말이나 앞에서 한 우리의 논의로부터 안도감을 느낄 것이다. 그럼에도 불구하고 연구초기의 개념화 단계부터 이론 생성에 이르기까지 근거이론방법에 대한 상당한 지식을 획득하고 있어야 한다. 지식획득은 다양한 수단을 통해 가능하다. 또한 지식획득은 여러분의 자원과 여러분의 학문적 스타일과 일치하여 이루어져야 한다. 제1장에서 설명한 바와 같이, 여러분의 지식획득을 도와줄 많은 근거이론 책들이 있다. 여러분이 처음부터 끝까지 다 읽을 필요는 없지만 이 책들의 내용과 스타일에 큰 차이가 있다는 점을 명심해야 한다. 자신의 방법론적인 관점에 알맞은 근거이론방법과 과정을 제시하는 책은 무엇이고, 그 책들이 여러분에게 무엇을 제공할 것인지를 찾아내야 한다.

저자들이 근거이론에 어떻게 접근할 것인지를 결정하는 것은 대부분의 경우, 저자들의 철학적인 입장이다. 책을 쓸 때의 연구사적 단계가 저자의 저술이 어디에 초점을 둘 것인가를 결정하였으며, 당시에 근거이론이 어디까지 발전되어 있었던가를 반영한다. 근거이론은 지속되고 발전될 것이지만, 여러분은 모든 판본을 읽는 것이 좋다. 개정판이 처음에 발간된 책과 같다고 가정하면 안 된다. 여러분이 책의 저자에게 동조하거나 동조하지 않거나, 특정한 근거이론에 동조하거나 동조하지 않거나, 폭넓게 읽어라. 생각을 활짝 열고, 그동안 기여해온 다양한 근거이론가로부터 기꺼이 배우라. 자신의 근거이론 입장에 맞지 않는다고 생각하는 저자들의 책이나 논문을 읽지 않는다면 여러분이 손해다. 여러분은 동료나 지도교수가 어떠한 방향으로 여러분을 이끌려고 하는 것을 느낄 수도 있다. 모든 충고를 경청해야 하지만, 자신이 관심을 가지는 다른 관점과 생각을 차단하는 경우, 반드시 그 충고나 방향을 선택할 필요는 없다.

구할 수 있는 문헌들을 다 읽어보고, 자신의 연구방법과 관련된 지식, 기술, 이해력을 제고하기 위해 여러 가능성을 탐색해야 한다. 많지는 않겠지만, 근거이론을 다루는 워크숍에 참석할 기회가 있으면 꼭 참석하라. 여러분은 일반적인 연구이슈를 다루는 학술대회, 워크숍, 그리고 세미나에 참석해서 다양한 경험이나 숙련도를 지닌 다른 연구자들과 만나 여러분의 연구활동을 논의하는 것이 좋다. 논문, 주소록, 포럼 등을 포함한 많은 정보가 인터넷에 있다. 이러한 정보는 여러분이 학술공동체에 진입할 때 많은 도움을 주며 또한 풍부한 자원을 제공해준다.

활동 3.1 인터넷 자원 찾기

여러분의 근거이론 연구 능력을 발전시키는 데 도움이 되는 자원을 인터넷에서 검색해보라. 문서에만 국한시키지 말라. 여러분이 가치가 있다고 생각할 동영상도 많다.

여러 수준의 숙련도를 지닌 다양한 학문영역의 연구자들과 의논할 수 있도록 온라인 연구 모임이나 사이트를 찾아보고 가입하라.

코빈과 스트라우스(2008)는 연구에서 질을 높이는 몇 가지 조건을 제시하였다. 그중 가장 많은 조건들은 개인적이거나 전문가로서의 연구자의 성격과 직적접인 관련이 있다. 자기 파악, 목적의 명확성, 일에 헌신하는 자세, 그리고 연구에 대한 내적 동기가 연구자 성격의 예이다. 이러한 성격은 대체로 개인적 태도의 표현이다. 여러분의 태도가 여러분의 연구에서 나타나는 개인적이고 학술적인 목표를 성취할 수 있을지 없을지를 결정할 것이다. 우리는 종종 정말 열정적으로 하고자 하는 주제를 아직 찾지 못했다고 하는 연구자의 애처로운 소리를 듣는다. 여러분은 연구를 프로젝트처럼 관리하여야 한다는 앞장에 말한 우리의 충고를 반복하고자 한다. 여러분은 여러분이 하는 연구의 중요성을 인식하고 있어야 하고, 여러분의 주제에 대해 친밀감을 느끼고 있어야 하고, 수준 높은 연구결과의 성취에 헌신해야 한다. 이러한 자세가 연구에 대한 낭만적인 애착보다 훨씬 더 중요하다.

방법론적 일치

이 책을 통해서 우리는 여러분의 연구영역과 관련된 여러분의 개인적인 철학을 파악하는 것이 중요하다고 강조하고 있다. 세상을 어떻게 보고 있는지는 여러분이 연구에 어떻게 접근하는지 그리고 여러분이 연구목적을 성취하는 데 어떠한 기법을 사용할 것인지에 영향을 미칠 것이다. 제1장에서 논의한 바와 같이 방법론적인 일치는 아래의 조건들이 일치할 때 나타난다.

- 여러분의 개인적인 철학적 입장
- 여러분의 연구에서 표명한 목적
- 이러한 연구목적을 성취하기 위해 채택한 방법론적 접근방식

방법론적 일치는 질적연구에서 신뢰성을 획득하기 위한 기반이다. 철학, 방법론, 그리고 이들의 적용 간에 일관성이 결여되면 연구결과도 빈약하게 나타난다(Cutcliffe and Harder, 2012). 위드(Weed, 2009)는 스포츠와 운동심리학에서 근거이론을 사용한 12개 논문의 연구설계를 검토하면서 대부분의 논문이 방법론적 일치를 성취하지 못하고 있다는 사실을 발견하였다. 이러한 결점에 대한 지적이 생산적인 비판으로 의도되었지만, 동시에 해당 연구의 질과 연구결과의 가치에 대해 의문을 제기한다.

방법론적인 일치의 실패는 여러분이 행하는 연구의 질에 의문을 제기하게 될 것이다. 연구를 시작하기 전에 방법론적 일치를 달성하기 위해 시간을 투자해서 노력하라. 여러분은 여러분 연구로부터 가장 도움을 받을 사람들로부터(그리고 여러분 자신으로부터 또한 여러분 연구결과의) 신뢰성을 얻을 필요가 있다. 연구수행을 지속하지 않겠다고 약속하지

말라. 충분한 수준을 확보하지 못했다면, 여러분의 연구를 근거이론연구라고 서술하지 말라. 여러분의 연구의 한계에 대해 정직하라. 철학적이고 방법론적으로 일치하지 않는 부분이 나타나면 인정하고 수정하라. 근거이론에서 여러분의 연구설계는 계속 진화할 것이다. 연구토대를 잘 구축하면 연구가 진전되면서 연구의 중심으로부터 크게 벗어나지 않을 것이다.

절차적 정확성

앞장에서 우리는 근거이론 연구계획을 잘 세우는 것이 중요하다고 하였다. 이러한 맥락에서 우리는 근거이론연구의 수행과정을 반복적이고 진화하는 것으로 제시하였다. 연구를 시작할 때는 수집된 자료나 분석과정이 여러분을 어느 곳으로 이끌고 있는지를 정확하게 파악하는 것은 불가능하다. 여러분이 연구를 수행할 때 여러분의 통제력을 넘어선 어떤 힘에 의해 좌우된다고 말하려는 것이 아니다. 오히려 이 부분에서 연구자로서 여러분의 숙련도가 가장 중요하다(Lincoln and Guba, 1985). 만일 여러분의 연구결과물이 수준 높은 것으로 판단되기를 원한다면, 근거이론방법을 엄격하게 적용하는 것에 주의를 기울이는 것이 아주 중요하다(Glaser, 2004).

질적연구 일반에 대한 책을 쓸 때, 번스(Burns, 1989: 49)는 '절차의 엄격성'과 유사한 개념을 논의했다. 이 책에서 그녀는 거의 모든 초점을 자료생성과 수집과 관련된 과정에 맞추었다. 그러나 이 책은 우리의 목표에 미치지 못한다. 왜냐하면, 이 책은 근거이론이 자료수집 이전에 그리고 자료수집을 넘어서 작동하는 복합적인 과정을 포함한다는 사실을 설명하지 않고 있다.

다음 장들에서 핵심 근거이론방법(그림 3.2에서 제시된)의 사용을 실천적으로 설명할 것이다. 이를 통해 여러분의 현장에서의 기술을 발전시키고 방법의 엄격한 적용이 지니는 중요성을 이해시키고자 한다. 이 장의 후반부에서는 근거이론연구의 질을 향상시키는 데 중요한 메모사용을 집중적으로 다룰 것이다. 그러기 전에 근거이론 연구과정 전반에 침투되어 있는 일반적 개념들을 먼저 검토할 것이다. 절차의 엄밀성을 확보하기 위해서는 여러분은 다음 사항에 반드시 주목해야 한다.

- 의사결정과정 기록(audit trail) 유지
- 자료와 자원의 관리
- 절차적 논리의 제시

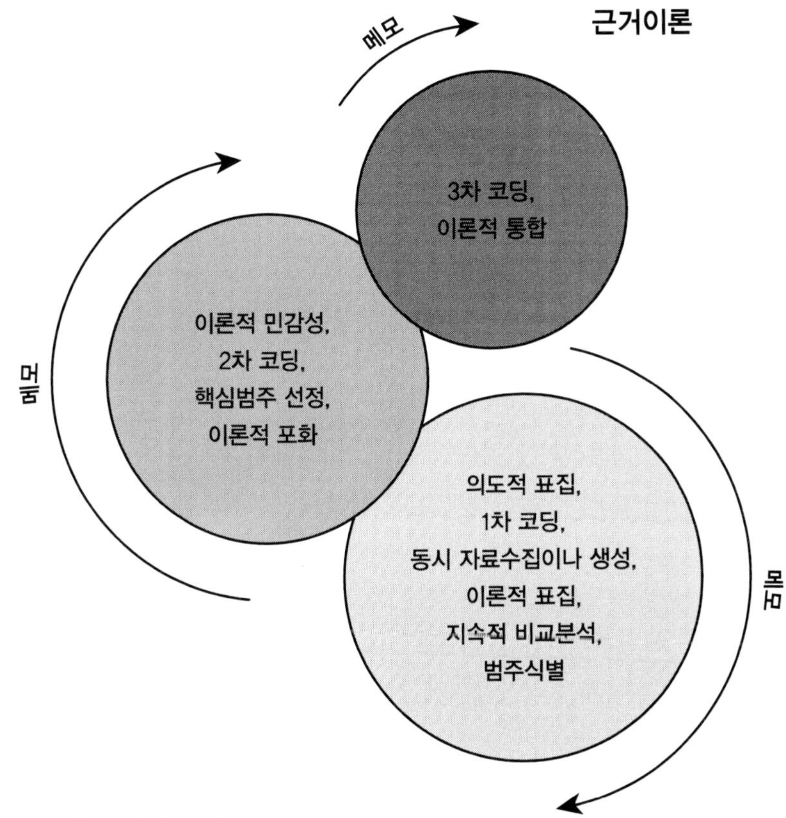

그림 3.2 핵심 근거이론방법

연구상황을 계속 점검하여 기록으로 유지하는 것은 모든 연구프로젝트에서 필수적이다. 연구를 하면서 연구와 관련하여 왜 그렇게 결정하였는지 무엇을 하였는지를 반드시 기록으로 남겨야 한다. 왜 그러한 결정을 하였는지를 기록하지 않으면 나중에 역추적이 어려워 혼란을 일으킬 수 있다. 특히 장기적인 연구에서는 더욱 그렇다(Corbin and Strauss, 2008). 연구활동을 수행할 때, 연구활동의 내용, 연구방향의 변화, 그리고 의사결정의 이유 등을 기록해두는 것은 여러분이 연구방향이나 자신감을 유지하는 데 도움이 되며 또한 뒤에 '2차 추측'을 하는 것을 예방할 수 있다. 자신의 연구활동에 대해 자신감을 가지고 있어야 연구결과를 심사할 사람들로부터도 신뢰를 얻을 수 있다. 연구과정 전반을 걸쳐, 사건들과 의사결정과정을 어떻게 기록할 것인가는 개인적으로 결정하면 된다. 기록을 유지하기 위해 일지형식이나 컴퓨터 파일로 사건과 의사결정의 목록을 작성할 수 있다. 이 장의 뒤에서도 말하겠지만, 이러한 작업을 메모 작성과 결부하여 메모로 써두는 것을 추천한다. 아주 실용적이고 도움이 된다.

컷클리프와 맥키나(Cutcliffe and McKenna, 2004)는 의사결정과정기록이 질적자료를 사용하는 연구에서 연구결과의 신뢰도에 기여하는 바가 없으며, 특히 숙련된 연구자에는 더욱 그렇다고 주장했다. 그러나 우리는 투명한 책임은 필수적이라고 생각한다. 전문적 활동이든 학문적 활동이든 책임성이 필요하다. 연구자들이 연구활동에서 절차적 정확성을 보여야 한다는 것은 경험이 많은 전문가라도 예외일 수 없다. 물론 해석학적 연구에서 보다 가변적이고 개인적인 해석을 통해 개념을 생성할 수 있다. 그런 직관적인 해석이나 연구를 한다고 하여 구체적인 연구과정이 없어도 된다는 뜻은 아니다. 반대로 번스(Burns, 1989)는 질적연구에서 점검기록을 아주 구체적으로 작성해서, 다른 연구자들이 여러분의 연구과정을 직접 실행해볼 수 있고, 또 같은 결론에 도달할 수 있어야 한다고 주장한다. 이어지는 장들에서 계속 논의하겠지만, 개별적인 근거이론 연구자들은 각각의 연구에 대해 개별적인 관점을 가지고 있고, 자료에 대해서도 개별적인 관계를 가지고 있을 것이다. 타인이 수집한 자료를 사용하여도 수집한 사람과 다른 관점을 가질 수 있다. 그러므로 2차 연구자의 자료에 관한 경험은 직접 자료를 수집한 1차 연구자의 경험과 다를 것이다.

연구를 계획할 때, 여러분은 수집한 자료를 어떻게 관리할 것인지를 결정해야 한다. 예를 들어 질적자료는 비교적 적은 수의 원천으로부터 얻게 된다. 하지만 한 사례의 면담일지라도 그 자료는 방대할 수 있다. 여러분은 여러분이 연구과정을 통해 획득할 자료나 다른 연구대상물들을 기록하고, 저장하고, 찾아내고, 분석하고, 재검토하는 체계를 먼저 확립해야 한다. 여러분이 자료를 조직하고 관리하는 데 도움이 되는 다양한 소프트웨어가 개발되어 있다(워드, 아래한글, 엑셀과 같은 소프트웨어-역주). 단순한 워드프로세스와 스프레드시트 소프트웨어도 있고(질적자료를 이러한 소프트웨어로 어떻게 효과적으로 다룰 수 있는지에 대한 사례는 Saldaña, 2013; Meyer and Avery, 2009를 참조), 일반적인 통계분석 프로그램에서 강력한 질적 관리 소프트웨어까지 다양한 프로그램이 있다. 질적 관리 프로그램은 디지털 음성기록 파일, 면담 자료를 글로 옮긴 것, 영상, 메모 등을 체계적으로 저장할 수 있다. 여러분이 어떤 프로그램을 사용하더라도 이런 프로그램은 여러분의 연구수행을 돕기 위한 도구에 불과하다는 점을 명심해야 한다. 여러분이 사용하는 프로그램 자체가 아니라, 여러분이 어떻게 그 프로그램을 사용하는가가 자료관리 절차가 얼마나 효과적인가를 결정한다.

여러분이 어떤 자료관리 프로그램을 사용하든지, 논리적이고 안전한 체계를 구축하여야 하며, 파일은 자주 백업되어야 한다. 하루 동안이라도 열심히 연구를 하면 아주 많은 양의 연구 결과물이 나올 수 있지만, 바이러스나 소프트웨어나 컴퓨터 문제로 단 일초 만에 지워질 수 있다. 자료를 저장하는 방법, 자료를 보관하는 기간, 그리고 장래 연구에서 2차 자료로 사용할 가능성(제5장 참조) 등은 기관(감사위원회나 윤리위원회 등)의 지침을 따라야 하므로 이러한 기관의 지침에 친숙해져야 한다.

근거이론방법은 자체적으로 논리적이며 많은 연구자들이 이러한 점을 좋아한다. 우리는 이 장을 통해 근거이론방법을 엄격한 절차를 지키며 적용할 것과 그리고 그것이 질적연구결과물의 질에 절대적인 영향을 미친다는 점을 누누이 강조했다. 핵심 근거이론방법을 정확하게 적용해야 이런 절차적 논리성을 확보할 수 있으며, 연구의 신뢰도를 지켜줄 것이다. 여러분은 자료를 다루는 동안 분석적 돌파를 경험할 것이다(한 단계 더 높은 분석으로 도약하게 된다는 의미-역주). 생생한 자료로부터 추상적 이론을 생성하기 위해서는 개념적 도약(conceptual leaps)이 이루어져야 하며, 이러한 도약은 많은 경우 예기치 않은 때, 예를 들어 자고 있을 때 나타날 수 있다(Burns, 1989). 우리의 경험으로는 분석적 돌파가 대부분 펜이나 컴퓨터 키보드를 사용하기 어려운 상황에서, 즉 목욕할 때나 운전을 할 때와 같은 상황에서 나타난다. 여러분의 잠재의식이 적절한 절차를 거치지 않고 도약을 하더라도, 여러분은 원 자료를 찾아 적절한 절차를 따라 논리적인 과정을 거쳐야 여러분의 개념적 도약이 여러분의 자료와 분석에 의해 지지받을 수 있다. 그렇지 못하면 여러분이 생성한 이론의 근거가 빈약하다고 비판받을 것이다.

앞서 말한 바와 같이 연구의 과정을 일일이 기록하고 자료를 체계적으로 관리하는 시스템을 구축하는 것은 여러분의 신뢰도에 대한 투자이다. 그렇게 함으로써 여러분은 자신이 어떻게 분석의 종점(결과)에 이르게 되었는지에 관련된 질문에 잘 대응할 수 있게 된다. 예를 들어 박사논문을 최종심사할 때나 이론적 결과물을 출판하고자 할 때 이러한 대응이 요구될 것이다. 학술적 저널에 출판할 때 길이에 제한이 있기 때문에 질을 확보하기 위해 취했던 수단들을 다 설명할 수 없는 경우일지라도, 방법을 논의하는 부분에서, 가능하면 질을 보장하기 위한 과정을 짧게나마 설명할 필요가 있다. 질을 보장하기 위한 절차는 꼭 이루어져야 하고, 또한 그렇게 했다는 사실을 반드시 드러내야 한다.

메모하기–질을 유지하는 주춧돌

근거이론연구에서 메모는 연구프로젝트와 관련된 생각, 느낌, 통찰, 아이디어들을 기록한 것이다. 뒤에 논의하겠지만 메모는 선택사항이 아니라 근거이론의 발전에 필수적인 토대이다(Lempert, 2007). 이어지는 장들에서 우리는 연구과정에서 메모를 어떻게 하고 어떻게 활용하는지를 계속 논의하겠지만, 여기에서는 메모하기가 근거이론에서 질을 보장하는 가장 핵심적인 요소라는 점을 소개하는 데 그치고자 한다. 여기에서의 목적은 초보연구자들이 근거이론연구의 핵심방법인 메모하기에 대해 공통적으로 지니는 질문에 답하는 것이다.

왜 메모를 해야 하는가?

제1장의 근거이론이라는 '기계'(그림 3.2와 같은 도형)에서 메모를 기계를 돌아가게 하는 윤활유로서 아주 중요하다고 소개하였다. 스턴(Stern, 2007)은 메모를 근거이론을 구성하는 빌딩 블록(자료)을 접착시켜 하나로 만드는 모르타르라고 간주한다. 이러한 은유는 근거이론연구의 과정과 결과에서 모두 메모가 중요하다는 점을 보여준다. 메모하기의 광범위한 기능을 이해하기 위한 기호는 'MEMO'이다. 여기에서 M은 연구활동 맵핑(Mapping), E는 자료에서 의미 추출(Extracting), M은 연구탄력의 유지(Maintaining), 그리고 O는 열린(Opening) 의사소통을 의미한다(Birks, Chapman and Francis, 2008).

여러분이 연구에서 메모를 어떻게 하든, 여러분은 적어도 연구과정에 대한 점검과 기록을 남기기 위해 연구활동을 정리한 메모를 할 필요가 있다. 메모의 중요성은 이미 앞에서 설명하였다. 계획된 연구활동들, 예측하지 못했던 상황들, 방향의 변화는 반드시 메모하여 기록하고 보존하여야 하며, 다양한 상황변화에 따른 결정과 그 근거를 메모로 기록하여 안전하게 보존하여야 한다. 비록 여러분이 활동에 대한 목록을 보다 공식적이고 구조적인 방식으로 어디엔가 기록하더라도, 연구과정에서 나타나는 사건과 행동의 의미와 결과를 탐색하기 위해 메모를 하는 것이 반드시 필요하다.

연구자는 자료를 정리하면서 해석을 거쳐 의미를 추출한다. 메모하기는 여러분이 자료로부터 이러한 해석을 추출하고, 탐색하고, 의문을 제기하는 것을 가능하게 해준다(Birks et al., 2008). 여러분의 이론적 민감성을 향상시켜, 글레이저의 유명한 질문(1978: 57), 즉 "자료에서 실제로 진행되고 있는 것은 무엇인가?"라는 질문에 대해 더 잘 대답할 수 있도록 해준다. 메모는 여러분이 이론구축에 필요한 추상적 개념을 발전시킬 목적으로 자료를 천착하는 기회를 준다. 여러분의 분석적인 고찰에서의 결여나 갭은, 여러분이 흑백논리로 단순화시켜 생각하는 초기단계에서부터 찾아낼 수 있다(Corbin and Strauss, 2008). 더욱 중요한 것은, 메모하기는 여러분이 연구와 관련된 여러분의 아이디어, 직감, 직관을 자유롭게 탐구하도록 해준다. 여러분의 진화하는 사고과정에만 집중해야 한다는 걱정 없이 여러 가지 모험적인 사고를 해 볼 수 있다(Clarke, 2005). 여러분의 생각을 메모로 기록하는 것은 여러분을 메모에 가두는 것이 아니다. 오히려 여러분이 발전시키고 있는 분석에 도전하도록 여러분을 자유롭게 한다.

메모는 모든 연구의 수행에서, 특히 해석학적 부분이 포함된 연구에서, 필수적인 내적인 대화와 연구의 경험을 스냅사진 형태로 시간 순으로 보여준다. 메모는 초기의 생각을 기록하고 재방문할 때 의존해야 하는, 그리고 분석과정이 복잡해져 혼란스러울 때 연구의 방향을 다시 되돌아보고 중심을 잡게 해주는 실천적 기록이다(Charmaz, 2014; Corbin and Strauss, 2008; Goulding, 2002). 메모를 활용하여 여러분은 자신과 대화할 수 있고, 또한 뒤를 돌아다볼 수 있게 되어, 메모는 여러분의 연구가 탄력을 가지고 잘 진행되도록 해준다.

메모는 또한 연구의 다른 이해관계자들과 소통할 수 있는 기제로서의 역할을 한다. 연구를 홀 고립적으로 진행하는 경우는 거의 없다. 대체로 연구팀은 연구비를 받아 대학원생과 연구책임자와 공동연구원을 두고 함께 일한다. 메모하기는 보통 개인적인 과정이지만, 메모를 활용하면 연구팀에서 다른 사람과 의사소통이 촉진될 수 있다. 메모는(또는 보다 사적인 성격을 지닌 성찰이나 생각을 보호하기 위해 간단한 요약문을 사용하는 경우도 있다) 연구팀 내에서 아이디어를 나누고 사고를 촉진하기 위해 구성원들에게 회람할 수 있다. 초보적 아이디어를 회람하여 천착하다 보면, 구성원들의 상호자극을 통하여 새로운 통찰력을 얻을 수도 있다. 메모하기는 이러한 과정을 장려하고 촉진한다. 메모는 팀 구성원들의 정보공유뿐만 아니라, 연구에서 팀 구성원들의 관계를 통해 더 낳은 통찰력을 생성할 수 있는 잠재력을 가지고 있다(Pieters and Dornig, 2011).

앞에서 메모는 연구의 구체성과 추상성 모두에 기여한다고 설명하였다. 메모는 바로바로 사건이나 행동이나 생각을 적는 것이기 때문에 당시의 점검 기록을 유지하는 데 기여한다. 또한 여러분의 연구과정에 흥미를 가진 사람들과의 의사소통을 촉진한다. 가장 중요한 것은 메모하기가 여러분의 자료를 개념적 수준으로 추상화하는 가장 효과적인 기제라는 점이다. 메모를 통해 구체적인 자료들이 추상화되며, 분석을 통해 연구를 진전시키는 탄력을 유지할 수 있게 된다. 궁극적으로, 다음 장들에서 논의하겠지만, 메모는 자료의 생성과 분석을 촉진하고, 최종적인 이론을 생성시키는 토대가 되어, 여러분의 연구보고서나 논문에 탄탄한 실체를 제공해줄 것이다.

언제 메모를 하나?

몇몇 저자들은 자료수집부터 이론형성까지(Bryant and Charmaz, 2007; Wiener, 2007), 또는 분석의 필수적인 과정으로서(Corbin and Strauss, 2008) 계속 메모를 해야 한다고 주장한다. 우리는 여러분이 연구를 처음 개념화할 때부터 바로 메모를 시작해야 한다고 주장한다. 그렇게 함으로써 연구의 계획단계에서부터 메모하기로부터 도움을 받을 수 있고, 초기부터 메모하기를 습관화할 수 있다. 그렇게 하면 연구에 핵심적인 자료의 수집과 분석단계에서도 메모하기가 잘 진행될 것이다.

차마즈(2014)는 쓴다는 것이 연구자에게 힘을 주며, 특히 메모하기가 연구생산성을 자극하고 유지하는 기술로서 아주 중요하다는 점을 설명하고 있다. 연구를 시작할 때부터 이러한 힘을 이용하는 것이 여러분의 연구활동의 효과와 효율성을 최대화하는 데 기여할 것이다.

연구가 진전되면서 여러분은 모든 단계에서 메모를 계속할 것이다. 여러분은 일상적 활동을 메모하기 위해서나 의사결정과정기록을 남기기 위해 매일 또는 매주 특정한 시간을 정해 메모를 할 수도 있고, 모든 자료수집행위나 코딩 행위마다 메모를 하는 습관을 가질 수도 있다. 그러나 대부분의 경우, 메모는 미리 일정을 세워 하기는 힘들다. 연구를 촉진하는 생각이 어느 때든 나타날 수 있듯이 메모도 필요할 때마다 언제든지 할 수 있다. 그러므로 메모는 다른 모든 연구활동보다 앞선 우선순위가 주어져야 하며 생각날 때마다 바로바로 메모를 해야 한다. 자료를 수집하거나 분석할 때 각종 생각들이 떠오른다. 생각들이 떠오르면 하던 일을 멈추고 바로 메모하라. 글레이저(1978: 83)는 이를 그의 연구에서 '제1의 규칙'이라고 명명하였다. 시간이 지나면서 여러분은 메모하기가 여러분 연구활동의 본질적인 부분이 되어 자연스럽게 이루어지는 것을 발견하게 될 것이다. 여러분의 메모하기는 연구하는 동안 계속될 것이고, 연구가 끝난 다음 위원회나 지도교수 등에 보고를 해야 할 때도 계속될 것이다.

무엇을 메모할 것인가?

연구 초기단계에는 여러분이 메모로 무엇을 쓸 수 있는지에 대해 당황할 것이다. 여러분의 연구와 관련하여 메모로 쓸 수 있는 것은 다양하다. 여러분이 메모로 무엇을 어떻게 써야 하는지 정확히 모를 수 있다. 그렇다면 메모를 여러분의 매일매일의 연구를 성찰하고 기록하는 연구일지, 목록, 또는 일기로서 바라보기를 바란다. 처음에는 연구과정과 사고활동에 대해 쓴다는 것이 무엇인지 감이 잘 안 잡힐 것이다. 여러분이 연구 프로젝트의 초기에 쓴 메모는 아마도 부자연스럽고 파편적일 것이다(Lempert, 2007). 연구에 대한 느낌을 말로 쓴다는 것이 쉽지 않은 일이라는 것을 느낄 것이다. 여러분이 연구과정에 대해 점점 편안해지면서, 메모의 내용에서도 깊이와 풍부함이 증가하고, 여러분의 연구경험에 대한 성찰능력도 올라가, 연구에나 개인적으로나 더욱 커다란 도움을 주며, 동시에 연구의 질이 올라가는 것을 느낄 것이다.

여러분이 메모에 쓸 몇 가지를 정리하면 아래와 같다.

- 연구에 대한 여러분의 느낌과 가정
- 연구와 관련된 여러분의 철학적 입장
- 여러분이 읽은 책과 논문들에 대한 생각

- 여러분의 연구설계와 관련하여 생각나는 이슈, 문제, 그리고 관심들
- 여러분의 연구에 질적인 영향을 미치는 요소들을 포함한, 연구과정에 대한 다양한 성찰
- 절차나 분석을 위해 내리는 결정에 대한 생각
- 코드, 범주, 이론에 대한 생각

메모에는 글로 쓰는 것 외에도, 자료에서 개념화로 추상화시키고, 개념들 사이의 관계를 명확하게 하는 삽화와 도표도 포함된다(이 부분은 뒤에 다시 설명할 것이다). 또한 여러분은 참여자의 말을 인용하거나 조사노트의 관찰 등 현장자료를 메모에 포함할 수도 있다. 이러한 메모의 자료는 여러분의 분석적 결정을 명확하게 하기 위한 코딩과 범주의 개발에 커다란 도움을 줄 것이다. 그러나 나중에 원자료인지 여러분 자신의 개념화한 자료인지 헷갈릴 수 있으니 처음부터 메모에 어느 곳에서 나온 것인지를 정확하게 적어 놓아야 한다(Glaser, 1978). 연구가 진행됨에 따라 여러분의 추상적 수준이 향상되면서 초기 메모에 대한 메모를 하는 자신을 발견할 것이다. 따라서 메모는 그것 자체로도 자료이며 따라서 메모는 자료로서 다루어야 한다는 렘퍼트(Lempert, 2007)의 주장이 타당하다는 것을 발견할 것이다.

어떻게 메모할 것인가?

많은 저자들이 메모하기에 대한 다양한 제안과 지침을 제공하고 있다(예: Charmaz, 2014; Corbin and Strauss, 2008; Glaser, 1978; Richards, 2009 참조). 모두 메모할 때 유연하고 자유롭게 메모하라고 말하고 있다. 위의 저자들로부터 메모의 두 가지 규칙을 이끌어 낼 수 있다. 하나는 반드시 여러분이 메모를 해야 한다는 것이고(그 이유는 우리가 이미 분명하게 말했다) 다른 하나는 메모가 여러분에게 도움이 되는 방법을 발견해야 한다는 것이다. 여러분이 어떻게 메모하는가는 중요하지 않고, 여러분이 메모하는 것 자체가 중요하다(Corbin and Strauss, 2008). 일단 메모하는 것 자체가 중요하다는 점을 말했으니 이제 어떻게 하는 것이 좋은지도 살펴보자. 우리는 여러분이 가장 적합한 메모방법을 찾는 것을 도와주기 위해 몇 가지 팁을 제공하고자 한다.

메모할 때 첫 번째 고려사항은 기존의 글쓰기나 기록하기의 관습에 얽매일 필요가 없다는 것이다. 메모하기는 자연스럽게 생각나는 것들을 그때 바로바로 적는 것이다. 차마즈(2014)는 여러분 마음에 어떤 생각이 떠오르든 제한 없이 쓰는 자유스러운 글쓰기를 설명하고 있다. 자유스럽게 메모하는 것은 여러분의 생각과 글쓰기에 스스로 가치를 부여하게 만들며, 또한 생각을 표현하는 능력을 길러준다. 여러분의 메모는 사적인 기록임을 기억하라. 이미 말했듯이, 메모는 연구 동료들과 함께 통찰력을 공유하고자 할 때, 수정하여 공유

해도 된다. 물론, 사적인 기록을 그대로 공유할 필요는 없다.

메모는 처음에 단지 한 줄이나 두 줄로 쓸 수도 있고, 나중에 더 첨가할 수도 있고 안 할 수도 있다. 글레이저(1978)가 제안한대로 여러분의 메모는 최대한 개방적으로 활용되어야 한다. 메모를 덮어두고 사용하지 않으면, 여러분의 분석과정이 미숙하게 끝날 수 있다(Lempert, 2007). 여러분이 마지막 이론을 구축할 때까지 모든 메모를 '활동적(active)' 자료라고 생각하라. 이런 맥락에서 우리들은 여러분이 메모를 역동적인 자료로서 다루라고 권고한다. 여러분이 뒤에 여러 가지 생각이 떠오르면 메모에 추가하는 것이 메모를 수정하는 것보다 낫다. 수정하게 되면 이전의 통찰력을 지우게 되어 나중에 후회하게 된다. 초기의 메모에 추가적인 생각을 써 넣으면 처음 생각을 어떻게 발전시켰는지 또는 왜 생각이 변하게 되었는지를 시간 순으로 이해하게 되어 연구과정에 더 많은 통찰을 제시해준다.

일부 저자들은 메모를 내용, 목적, 시기에 따라 구분할 수 있도록 범주화하는 체계를 제안하고 있다(Birks et al., 2008; Charmaz, 2014; Strauss and Corbin, 1990, 1998). 이런 방식으로 메모하는 것은 메모하는 기술을 발전시키는 데 도움을 주겠지만, 중복이 많이 발생한다는 점을 발견하게 될 것이다. 특히 분석의 후반 단계에 이르면, 분류한 범주들을 통합하거나 제거해야 되는 경우가 많아질 것이다. 어쨌든 여러분에 적합한 메모체계를 찾기 위해 실험하는 것을 두려워하지 말라. 메모의 본질은 유연성에 있기 때문에, 여러분에 가장 적합한 방법을 찾는 과정에 어떤 실수를 해도 괜찮다.

이런 점을 마음에 새기면서, 여러분은 나중에 일어날 혼돈과 문제점들을 피하기 위해 연구 초기부터 수행해야 할 몇 가지 실용적인 전략이 있다. 반드시 처음부터 표지(label) 체계를 개발하여 잘 분류하여 정리하여 나중에 메모를 쉽게 찾을 수 있도록 만들어야 한다. 각각의 메모에 내용을 잘 반영하는 제목을 붙여라. 메모를 적은 날자, 뒤에 생각의 발전에 따라 추가하거나 수정한 날짜를 반드시 적어라. 이렇게 하면, 여러분이 메모 사이의 그리고 메모와 원자료 사이의 교차참고를 효율적으로 할 수 있게 된다(Corbin and Strauss, 2008). 여러분은 얼마나 자주 다른 메모를 참고하게 될 것인지에 대해 놀라게 될 것이다. 특히 여러분이 더 복합적이고 발전된 분석으로 진전되는 경우에 더욱 그렇다. 상자 3.1은 위의 설명한 내용을 잘 보여주는 메모의 사례이다.

상자 3.1 메모사례

메모 10월 6일(추가: 10월 13일 & 10월 18일)–새로운 지식, 새로운 생각

이 메모는 10월 4일 쓰고 오늘 수정한 '다르게 생각하기'라는 제목의 메모를 쓰면서 생각난 것을 메모한 것이다.

참여자들은 다르게 생각하게 만드는 것, 특히 비판적으로 생각하게 만드는 것을 지식이라고 말하고 있다. '다르게 생각하기' 메모에서 쓴 것처럼, 읽기, 성찰하기, 지식은 모두 다르게 생각하기와 연결된다. 읽기는 지식을 얻는 방법이고, 성찰은 다르게 생각하는 방법이므로, 결국 논의 핵심은 지식과 생각하기 간의 관계로 좁혀진다. 이것은 과정일까? 무엇이 실제로 일어나는 것일까? 아래 도표는 '다르게 생각하기' 메모에서 내가 만들고자 했던 것을 간소화하기 위해 수정한 것이다.

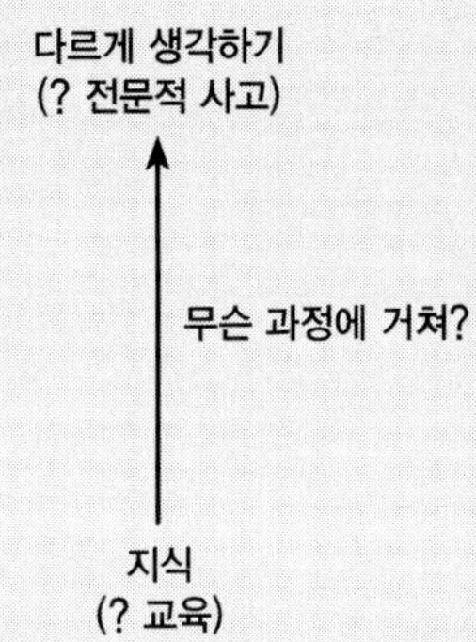

나는 고등교육이 어떻게 생각을 바꾸는지를 항상 설명했다. 왜? 고등교육은 논쟁을 할 때 논쟁의 양쪽 모두를 보게 만들며, 분석과정을 설득력 있게 제시하도록 만들기 때문이다. 이러한 것이 지식(주제의 내용) 자체와 관련되어 있는가? 참여자들은 다르게 생각하기의 맥락에서 '학습'이 아니라 '지식'이라고 특정하여 말하고 있다. 학습과 지식이 그들에게는 같은 의미인가? 아니면 그들은 실제 주제를 말하는 것인가? 참여자들이 생각변화와 관련하여 지식을 말할 때, 관리의 변화과정을 배워서 아는 것을 의미하는가, 아니면 비판적 사고틀을 배워 비판적으로 사고할 수 있다는 것을 의미하는가?

아니면 학습과정 그 자체에 대해 이야기하는 것인가? 어떻게 비판적 논쟁을 발전시킬 것인가에 대한 조사하기, 과제물 작성하기, 학습과 같은 과정을 발전시키는 것을 그들은 지식을 획득하는 것으로 생각하는 것일까? 학습내용을 강조하는 것과 과정을 강조하는 것에 차이가 있는가? 나는 차이가 있다고 생각한다. 우리는 인지과정 또는 여러분이 선호한다면 인지적 기술의 발전에 대해 이야기하고 있다. 내가 생각하는 지식은 더 구체적인 것이다.

나는 이러한 인지적 기술을 한 때는 '부가적인 학습'이라고 했다. 나는 이미 이에 대한 코딩을 했다. 주제(교과목) 내용 밖에서 성취한 학습으로, 예를 들어 컴퓨터 기술, 조직화 기술, 시간관리 등에 관한 것이다. 이러한 기술은 내가 여기서 거론하는 지식과 다른 것인가? 나는 그렇다고 생각한다. 나에게 지식은 더 높은 차원의 인지적 기능이다. 사실, 사람들은 교육과정을 이수하는 학습과정을 통해서 '다르게 생각하기'를 배우는 것이다.

왜 이것이 중요한가? 정말 중요한가? 무엇인가가 생각을 변화시키는 것이 중요한가? 나는 그렇다고 생각한다. 그러나 이것은 과정의 한 요소로 스스로 드러나게 될 것이다. '다르게 생각하기'는 새로운 지식을 새로운 삶과 연결시키는가? 만약 그렇다면 참여자들을 '다르게 생각하도록' 이끄는 것은 실제적인 지식인가 아니면 과정인가? 다르게 말하면 그것은 구체적인 지식인가? 아니면 과정의 결과로서 나타난 것인가? 양쪽 모두인가? 나는 자료 속에서 자료가 이에 대한 더 많은 단서를 제공하리라고 생각하지 않는다. 분석을 진행해 나가면서 이러한 생각이 점점 사라지거나 더 분명해질 것이며, 포커스 그룹을 통해 더 명확하게 밝혀지는 어떤 것일 수 있다. 나는 또한 이것이 교육학 연구에서 논의되고 있다고 생각하며, 만약 지식에 대한 나의 생각이 의미있는 것으로 나타나면 이론적 코딩을 할 때 관련 문헌들을 더 탐색하게 될 것이다.

요약해서 말하면 나는 다음과 같은 질문을 할 것으로 생각된다.

- '다르게 생각하기'에 있어 지식은 얼마나 중요한가?
- 참여자들이 지식에 대해 말할 때 결과로 생각하나 과정으로 생각하나(구체적인 주제의 내용은 결과, 더 높은 수준으로의 인지기술 발전은 과정을 뜻한다)?
- 큰 그림에서 이것이 가지는 중요성은(만약 있다면) 무엇인가?

추가적인 코멘트 10월 13일

'지식습득'과 '우리가 많이 배웠다' 코드를 검토해보니 위의 사항을 좀 더 명확하게 하고, 과거에 혼란스러웠던 것을 일부 해소하는 데 도움이 되었다. 이러한 코드에 대한 메모들과 '학습과 지식'이라고 제목을 붙인 메모를 이 메모와 함께 연결해서 읽어야 했다.

나는 '지식습득'과 '우리가 많이 배웠다' 사이의 차이를 명확하게 했다고 믿는다. '우리가 많이 배웠다'는 과정을 일컫는 것이다. '지식습득'은 이런 과정의 결과이다. '부가적인 학습'도 또한 결과이다. 사실 거의 모든 코드가 '우리가 많이 배웠다'와 '지식습득'을 동시에 포함하고 있다. 나는 '부가적인 학습'을 별도로 범주화했다. 왜냐하면 '지식습득'으로부터 '우리가 많이 배웠다'를 구분하는 것이 '부가적인 학습'이었기 때문이다. 초기에는 이런 구분이 불가능하였다(이들 코드에 대한 메모들을 참조할 것).

현재 내가 생각하는 과정은 다음과 같다.

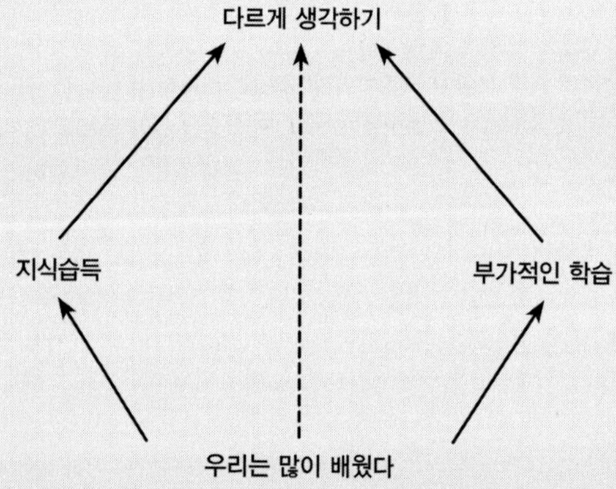

이 도표는 다르게 생각하도록 만드는 것이 지식이라는 참여자들의 진술과 이 과정에서 부가적 학습이 중요한 요소라는 나의 가정을 고려한 것이다. 나는 '부가적인 학습'을 '다르게 생각하기'를 설명하는 더 높은 차원의 인지과정으로 보지 않는다고 앞에서 말했다. '부가적인 학습' 코드의 자료를 더 검토해야하겠지만, 나는 현재 단계에서 '부가적인 학습'이 '다르게 생각하기'에 기여하는 과정의 일부라고 생각하고 있다. 나는 잠정적으로 '우리는 많이 배웠다'와 '다르게 생각하기'를 이 도표에서 실선으로 연결했다. 왜냐하면 나는 참여자가 생각을 바꾸는 데 다른 코드에 담겨진 것 이상의 어떤 것이 있다고 생각하기 때문이다. 내가 틀릴 수도 있다.

이 도표는 물론 퍼즐의 아주 작은 부분에 불과하지만, 과정을 명확하게 하는 데 도움이 될 것이다.

이상의 질문에 대한 답을 정리하면 아래와 같다.

- '다르게 생각하기'에서 지식은 얼마나 중요한가? – 얼마나 중요한지는 모르지만 중요하다는 것은 명확하다.

- 참여자가 지식을 말할 때, 결과로 생각하나 과정으로 생각하나(구체적인 주제의 내용은 결과, 더 높은 수준으로의 인지기술 발전은 과정을 뜻한다)? 포커스그룹 면담이 이것을 명확하게 할 것이다. 그러나 나는 과정(학습)과 결과(지식) 모두 다 '다르게 생각하기'에 기여를 한다고 믿는다. 나는 더 높은 차원의 인지기술 자체가 사실상 '다르게 생각하기'라고 본다.
- 큰 그림에서 이것이 가지는 중요성은(만약 있다면) 무엇인가? – 아마도 과정의 작은 부분일 것이다. '학습과 지식'이라는 메모(10월 12일~10월 13일)에서 논의한 바와 같이 '다르게 생각하기'는 '새로운 지식'이라는 개념으로 연결되는 코드의 하나이다. '새로운 삶'으로 이끄는 모든 다른 결과들도 이러한 코드로부터 나온다.

추가적인 코멘트 10월 18일

어제 '지식구축'에 대한 메모를 했고, 오늘은 이 논의를 더 확장하여 수정하였다.

여러분이 메모를 어떻게 하고 어떻게 저장하는가는 개인적으로 선택하면 된다. 오늘날 대부분의 연구자들은 메모를 컴퓨터로 입력한다. 손으로 메모는 쓰는 것은 뒤에 활용하는 데 어려움이 있지만, 컴퓨터에서 멀리 떨어져 있다면 문득 떠오르는 생각을 직접 노트에 써야 한다. 디지털 기록도 하나의 선택이지만, 결국 메모를 분석 작업에 활용하려면 프린트해서 내용을 보면서 작업해야 의미 있는 작업이 가능하다. 예를 들면 여러분은 중요한 부분을 강조하기 위해 컴퓨터에서 다른 폰트, 크기, 색상을 사용하거나 손으로 여러분의 메모에 줄을 치거나 하이라이트를 할 수 있다. 이렇게 작업하려면 여러분은 결국 메모를 프린트해서 정리해야 한다. 특히 더 진전된 분석을 하는 동안에 산출된 메모는 더욱 그렇다. 글레이저(1978)도 프린트해서 작업하는 것을 선호하고 있다. 자료를 프린트해서 분류하는 방법은 제7장에서 논의하고 있다.

활동 3.2 메모하기

위에서 제시한 지침을 사용하여 이 장에서 읽은 것에 대한 메모를 써봐라. 앞으로 실제 연구를 하면서 메모를 한다는 것이 어떠할 것인지 조금이나마 느껴지는가? 여러분은 어떤 생각이 드는가? 어떤 걱정이 생기는가? 여러분에게 가장 효과적인 방법을 찾아보라. 메모에 필요한 어떤 기술을 가지고 있는가? 메모를 효과적이고 효율적으로 하기 위해 배워야 할 것(예: 특정 소프트웨어에 익숙해지는 것 등)은 무엇인가?

결론

개인적으로나 전문적인 삶의 여러 측면에서 질은 중요하다. 연구에 있어서도 연구결과가 존중받기 위해서 질은 매우 중요하다. 근거이론연구에서 질은 최종이론의 가치에 영향을 줄 수 있는 요소들을 얼마나 잘 관리하느냐에 달려있다. 연구자와 연구결과가 신뢰받기 위해서는 연구자의 숙련도, 방법론적 일치 그리고 절차의 정확성이 요구된다. 이 장에서는 질 높은 근거이론이 생성되는 것을 보장하기 위해 반드시 수행되어야 할 전략들을 탐구하였다. 다음 장들에서 논의하는 것처럼 핵심 근거이론방법을 엄격하게 적용하고 메모를 부지런히 하는 것이 연구과정과 결과에서 질을 보장받을 수 있는 기본이다. 여러분의 연구의 질에 대한 인식과 이에 대한 태도가 여러분이 얼마나 성공적으로 근거이론을 생성할지를 결정할 것이다. 여러분이 연구를 수행하는 데 부정확하고 무감각하다면 연구결과의 질도 반드시 떨어질 것이다.

비판적 사고를 위한 질문

1. 여러분이 생각하는 '질'이라는 말의 정의를 생각해봐라. 일상생활에서 얼마나 자주 여러분은 질에 대해 생각하는가? 어떤 맥락에서 질의 중요성이 가장 심각하게 고려되는가? 여러분의 질에 대한 생각이 여러분의 연구와 관련하여 어떠한 생각을 가지도록 영향을 미치는가?
2. 연구의 질에 영향을 줄 수 있는 여러분의 특성은 무엇이라고 생각하는가? 근거이론 연구수행에 영향을 줄 수 있는 여러분의 강점과 약점에 대해 생각해봐라. 여러분의 강점을 살리고 약점을 극복하기 위해 어떤 자원이나 전략을 활용할 수 있는가?
3. 여러분이 접할 수 있는, 경험이 많고 질이 높은 근거이론 연구자를 파악해봐라. 기회가 되면 그들이 연구에서 연구의 질과 엄격성을 어떻게 생각하는지에 대해 그들에게 물어볼 질문들을 생각해봐라.

근거이론연습

APPENDIX A에 제시된 '근거이론연습–사례'를 가지고 다음을 생각해봐라.

- 연구시작부터의 질의 이슈와 관련된 연구자의 태도
- 이 연구자가 근거이론연구의 과정과 결과의 질을 향상시키기 위해 의존한 개인적, 방법론적, 절차적인 전략들
- 이 연구자가 메모를 핵심 근거이론방법의 하나로 부여한 중요성의 정도

CHAPTER 04

근거이론연구에서 연구자 입장

Positioning the researcher in a grounded theory study

학습목표

1. 근거이론연구에서 연구자 입장의 중요성을 논의할 수 있다.
2. 연구자가 채택한 입장을 지지하기 위해 사용할 수 있는 전략들을 파악할 수 있다.
3. 근거이론연구와 관련하여 성찰과 호혜의 개념을 논의할 수 있다.
4. '이론적 민감성'이라는 용어를 정의할 수 있다.
5. 연구자의 이론적 민감성을 향상시키기 위해 사용할 수 있는 전략들과 기법들을 서술할 수 있다.

서론

본 장은 다양한 근거이론전통의 맥락에서 연구자 입장(position, 대체로 입장이라고 번역하는 것이 말이 더 잘 통하여 위치보다 입장으로 번역하였다-역주)을 논의할 것이다. 또한 연구자가 채택한 입장을 지지하기 위한 두 가지 주요 전략을 설명할 것이다. 첫째는 성찰적 실천(reflexive practice)을 발전시키는 것이고, 둘째는 연구자와 참여자 간의 관계를 수립하는 것이다. 이론적 민감성은 조사영역과 관련하여 연구자가 이미 가지고 있는 지식과 관련 문헌에 얼마나 친숙한지와 관련하여 정의되고 논의될 것이다. 모든 근거이론연구의 접근에서, 이론적 민감성은 중요한 개념이지만 종종 경험이 많은 연구자도 혼란스러워하는 것이다. 연구자의 이론적 민감성을 강화하고 향상시키기 위한 기술들을 핵심 근거이론방법을 사용하는 다양한 방법론적 접근과의 관계 속에서 설명하고 논의할 것이다.

근거이론가로서 입장 정하기

제1장에서 우리는 세계에 대한 여러분의 잠재적인 가정을 파악해보도록 요구하였다. 다음 질문에 답하기 위해 메모를 하면, 그 메모는 결국 여러분의 철학적 입장을 드러낼 것이고

이는 또한 여러분의 방법론적 선호도를 알려주는 것이 될 것이다. 질문은 다음과 같다.

1. 우리는 우리 스스로를 어떻게 정의하는가?
2. 현실의 본질은 무엇인가?
3. 연구자와 참여자 간의 관계는 어떻게 되어야 하는가?
4. 우리는 어떻게 세상을 아는가? 또는 세상에 대한 지식을 얻게 되는가?

어떤 사람들은 위와 같이 '손에 잘 잡히지 않는' 질문에 대해 생각하는 것을 불편하게 느낄 것이다. 그러나 위의 질문에 대한 각각의 대답은 근거이론가로서 여러분이 어떤 입장에 있는지, 그리고 이러한 입장으로부터 여러분이 참여자와 어떻게 작업을 하고, 자료생성과 수집과 분석에 어떻게 접근하고, 최종 근거이론을 어떻게 구축할 것인지를 알려줄 것이다.

자신을 어떻게 정의하는가에 대한 질문에 답할 때, 여러분이 일상생활에서 수행하는 다양한 역할에 대해 생각해봐라. 여러분은 자신의 전공에서 전문가라고 생각할 수 있으나, 연구자로서는 초보자이다. 더구나 여러분은 종교단체나 소수문화집단의 일원이거나, 스포츠 팀의 일원으로 운동을 하거나, 어리거나 나이든 자녀들을 돌보고 있거나, 또는 배우자나 자녀라는 '복수의 자신'을 가질 수 있다. 우리 모두는 살아가면서 복수의 자신을 갖고 있으며, 이런 역할들은 세계에 대해 우리가 어떻게 생각하는가에 영향을 미친다. 우리가 연구를 시작할 때 초보연구자로서 연구에만 몰두하지는 않는다. 그보다 우리가 구체적인 연구를 어떻게 진행할까를 결정할 때 우리의 인생경험 전체가 영향을 미친다. 지금까지 우리가 살아온 복수의 자신은 우리가 어떠한 방법론적 접근을 선택하는가 뿐만 아니라 핵심 근거이론방법을 어떻게 사용할 것인가에 영향을 미친다. 예를 들면, 만일 여러분이 정확하고 신뢰할 만한 측정수단을 통해 연구하는 숙련된 건축가라면 근거이론 중에서도 포스트실증주적 접근을 방법론적으로 선호할 가능성이 높다. 왜냐하면 건축가는 일상적인 생활에서 사용하는 측정 개념이 궁극적인 진리를 말한다고 일상경험을 통해 믿고 있을 가능성이 높기 때문이다. 이러한 경향 때문에 건축가는 개인이 자신의 삶을 살아가는 데 '하나의' 궁극적인 과정이 있으며 건축에서와 같은 원리를 적용하여 이를 찾으려 할 것이기 때문이다. 궁극적인 진리에 의해 다스려지는 세계를 상상하는 것이다. 그래서 여러분의 세계관은 여러분이 어떻게 근거이론연구에 접근하는가에 심각하게 영향을 미친다.

활동 4.1 다양한 '자신들'을 파악하기

여러분이 앞부분에 제시된 4가지 질문에 답한 메모들을 검토해봐라. 답을 메모할 당시에 여러분은 자신을 어떻게 정의했는가? 여러분은 여러분이 일상생활에서 행하는 다양한 역할을 고려했는가? 질문에 대한 여러분의 처음 반응을 통해 생각해봐라. 여러분은 여러분 삶의 복합성에 대해 얼마나 통찰력이 있었는가? 이것이 여러분의 연구에 대해 지니는 의미가 무엇이었는가? 똑같은 질문에 대한 여러분의 반응을 지금 다시 메모에 적어봐라.

'진실'이나 현실의 본질에 대한 질문은 방법론적 선호에 대한 논의에서 가장 중요한 질문이다. 구바와 링컨(Guba and Lincoln, 2004: 202)이 주장한 바와 같이 "세계에 대한 인간 경험 밖에, 세계가 '정말로' 존재하는지 존재하지 않는지는 모른다." 핵심 근거이론방법의 사용에 커다란 영향을 미치는 방법론적 학파는 현실의 문제에 대하여 명확하게 나뉘어져 있다. 이 책 앞의 사례가 보여주듯이, 근거이론에 대한 포스트실증주의적 접근은 인간의 지각 밖에 존재하는 객관적인 현실이 있으나 이를 완벽하게 지각하는 것은 불가능하다는 입장을 취한다. 반대로 구성주의자와 포스트모던주의자는 상대주의적 입장을 가지고 있다. 이 입장에서는 현실이 다음과 같이 이해된다. 현실은 "구체적인 개념적 틀, 이론적 틀, 패러다임, 삶의 형태, 사회 또는 문화에 따라 다르게 상대적으로 이해되며 … 서로 합치할 수 없어 서로 근본적으로 다른 복수의 개념적 틀들이 존재한다"(Bernstein, 1983: 8).

상징적 상호작용론에 대한 다른 이해는 현실의 본질에 대해 서로 다른 관점을 보여주고 있다. 블루머(Blumer)의 중요한 저서인 『상징적 상호주의: 관점과 방법Symbolic Interactionism: Perspective and Method』(1969)의 초기 해석은 블루머가 '냉혹한 현실'을 주장하였다고 보아 포스트실증주의로 간주하였다(Annells, 1996; Charon, 2001). 블루머는 경험적 세계가 인간의 상상에 저항하는 냉혹한 현실이라고 주장했다. 차마즈(2000: 523)는 블루머의 냉혹한 현실을 "현실세계가 발견되는 것이라는 우리의 생각을 바꿔서 … 세계는 구성원의 행동과 말을 통해 마음에서 현실로 만들어지는 것"으로 재해석할 것을 제안했다. 이렇게 재해석하면, 상징적 상호작용론이 현실을 개인들과 관련된 사회집단의 유동적인 구성물로서 지속적으로 재형성되는 것으로 보는 상대주의적 입장을 취할 수 있게 된다.

최근 올리버(2012)는 비판적 사실주의(critical realism)를 근거이론연구를 설계할 때 포스트실증주의나 구성주의에 대한 대안적 철학사조로 제안하였다. 올리버는 비판적 사실주의를 대안적 철학으로 제시하면서 "… 우리 생각과는 무관하게 독립적으로 존재하는 객관적인 현실이 있으며 이를 발견하는 것이 지식획득의 목적이다. 그러나 현실에 대한 모든 서술은 언어, 의미구성, 그리고 사회적 맥락이라는 여과지를 거쳐야 한다"(2012: 374)라고 하였다. 비판적 사실주의는 1970년대에 철학자 바스카(Bhaskar, 1978; 1986; 1989)에 의해 개발되었으며, 구조에 도전하는 해방적인 목표를 가지고 있었다. 참여자들이 구체적인 현상이나 사건을 관리하기 위해 여러 과정을 사용하는데, 이러한 과정들은 구조로부터 생성된다(Oliver, 2012). 비판적 사실주의가 어떻게 근거이론에 사용될 수 있는지에 대한 사례는 레드먼-맥클라레의 파파뉴기니아 여성들이 후천성면역결핍증(HIV)의 전염을 감소시키기 위해 남성포경수술의 결과를 관리할 때 사용한 과정에 대한 연구이다. 철학적이고 존재론적인 토대로 비판적 사실주의를 사용하면서 레드먼-맥클라렌과 밀즈(Redman-MacLaren and Mills, 2014)는 인식론적으로 그리고 가치론적으로 참여적 행동연구와 탈식민적 연구방법론에 의해 영향 받은 변형근거이론이라는 방법론을 개발했다. 가치론은 연구의 윤리에 관한 것(Mertens, 2009)으로 연구자가 연구과정의 핵심적인 가치를 어떻게 인식하고 이를 연구수행에 어떻게 통합하는지를 설명하는 것이다. 근거이론 연구과정을 통해 레드먼-맥클라렌과 밀즈는 파파뉴기니아의 문화적 맥락을 고려하면서 어떻게 이러한 사회적 구조들이 '선택의 힘'으로 명명된 근거이론에서 나타나는 과정을 형성하였는지를 설명하고 있다.

여러분 자신의 철학적 입장에 대한 질문은 현실이 무엇인지, 진실이 무엇인지에 대한 여러분들의 생각을 점검하도록 요구한다. 일단 여러분이 존재론적으로 어떠한 입장을 가지고 있는지에 대한 결정을 내리면, 여러분은 연구자들이 어떻게 세계에 대한 정당한 지식을 얻을 수 있는지에 대한 여러분의 신념을 살펴볼 필요가 있다. 존재론(현실의 본질에 대한 연구)과 인식론(합당한 지식의 본질에 대한 연구)은 본질적으로 연결되어 있다. 현실에 대한 여러분의 철학적 신념은 어떻게 정당한 지식을 획득할 수 있는지에 대한 여러분의 생각을 인도한다. 무엇이 정당한 지식을 구성하는지에 대한 질문은 질적연구자들에게 좌절감을 주는 경우가 많다. 왜냐하면 현재 학문적으로 증거 중심으로 이루어져 연구결과가 객관성과 일반화 가능성에 따라 평가하는 경향이 우세하기 때문이다(Mantzoukas, 2007; Mills, 2014). 덴진(2009)은 현재 질적연구방법론의 대부분이 비판받고 있다며, 실증주의나 포스트실증주의 학파의 밖에 놓인 연구자들에게 연구기금을 받을 수 있는 기회가 크게 제한되어 있다고 주장했다. 우리는 제10장에서 이 문제를 다시 다룰 것이다.

이제, 여러분은 위의 논의가 핵심 근거이론방법을 사용하는 것과 어떠한 관련이 있는지를 질문할 것이다. 이 질문에 대해 간단히 대답하면, 여러분 자신의 방법론적 입장이 여러분이 어떤 방법을 사용할 것인지 결정을 한다는 것이다. 여러분이 자신을 참여자로부터 객관적인 자료를 수집하는 도구로 생각하는가 아니면 참여자와 함께 자료생성에 주관적이고 능동적으로 참여하는 주체로 보는가의 입장을 선택하도록 한다. 방법론적으로 여러분이 어디에 있는지를 파악하는 것이 "연구과정에서 연구자와 참여자간의 상호적인 관계에 심각한 영향을 미칠 것이다"(Mills, Bonner and Francis, 2006: 9). 하지만 궁극적으로 연구자와 자료 간의 관계에 대한 것으로, 자료가 어떻게 생성되고 수집되는가, 그리고 자료가 무엇으로 구성되며 어떻게 분석되어야 하는가의 문제이다. 여러분의 연구설계에서 방법론적 일치를 달성하기 위해(제3장 참조) 여러분은 자신의 철학적인 입장을 잘 알고 있어야 한다.

성찰과 근거이론

핵심 근거이론방법을 사용하면서 질을 향상시키기 위한 주요전략은 점검기록을 유지하는 것이라고 제3장에서 설명하였다. 이에 대한 중요성도 3장에서 자세히 다룬 바 있다. 메모를 근거이론연구의 절차적인 측면에서 점검기록을 위한 좋은 방법으로 추천하였다. 메모를 통한 점검기록은 또한 참여자와 자료와 관련된 여러분의 상호작용을 추적하기 위한 장치 기능도 한다. 메모에 적힌 연구과정에 대한 성찰적 기록은 여러분에게 방법론적 일치와 근거이론연구 수행과정에서 어떻게 이동하였는지를 점검할 도구를 제공해준다. 여러분의 철학적 및 방법론적인 입장에서의 글쓰기와 분석은 "한 편으로는 개인과 감정 그리고 다른 편으로는 엄격한 지적 작업을 의미있게 연결시키는"(Lofland and Lofland, 1995: 15) 노력을 촉진시킬 것이다. 성찰적인 글쓰기를 비판적으로 분석하는 것은 성찰적 행동이다. 우리는 성찰을 여러분이 연구자로서 미래의 행동을 인도하기 위해 여러분의 작업을 체계적으로 통찰하는 능동적인 과정이라고 정의한다. 여러분의 방법론적인 입장이 어느 것이든, 근거이론가는 반드시 성찰적인 연구자가 되어야 한다.

무엇이 성찰을 구성하는가? 연구과정의 질을 보장하는 성찰적 수행의 가치는 어느 정도나 되나? 그리고 성찰이 자료의 생성과 분석에 어느 정도나 기여할 수 있는가? 이러한 질문들이 근거이론의 문헌들과 더 넓게는 질적인 연구의 문헌들에서 새롭게 부상하는 논쟁의 주제들이다. 제3장에서 언급한대로 컷클리프와 맥키나(2004)는 메모나 일기쓰기와 같은 성찰적 기법들이 숙련된 연구자들에게 별다른 도움이 안 된다며 의미부여를 하지 않고 있다. 다른 곳에서도 컷클리프(2003)는 개인이 스스로에 대해 완전히 안다는 것이 불가능하기 때문에 성찰이 무의미하다고 주장하고 있다. 자아가 너무 복합적이기 때문에 성찰을 한다고 하여도 우리의 생각과 행동에 작동하는 지식의 극히 작은 일부만 알 수 있다고 생각한다. 이러한 것은 성찰하지 않아도 암묵적 지식이나 '감정이입적 상호작용에서 생산되는 지식' 등과 같이 무의식적으로 이루어진다(Cutfliffe, 2003: 144).

글레이저(2001: 47) 또한 분석과 관련하여 성찰이 '성찰마비'로 이어질 수 있다고 경고하면서, 성찰을 근거이론 연구설계에 포함시키는 것이 부적절하다고 비판한다(글레이저는 지속적인 비교분석으로 연구자의 편견이 제거되므로 성찰보다 비교분석의 반복을 강조하였다. 자료에서 비교분석하여 스스로 생성되도록 하는 것이 아닌, 연구자가 성찰하며 개입하는 방법은 자기파괴적이며 자료에서 이론이 생성되는 것을 막는 것이고 불필요한 작업이라고 주장했다-역주). 나중에 이러한 글레이저의 입장을 새롭게 해석하여, 그가 연구자의 자아통찰을 거부한 것이 아니라, 연구자가 자신의 작업을 특정한 이론적 입장에 놓으려는 열망을 비판한 것이라는 설명도 나왔다(McGhee, Marland and Atkinson, 2007). 닐(Neill, 2007)은 근거이론에서 포스트실증주의 입장으로 성찰에 접근하는 흥미로운 논문을 썼다. 표집을 제외하면 연구자의 영향이 자동적으로 자료에 반영되지만, 표집을 할 때는 투명성을 보장하기 위해 결정을 설명할 필요가 있다(즉, 표집을 할 때는 연구자가 어느 정도 자의적으로 결정하기 때문에 이 과정을 성찰하고 이를 기록하여 자료로서 분석해야 한다는 뜻이다-역주).

비록 '성찰'이라는 용어가 초기의 중요한 근거이론 저술에서 분명하게 나타나 있지는 않지만, 상징적 상호작용주의자인 스트라우스(1987)는 연구자의 이력이 핵심 근거이론방법의 사용에 영향을 미치며, 연구과정에서 이러한 점이 설명될 필요가 있음을 명확하게 지적하였다. 후에 스트라우스와 코빈(1998)은 경험으로부터 배울 목적으로, 주로 성찰적 일기와 같은 방식으로, 자신의 사고과정을 기록하라고 권유하였다.

최근에는, 근거이론가들이 자신의 연구에서 성찰에 대한 개념을 명확하게 논하고 있다(Thornberg, 2012). 특히 클라크(Clarke 2005: 13)는 "방법 뒤에 숨는 대신에 … 우리는 연구 안에서나 연구를 통해 우리 스스로를 더 드러내고, 설명할 필요가 있다"라고 결론을 내리면서, 근거이론에 접근하는 포스트실증주의에서는 성찰이 결여되어 있다고 분석한다. 클라크의 성찰에 대한 포스트모던주의적 접근에 동조하면서, 차마즈는(2014) 세계에 대해 당연하게 생각하는 가정들과 이러한 가정들이 우리의 연구에 어떻게 영향을 미치는지를 인정하고, 이를 파악하기 위한 전략으로 연구설계에 성찰을 포함시키는 것이 구성주의적 근거이론가에게는 필수적이라고 선언하였다.

실천적으로 생각해보자. 여러분은 어떻게 '성찰'을 하는가? 우리들은 근거이론가로서 연구의 질을 확보하기 위한 개념화를 위해 성찰의 정의에 '체계적으로'라는 말을 포함시켰다. 여러분이 자신의 행동과 감정, 그리고 이들의 생각에의 영향에 대해 쓰면서, 만약 그 영향과 결과의 분석을 통합하고자 한다면 성찰을 메모로 기록하는 것이 좋다. 성찰 내용을 메모에 쓴다는 것은 일회성 행사가 아니다. 성찰적인 메모쓰기에 체계적으로 접근한다는 것은 규칙적으로 성찰적 메모를 하겠다는 것을 의미하며, 또한 이전의 노력으로부터 배우고 그 위에 쌓아가겠다는 것을 의미한다(제3장 참조).

페쉬킨(Peshkin, 1988)은 스스로의 주관성을 조사하였다. 그는 여러 맥락에서의 학교 내의 관계망을 연구하면서 조사과정의 특별한 상황에서 어떻게 느꼈는지를 기록하였다. 페쉬킨은 5×8인치 크기의 카드를 사용하여 그의 감정을 자극한 구체적인 상황에 대해 적었다. 긍정적이거나 부정적인 상황, 행복하거나 슬픈 상황, 그리고 더 중요하게 그가 연구자의 역할을 넘어서 참여자들을 대변하도록 동기유발이 되는 상황에 대해 적었다. 비록 페쉬킨(1988: 18)이 연구자로서 이러한 측면을 적으면서 '성찰'이라는 용어를 사용하지 않았지만, 그가 '복수의 주관적인 나'라고 부르며 그의 주관성을 기록하여 분석한 것은 세계에 대한 자신의 가정들이 어떻게 자료분석과 결과발표에 영향을 미치는지에 대한 많은 통찰을 제공하고 있다(Peshkin, 1988: 20).

페쉬킨의 작업은 최근에 현상학자인 브레드버리-존스(Bradbury-Jones, 2007)에 의해 더욱 발전되었다. 여기에서 성찰의 개념은 일지의 분석에서 '복수의 주관적인 나'에 대한 인식과 결부되어 있다. 제3장에서 논의된 바와 같이 메모하기는, 일지 쓰기와 마찬가지로, 근거이론가로서 여러분의 생생한 경험을 문자기록으로 포획한다. 이 과정에서 여러분이 어떻게 느꼈는가를 의식적으로 기록하는 것은 여러분에게 성찰적 분석이 가능하도록 해준다. 작업이나 분석 과정과 관련하여 내린 결정에 대한 점검기록보다 훨씬 더 많은 분석이 가능하도록 해준다.

근거이론 과정과 관련하여 주관적 자아를 분석한다는 생각은, 자아를 "개인이 자아상을 만들어가는 내적 애착, 헌신, 속성, 이미지, 자아식별의 조직화된 세트"라고 정의하는 차마즈(1991: 72)의 생각과 유사하다. 초기 상징적 상호작용론자인 쉬부타니(Shibutani, 1962)는 이미 복수의 관점을 지닌 자아라는 개념을 발전시켰다. 개인은 자신이 속한다고 생각한 사회적 그룹에 의존하여 준거틀로 사용할 다양한 관점을 가지고 있다고 설명하였다. 하나의 관점은 우리가 세상을 구성하는 조직화된 세계관의 하나이다. 물체나 사건이나 인간의 특성으로 당연하게 받아들이는 것도 그러한 세계관의 하나일 뿐이다(Shibutani, 1962). 우리의 '자아'가 여러 개의 관점으로 구성되었다는 생각은 차마즈(2014: 260)의 다음 생각과 유사하다. 우리는 "의식을 하든 하지 못하든, 우리의 다양한 경험에 근거한 지점들을 반영하는, 우리가 구성한 이론의 부분이다."

활동 4.2 복수의 주관적인 '나'에 대해 인식하기

이것은 근거이론연구에 경험이 있거나 참여한 사람들을 위한 활동이다. 연구과정과 관련된 여러분의 생각과 느낌에 대한 메모를 하나 골라라. 메모에 대한 이전의 분석은 모두 치우고, 새롭게 다시 검토해봐라. 여러분은 복수의 '자아들' 중 어느 하나의 자아와 말하고 있는 순간을 찾아낼 수 있는가? 그 모습을 설명할 수 있는가? 이것이 여러분의 전반적인 자료분석에 의미하는 바가 무엇인가?

근거이론 연구설계에 영향을 미치는 복수의 주관적인 나, 자아의 복수적 관점들, 나의 유리한 지점들을 발견하기 위한 성찰은 처음에는 방법론적으로 구성주의자, 상징적 상호작용론자 또는 포스트모던주의자(제1장 참조)라고 자신의 입장을 표명하는 사람들에 속하는 것처럼 보일 것이다. 그러나 행동, 감정, 생각을 감시하는 장치 없이 주관과 현실의 객관적인 분리를 유지한다는 아이디어는 불가능하므로, 자신이 포스트실증주의자라고 생각하는 사람들에게도 복수의 주관적인 나를 성찰하는 일은 중요한 일이라고 우리는 생각한다. 결국, 여러분이 더 통찰력 있게 자신의 행동을 인도하려면 적절한 성찰과정을 통해서 여러분의 주관성을 이해하는 것이 반드시 필요하다. 이것은 '괄호치기'(연구자의 기존 이해, 관념, 가정 등의 주관성을 일시적으로 옆에 버리고 자료에 접근하는 것으로 Strauss and Corbin(1998)이 제안하였다–역주)라고 일컫는 질적연구에 대한 포스트실증주의의 성찰적 접근과 일치하며, 객관성을 유지하기 위한 과정이다(Dowling, 2006).

우리는 지속적인 비교분석의 결과로, 컷클리프(2003)가 질적연구의 마술이라고 서술하고 있는, 자료에서 이론의 요소들이 '출현'하는 분석의 순간들이 있다는 주장에 공감하면서도, 여러분 자신의 역사, 맥락, 문화로 그러한 출현/광명의 순간을 비판적으로 분석하는 것이 매우 중요하다고 믿는다. 비록 여러분은 자료가 그 자체로 작동하여 핵심 근거이론방법을 사용하여 이론이 스스로 출현한다고 믿을지라도(Glaser, 2001), 이 과정을 촉진하는 연구자로서 여러분의 행동과 결정의 영향을 이해해야 한다. 이를 위해서 성찰적으로 메모를 하는 것이 가장 진실된 방법론적 일치를 유지하는 방법이다.

근거이론에서 연구자와 참여자의 관계

역사적으로 1세대 근거이론가들은 연구자와 참여자의 관계에 별로 주목하지 않았고, 대신 참여자의 말과 행동을 객관적으로 획득해야 하는 자료의 원천으로 보았다(Glaser, 1978; Glaser and Strauss, 1968; Strauss and Corbin, 1990). 콜린즈(1998, para 1.1)는 이런 현상을 '내려치고 잡기식'(물고기를 잡을 때 물풀이나 돌을 쳐서 물고기가 나오도록 하여 잡는 방식과 마찬가지로 참여자를 이리 저리 자극해 자료를 쏟아내게 하여 자료를 수집한다는 뜻–역주)이라고 서술하였는데, 연구자가 참여자들이 가지고 있는 유용한 자료들을 방출하도록 하여 이를 수집하는 방식이다.

시간이 지나가면서 스트라우스와 코빈의 관점에서 변화가 나타났다. 1994년(Strauss and Corbin, 1944: 280)에는 "연구자와 참여자 사이의 상호작용은 연구가 잘 진척된다면 상호 간의 호혜작용 형태로 진행될 것"이라고 주장하였다. 후에 발행된 책에서 "연구자는 … 능동적으로 자료에 반응하고 자료를 가지고 작업하는" 것으로 설명하면서 연구자의 능동성을 강조하였다(Strauss and Corbin 1998: 58). 그리고 가장 최근에 발행된 책(Corbin and Strauss, 2008)에서는 개방적 면담으로 자료를 공동생산하는 것으로 보아 연구자와 참여자 사이의 관계를 의미의 공동구축 관계로 인정하고 있다(제5장 참조).

여러분이 방법론적으로 포스트실증주의 근거이론 외의 어떤 입장에 있다면, 참여자와 연구자의 관계에 대한 전통적 생각과는 다르게 생각할 것이다. 전통적인 생각과 다르게, 참여자와 연구자의 상호관계를 중요하게 인식하고 분석해야 하기 때문이다. 인식론적으로 구성주의자, 포스트모던주의자, 그리고 대부분의 상징적 상호작용론자들은 자료를 생성하는 데 있어 참여자로부터 연구자를 분리하는 것이 불가능하다고 믿는다. 하지만 포스트실증주의 입장은 연구자와 참여자의 분리를 요구한다. 글레이저(1998)는 면담녹음보다 필드노트를 강조한다. 연구자와 참여자의 상호작용을 녹음하고, 녹음을 풀어서 적고, 분석하는 것은 포스트실증주의적 입장에 반하는 것이라고 주장한다. 연구자가 면담을 하면서 연구자의 시각에서 노트에 적고 연구자가 인식한 추상적 범주들을 계속 비교하여 노트에 적는 것은 연구자와 참여자를 효과적으로 분리하는 것이지만 참여자의 목소리가 희생된다. 많은 2세대 근거이론가들은 이러한 희생을 원하지 않는다. 많은 2세대 근거이론가들은 녹음하여 풀어 적은 자료를 연구하는 것이 필드노트에만 의존하는 것보다 '말과 의미들의 … 뉘앙스'(Charmaz, 2014: 99)를 더 많이 드러낸다고 주장하고 있다(Charmaz, 2006; Clarke, 2005; Morse et al., 2009). 각각의 방법론적 입장은 무엇이 중요한 자료인가에 대한 생각도 다르고 다양한 형태의 자료가 어떻게 얼마나 근거이론에 기여하는가에 대한 판단이 다르지만, 자료를 분석하기 위한 핵심 근거이론방법은 똑같다.

각각의 방법론적 입장은 무엇이든, 대화적인 상호작용 과정에서 연구자와 참여자는 서로 주고 받는다. 탐구하고자 하는 관심영역의 복잡함이 드러나고, 대화가 밀도 있게 진행됨에 따라, 의미가 더욱 명확해진다. 그러므로 면담은 "명백히 연구자와 참여자가 함께 이 지식을 생산하는 지식구성의 장소"(Hand, 2003: 17)가 된다. 이러한 지식구성에 있어, 생성된 정보는 깊이와 감성과 성찰적 사고를 드러낼 수 있어야 한다. 이러한 접근이 자료생성방법으로서의 근거이론면담에 대한 최근의 사고를 보여준다. 면담은 중립적이지도 않으며 맥락으로부터 자유로운 도구도 아니다. 오히려 면담은 두 사람 간의 상호작용으로 협상적이고 맥락적인 자료를 생성하게 된다(Mills et al., 2006). 다음 장들에서 논의하겠지만, 근거이론연구의 최종결과는 연구자가 만든 추상적 구성물이지만, 이의 기초가 되는 자료는 연구자와 참여자가 같이 생성한 것이다.

힘의 불균형에 대한 대처: 호혜적 관계의 수립

근거이론연구를 한다는 것은 연구자가 참여자와 호혜적 관계를 맺는다는 것을 의미한다. 이것은 서로 다른 위치에 있으며 다른 힘을 가지고 있다는 점에 대한 성찰을 포함한다. 이것을 성취하기 위한 전략은 방법론적인 입장에 따라 다양하며, 또한 연구자와 참여자의 분리 그리고 객관성에 대한 관점의 차이에 따라 다양하게 나타날 것이다. 글레이저와 스트라우스(1967)는 연구자가 참여자와 친밀감(rapport, 라포)을 형성하는 것은 시간이 걸리는 어려운 작업으로 보고 친밀감 없이 자료를 수집하는 방법도 제안하였다. 연구자가 "참여자에게 이야기하지 않고, 대화를 하거나 관찰하거나 옆에서 들어서 목적에 맞는 자료를 수집할 수 있으며 … 연구자는 또한 자료를 빨리 수집하기 위해 몰래 설명없이 또는 허락받지 않고도 자료를 수집할 수 있다"(1967: 75). 그러나 1960년대 이후, 근거이론연구에서 연구자와 참여자 간의 관계도 연구자윤리코드가 적용되어 이러한 비밀스러운 연구는 더 이상 불가능하게 되었다. 서로 도움이 되는 연구자와 참여자의 관계를 수립하는 것은 연구자가 참여자에게 해를 끼쳐서는 안 되고 도움이 되어야 한다는 연구에서의 윤리적 원리를 지키는 것이다(Nagy, Mills, Waters and Birks, 2010).

연구자와 참여자가 더 동등한 관계를 갖도록 도와주는 전략들은 많다. 가장 중요한 것은 연구자들이 더 성찰적이 되어야 하며, 참여자들과 더욱 적극적으로 시간을 함께 보내며 소통해야 한다. 상자 4.1은 연구의 관계에서 나타날 힘의 불균형을 점검하는 질문들이다.

상자 4.1 힘의 불균형

1. 이 사람은 얼마나 나와 비슷할까?
2. 그들은 얼마나 나와 다를까?
3. 이러한 유사점과 차이점은 우리의 상호작용에 얼마나 영향을 줄까?
4. 이러한 상호작용은 연구과정에 얼마나 영향을 미칠까?
5. 이러한 불균형은 연구문제를 얼마나 명료하게 할까 또는 흐리게 할까?

비록 이런 유형의 질문들은 여러분의 생각보다 직접적이지 않을지 모르지만, 여러분이 현재 또는 미래에 근거이론연구를 위해 참여자들과 함께 작업을 할 때 상자 4.1의 질문들이 유용하다는 것을 발견하게 될 것이다. 여러분의 대답이 자신이 자랑스럽게 생각하지 않는 부분에서도 통찰력을 제공할 수 있다. 만약 여러분이 불편하게 느끼는 부분이 있다면, 이러한 정직성이 더 큰 자아성찰로 이끈다는 점을 명심하라. 우리 모두는 자신이 개방된 마음을 가지고 있고 다양한 인생살이를 받아들인다고 생각하기를 좋아하지만, 가치판단 중지의 입장으로 참여자의 반응이나 참여자를 가치판단하려는 경향에 저항하는 것이 생각보다 어렵다(Holloway and Fulbrook, 2001). 해석학적 연구를 해야 하는 경우, 우리의 과거 경험이 무의식적으로 우리에게 영향을 미친다. 현장에 들어가기 전에 이에 대비하여 미리 계획을 잘 세우는 것이 연구자 자신과 참여자에게 부정적 영향을 최소화할 수 있게 도와줄 것이다.

일단 여러분이 현장에 들어가면 연구자와 참여자가 보다 동등하도록 도와주는 여러 전략들이 있다. 이런 전략에는, 참여자가 정한 시간에 참여자가 정한 장소에서 면담하기, 비교적 유연하고 개방적인 질문으로 접근하여 참여자가 대화방향에 보다 자유롭게 선택할 수 있게 하기, 부상하는 중요 이슈에 대한 연구자의 생각을 참여자와 공유하기, 참여자에 대해 개방된 태도 갖기(면담 도중이나 후에 참여자가 질문을 하면 잘 대답해주고, 사적인 것들도 공유하기) 등이 있다(Mills et al., 2006; O'Connor, 2001). "호혜작용 없이는 친밀해질 수도 없다"(Oakley, 1981: 61)는 유명한 말이 있다. 연구자가 참여자와 보다 평등한 관계를 수립하기 위해 연구과정에서 참여자에게 자신의 시간과 에너지를 투입해야 한다. 미슬러(Mishler, 1991)도 연구자와 참여자의 힘의 불균형을 축소시키기 위한 지침을 제시하였다. 면담의 내용과 흐름을 참여자가 조절할 수 있도록 양보하고, 연구과정을 통해 참여자도 자신의 세계에 대해 더 큰 통찰력을 얻을 수 있도록 도와주며, 자료해석과 연구결과에 대해 참여자의 목소리가 더 반영될 수 있도록 하고, 연구가 참여자를 도와줄 수 있도록 해야 한다.

근거이론을 위한 면담을 통해 상호적 의미를 더 심층적으로 이해하기 위해서는, 참여자와 밀접한 상호작용을 하여 참여자의 반응을 면담의 종합적 맥락에서 이해하여야 한다(Collins, 1998). 이러한 이해는 연구자와 참여자 간의 개방된 상호작용을 통해 가능해진다. 미슬러(1991: 53)에 따르면 "질문의 의미와 이에 대한 대답은 서로가 말하는 것을 계속 더 잘 이해하려고 상호작용하는 과정에서 면담자와 응답자의 대화를 통해 계속 순환적으로 생성하는 과정이다."

이론적 민감성

이론적 민감성은 추상적인 과정이어서 파악하기 어려운 개념이다. 이론적 민감성은 무엇일까? 어떻게 얻을 수 있을까? 이론적 민감성은 무엇을 하는가? 이론적 민감성이, 저자가 자료에 자기 생각을 강요하는 범죄(Glaser, 1992)와는 어떻게 다른가? 이런 질문이 주어질 때, 많은 학자들이 이론적 민감성의 의미와 가치를 이해하거나 표현하기 위해 노력하고 있지만, 종종 그냥 이론적 민감성 개념의 '겉만 핥고 지나가는' 경향이 있다. 우리가 앞으로 자세히 설명하겠지만, 이론적 민감성은 근거이론 발전에 절대적으로 기여해왔으며, 이를 제대로 다루지 못하면 여러분의 연구는 깊이 없는 연구결과를 생성하게 될 것이다.

이론적 민감성은 최초의 근거이론 책(Glaser and Strauss, 1967)에서 근거이론연구에 참여한 사회학자의 기여로 설명되었다. 이론적 민감성은 "그의 개인적이고 기질적인 성향 … 그리고 자신의 연구영역에 대한 이론적 통찰력을 만드는 능력, 자신의 통찰력으로부터 무언가를 만들어내는 능력"으로 연구자에 달려 있다(Glaser and Strauss, 1967: 46). 스트라우스와 코빈(1990)은 그들의 첫 번째 책에서 한 장 전체를 할애하여 이론적 민감성을 설명하였다. 자료에서 무엇이 의미 있고 중요한 것인지에 대한 연구자의 통찰을 통해 이론을 발전시키는 것이 중요하다고 생각하였기 때문이다. 이후에 발간된 책(Strauss and Corbin, 1998)에서는 이론적 민감성을 단순히 '민감성'이라고 썼고, 더 뒤에 출간된 책에서는 객관성에 대조적인 것으로 논의하고 있다(Strauss and Corbin, 2008). 아마도 이론적 민감성에 대한 이들의 논의를 글레이저(1992)가 심하게 비판하였기 때문에 이를 회피하기 위한 전략이었을 것이다. 이 장에서 우리는 이러한 논쟁을 넘어서고, 이론적 민감성에 대한 혼란을 감소시키며, 이론적 민감성이 여러분의 연구에 어떻게 기여할 수 있는가를 보다 쉽게 이해할 수 있도록 설명하고자 한다.

이론적 민감성의 정의와 개발

우리는 여러분이 연구에서 출현하는 이론에 적합한 자료들을 파악하고 추출하는 능력을 이론적 민감성이라고 정의한다. 이론적 민감성은 다음과 같은 3가지의 중요한 특징을 가지고 있다.

1. 여러분의 개인적, 전문적 그리고 경험적 역사 전체를 반영한다.
2. 다양한 기법, 도구, 전략에 의해 이론적 민감성이 제고될 수 있다.
3. 연구가 진행되면서 이론적 민감성도 성장한다.

근거이론은 대학원 연구에서 가장 흔하게 사용되는 연구방법 중 하나다. 대학원생들은 자신의 연구에 최소한 3년은 투자하려는 의지와 열정을 가지고 있고 새로운 연구에 대해 흥분되어 있다. 하지만 단점 중 하나는 초보적인 근거이론가는 그들이 모른다는 것을 잘 모르고 있으며 연구를 시작할 때 그들이 알고 있는 것들이 중요하다는 것을 잘 인식하지 못하고 있다. 이론적 민감성을 이해하는 데 있어 여러분이 알고 있는 것이 무엇인가를 제대로 평가하는 것이 중요하다. 여러분의 모든 역사가 영향을 미치기 때문이다. 무엇보다 중요한 것은 앞에서 논의한 바와 같이 여러분이 가지는 복수의 자신의 성격을 이해하고 이러한 것들이 여러분의 연구와 관련하여 어떻게 영향을 미치는가를 고려하는 것이다.

여러분은 자신이 연구하기로 선정한 특정영역에 대해 잘 알고 있는 사람일 것이다. 또한 여러분은 이제까지의 학습과정으로부터 전공과 관련된 이론적 지식을 가지고 있을 것이다. 대학원 과정에 입학하기 위해 여러분은 전공과 관련된 문헌들을 어느 정도 검토해봤을 것이다. 여러분은 이외에도 다양한 형태로 사전의 경험적 이론적 지식을 습득하였을 것이다. 어떠한 형태를 취하든 여러분의 경험적이고 이론적인 지식은 어떤 방향을 가지고 있을 것이다. 여러뷴이 연구를 시작하기 전에 여러분의 기본적인 입장을 파악하는 것이 여러분이 연구과정에서 의식적으로 이론적 민감성을 발전시키는 데 도움이 된다. 글레이서와 스트라우스(1967: 3)가 말한 바와 같이 "연구자는 백지 상태로 현실에 접근하지 않는다. 연구자는 관련된 자료를 살펴보고 자료로부터 중요한 범주를 추상화해낼 수 있는 어떤 관점을 가지고 있다." 제2장에서 언급한 바와 같이, 글레이저(1992) 관점에서 제기된 위험성은, 연구자가 의식하거나 또는 제대로 의식하지도 못하면서 기존 이론틀을 자신의 자료에 적용할 가능성이 높다는 것이다.

켈레(2007a)는 범주구축과 관련한 이론적 민감성에 대해 매우 적절한 설명을 제시하였다. 이론적 민감성과 자료에 대한 이론의 강요 간의 갈등이 근거이론방법을 둘러싼 교수와 학생 간의 갈등과 유사하다는 것이다. 상자 4.2에서 캐런 호어(Karen Hoare, Mills and Francis, 2012)는 동시에 진행되는 자료의 수집과 분석, 그리고 자료에 대한 비교분석을 수행하기 전에 연구의 맥락과 관련하여 이론적 민감성을 높이기 위해 어떻게 기존의 연구문헌을 사용하였는지를 서술하고 있다.

상자 4.2 근거이론 들여다보기

캐런 호어–자료와 함께 놀며 이론적 민감성 개발하기

내가 박사후보였을 때 나의 지도교수는 근거이론연구에서 이론적 민감성을 획득하는 방법을 기술한 문헌이 부족하다는 것을 깨우쳐 주었다. 그녀는 내가 논문에서 그 과정을 기술하는 데 특별한 주의를 기울여달라고 제안했다. 많은 저자들은 근거이론방법의 구체적인 기준들을 제시하고 있으며, 이론적 민감성과 그에 따른 이론적 표집도 모두 이러한 일관된 원리로서 제시되었다(Birks and Mills, 2011; Urquhart, 2007; Wiener, 2007). 글레이저(1978)는 책 한 권으로 이론적 민감성을 다루었다. 그는 연구자들이 자신의 연구영역보다 다른 영역의 문헌에 몰두해야 한다고 제안한다. 그래야 최종 이론이 다양한 영역과 관련된 복합적인 설명을 가능하게 해준다고 보았다. 버크스와 밀즈(Birks and Mills, 2011), 그리고 켈레(Kelle, 2007a)는 여러분의 자료에서 범주를 발현시키는 민감성을 높이는 것과 현존하는 이론을 여러분의 자료에 강요하는 것 사이의 미세한 경계를 설명하고 있다. 나는 초기에 나의 박사논문 주제인 '일반적 간호수행에서 현직 간호사들의 정보이용'에 관련된 문헌들을 살펴보지 않기로 했다. 대신 나는 3개 나라의 현직 간호사 수를 확장하는 데 기여하는 (질향상 프로그램) 임상적 관리 역할에 대한 사실적이고 체계적인 문헌고찰을 수행했다. 이러한 고찰로 나의 후속 연구가 이어졌다(Hoare, Mills and Francis, 2011). 지속적인 비교방법은 자료 수집과 분석을 서로 교차하여 작업하고, 메모를 쓰고 메모를 분석하는 것으로 구성된다. 이런 모든 활동들은 이론적 민감성을 높여주며, 이론으로 구성될 영역에서의 통찰력과 이해력을 높여준다. 글레이저는 자료수집부터 근거이론까지의 개념적인 과정은 이중적 왕복운동(double back steps)이라고 설명한다. 한 걸음 앞으로 전진하려면 불가피하게 분석가가 한 걸음 뒤로 물러나서 보게 만든다. 이런 이중적 왕복운동의 개념은 나의 연구에서 이론적 민감성을 어떻게 획득했는지에 대해 서술한 원고의 제목을 '자료와 춤추기'로 정하는 데 영감을 주었다(Hoare et al., 2012). 이런 왕복운동은 나에게 일반적 간호수행에 대한 초기의 민족지적 관찰 그리고 여기에서 생성된 필드노트와 메모를 포함한다. 여러 분야의 11명의 현직 간호사와 면담을 수행하였고 이 면담을 풀어 써서 코드화하고 범주화하였다. 구성된 범주들의 여러 차원들이 해당 영역의 다른 간호사들과의 부가적인 민족지적 관찰과 토론으로 더욱 깊이 탐구되었다. 나는 앞으로 나가기 위해 뒤로 후퇴했다. 비유적으로 말하자면 나는 자료와 함께 춤을 추었다. 이에 더하여 나는 전문가 모임에 참석과 '왔다 갔다(flip flop)' 기법의 사용으로 이론적 민감성을 더욱 제고하였다. 이 기법은 연구자가 중요한 속성을 살펴보기 위해 다른 관점에서 범주를 점검하는 기법이다. 내 연구에서 코드와 범주들과 함께 앞으로 전진하고, 후진하고, 그리고 옆걸음질하는 모습은 내가 자료와 함께 춤을 추는 이미지로 귀결되었다.

비록 무엇이 핵심 근거이론방법인지에 대해서는 심하게 다투고 있지만, 스트라우스와 코빈(1990; 1998)이 발간한 중요한 책에서 이론적 민감성을 증진시키는 전략들이 논의되었고, 코빈이 주도한 최근 개정판에도 남아있다(Corbin and Strauss, 2008). 이들 저자들이 제시한 민감성을 높이는 한 가지 기법이 문헌을 고찰하는 것이다. 제2장에서 논의된 바와 같이 근거이론 연구과정에서 문헌을 어떻게 사용할 것인가에 대해 많은 혼돈이 있다. 전반적으로 일치하는 것은, 자신이 실질적으로 연구하는 주제와 관련된 문헌의 체계적인 고찰은 피해야 한다는 것이다. 그렇다면 문헌고찰을 어떻게 해야 이론적 민감성이 발전될 것인가? 글레이저(1998: 73)는 "근거이론을 연구하는 동안 여러분의 이론적 민감성을 유지하기 위해 다른 영역과 다른 현장에 대한 문헌들을 많이 읽어야 한다"라고 제안하고 있다. 불행히도 이 진술에서는 여러분에게 강요를 하는 문헌들과 여러분의 생각을 발전시키는 문헌들 사이의 경계가 어디인지 명확하지 않다. 그래서 앞에서 말한 바와 같이 난제다. 스트라우스(1987)와 스트라우스와 코빈(1990)은 문헌고찰을 통해 이론적 민감성을 제고하는 데 훨씬 더 개방적이고 직접적이다. 그냥 문헌들을 많이 읽어서 이론적 민감성을 높이라는 것이다. 내 연구영역은 피하고 다른 영역만 읽으라고 하지 않는다. 코딩한 자료와 이론적 개념들의 비교를 통하여, 만약 문헌들이 근거이론의 생성에 도움이 된다면, 문헌들도 그 자체로 자료가 될 수 있다(제5장 참조).

문헌의 사용에서 더 나아가, 스트라우스와 코빈(1990)은 이론적 민감성을 제고하기 위한 구체적인 기제들을 제시하였으며, 이들은 나중에 이러한 기제들을 '분석적 도구들'이라고 명명하였다(Corbin and Strauss, 2008; Strauss and Corbin, 1998). 물론 글레이저의 비판 때문에, 이론적 민감성과 직접적으로 관련된 것이 아닌 것처럼 보이기 위해 표면적으로 명칭을 바꾼 것이다. 이러한 상황 때문에 우리는 분석적 도구에 대한 논의를 자료의 분석을 논의하는 제6장보다 여기에 포함시켰다. 어쨌든, 분석적인 도구의 목적은 자료로부터 잠재적 이론을 구축할 때까지 근거이론가의 민감성을 향상시키는 데 있다. 상자 4.3은 이들 저자들이 제안한 분석적 도구들을 열거하고 있다. 이러한 도구들은 이론적 민감성을 제고하는 데 도움이 되는 것이므로 여러분이 자신에게 맞는 것을 선택하여 사용할 수 있다. 여러분의 연구설계에 어떤 전략을 포함할 것인가는 여러분 자신의 철학적인 그리고 방법론적인 입장이 무엇인가에 따라 달라질 것이다.

상자 4.3 이론적 민감성을 향상시키는 분석적 도구들

- 질문의 사용
- 비교하기
- 한 단어의 다양한 의미 생각하기
- '왔다 갔다(flip flop)' 기법 사용하기
- 개인적 경험에 비추어 생각하기
- 빨간 깃발 흔들기
- 언어 관찰하기
- 감정을 자극하는 상황과 표현된 감정 관찰하기
- 시간을 지시하는 단어 찾아보기
- 은유와 미소의 언어로 생각해보기
- 부정적인 사례 찾아보기
- '그래서 어쨌다고?' 또는 '만약 그렇다면?' 질문하기
- 서사의 구조를 살펴보고 시간이나 다른 변수들과 관련된 용어들과 관련하여 서사구조가 어떻게 조직되었는가를 살펴보기(Corbin and Strauss, 2008: 69)

여기에 열거된 대부분의 도구들은 이미 나왔던 것들이고 비교적 자기 설명적이다. 우리는 여러분이 연구 설계를 할 때 이들을 포함시킬 것인지를 고민하기 전에 앞에서 언급한 코빈과 스트라우스(2008)의 최신 버전을 자세히 읽어보기를 권한다. 어쨌든 연구자의 입장과 관련하여 이 장에서 우리의 논의에 특히 적합한 부분은 개인적 경험에 비추어 생각하기, 감정을 자극하는 상황과 표현된 감정 관찰하기, 그리고 빨간 깃발 흔들기 등이다. 코빈과 스트라우스(2008)는 이 3개의 분석적 도구에서 이론적 민감성을 발전시키기 위해 연구과정 전체에 영향을 미치는 토대로서 세계에 대한 근본적인 가정들을 검토할 필요가 있다고 설명하고 있다.

개인적 경험에 비추어 생각하기는 명백하게 연구자의 역사를 인정하고 이를 활용하여 자료와 개념적으로 비교하도록 하는 전략이다. 공유된 경험을 괄호치기(일시적으로 옆으로 빼놓는 것-역주)하는 대신에, 연구자는 자신의 공유된 경험을 비교사례로서 사용하도록 격려되어 사고를 촉진하고 이론화에 기여해야 한다. 이것은 감정을 자극하는 상황과 표현된 감정을 관찰하기와도 유사하다. 비록 코빈과 스트라우스는 전반적으로 참여자의 감정에 대해 언급하고 있지만, 그들은 연구자의 감정 또한 자료에 있는 어떤 예민한 개념들에 자극받을 수 있다는 점을 언급하고 있다. 감정을 단서로 사용하여 어떤 사건이나 행동과 연결된 의미와 관련하여 분석적 돌파가 나타날 수 있다. 결국 이것은 연구자의 성찰성을 향상시키기 위한 전략으로서 작동할 수 있고, 조사 중인 현상에 대한 추상적이고 개념적인 이론화를 촉진시킬 수 있다.

빨간 깃발 흔들기는 스트라우스와 코빈(1990)이 이론적 민감성을 강화시키기 위해 초기에 제시한 기법들 중 하나로, "편견, 가정, 또는 신념이 분석에 침입"(Corbin and Strauss, 2008: 80)할 때 이를 인정하는 것이다. 이 인용문은 연구자가 자료분석의 도구라는 포스트 실증주의적 입장을 반영하고 있다. 그러나 만일 우리가 이 인용문에서 '침입'을 '지나치게 영향을 주는'으로 대치한다면, 이 진술은 상징적 상호작용론자, 포스트모던주의자, 그리고 구성주의적 근거이론가와 연결된다. 동시에 진행되는 자료생성이나 수집이나 분석을 할 때 우리는 모두 빨간 깃발을 흔들 준비를 하고 있어야 한다. 그래야 우리의 근거이론에서 더 심층적이고 더 고차원적인 추상성을 발전시킬 수 있다.

스트라우스와 코빈(1990: 92)이 멈추고, 생각하고, 자료나 참여자나 연구자 스스로에 대하여 질문해야 하는 신호로 생각하는 핵심용어는 '항상', '전혀', '그 방법으로는 될리가 없어', '모든 사람이 원래 그런 것이라는 것을 알고 있어', 또는 '논의할 필요가 없어' 등이다. 참여자나 우리 자신에 의한 절대적 진술은 결코 완전할 수 없다. 오히려 왜 그렇게 절대적으로 말하는지에 대해 더욱 고찰해보도록 하는 이론적 민감성을 자극하는 것이다.

여러분의 개인적, 전문적 그리고 경험적인 역사나 또는 여러분 연구에서 가치 있다고 증명된 이론적 민감성을 제고하기 위한 전략, 기법이나 도구들과 관련 없이, 핵심 근거이론방법만 정확히 적용해도 여러분의 이론적 민감성이 향상될 것이다. 여러분이 흥미를 가지고 몰입하기만 해도, 여러분의 자료는 여러분을 이론발전의 의미와 적절성을 지니며 영향을 미치는 요소에 민감하게 만들 것이다. 연구과정에서 자신을 숙련자로 간주하여 이론적 민감성을 향상시켜라. 메모하기를 통해 가정과 이론적 편견을 드러내어 개선하라. 자신과 연구 영역에서 근거이론과정을 학습경험으로 인식하라. 처음에는 자신이 이론적 민감성을 가질 수 있을지 걱정하겠지만, 무엇을 알고 있는지 또는 모르고 있는지를 이해하기 위한 중요한 디딤돌로서 이론적 민감성을 받아들여야 한다.

결론

성공적인 근거이론가가 되기 위해서는 높은 수준의 자아 통찰력과 이해력이 요구된다. 연구자로서 입장을 가진다는 것은 여러분 자신의 철학적 선호와 방법론적 성향을 알게 된다는 것을 의미한다. 앞에서 논의한 바와 같이, 핵심 근거이론방법은 똑같다. 그러나 여러분이 이런 방법을 사용하는 방식은 여러분의 입장에 의해 결정된다. 근거이론연구에 대한 성찰적 접근을 촉진하는 기법을 사용하는 것은 여러분의 연구과정에 여러분 자신과 여러분의 역사가 어떻게 영향을 미치는지를 파악하게 해줄 것이며, 그 결과 연구작업에서의 질과 윤리적 통합성을 유지하게 해줄 것이다. 이론적 민감성은 자신이 선택한 입장이나 자신이 성찰하는 정도와 본질적으로 연결되어 있다. 연구과정에서 여러분의 이론적 민감성이 제고되면, 근거이론도 더 추상화되고 더 통합된 이론으로 나타날 것이다.

비판적 사고를 위한 질문

1. 여러분 연구에서 자신의 입장을 고려하는 것이 얼마나 중요하다고 생각하는가? 여러분은 연구의 성격에 따라 연구자의 입장이 변할 것이라고 생각하는가? 우리 자아의 여러 측면들과 개인적인 그리고 전문가로서의 여러 요소들이 어떻게 연구과정의 다른 단계에서 영향을 미치는지를 생각해봐라.
2. 연구를 위한 면담에서, 연구자와 참여자 간의 관계에 대해 생각해봐라. 힘의 불균형을 효과적으로 감소시키거나 제거하는 것이 가능한가? 그래도 남는 힘의 불균형이 특히 근거이론연구에서 어떤 영향을 미치겠는가?
3. 이론적 민감성의 개념을 생각해봐라. 여러분 연구에서 이론적 개념에 대한 민감성 결여가 최종연구결과에 어떠한 영향을 미치겠는가? 이론적 민감성 개념에 대해 여러분은 편안한가? 그렇지 않다면 이론적 민감성을 어떻게 개념화하겠는가? 여러분이 잘 아는 다른 어떤 인지적, 전문적 또는 방법론적 개념과 유사한가?

근거이론연습

APPENDIX A에 제시된 '근거이론연습–사례'를 가지고 다음을 생각해봐라.

- 연구자가 자신의 연구에서 어떠한 입장을 취하는가?
- 저자는 어떻게 그 입장에 도달하였는가?
- 연구자가 성찰적으로 되기까지 과정과 영향
- 이 사례에서 호혜성의 증거
- 어떻게 이 연구자가 이론적 민감성과 이론적 민감성을 발전시킨 기술을 서술하고 있는가?

CHAPTER 05

자료생성과 수집

Data generation and collection

학습목표

1. 근거이론을 생성하는 데 있어서 질적자료가 지니는 의미를 설명할 수 있다.
2. 근거이론연구에 사용되는 자료의 출처와 유형을 논의할 수 있다.
3. '이론적 표집'이라는 용어를 설명할 수 있다.
4. 자료생성과 자료수집의 차이를 구분할 수 있다.
5. 근거이론연구에서 자료에의 접근, 생성, 수집의 과정을 설명할 수 있다.

서론

앞에서 우리는 근거이론을 개괄하면서 질이 유지되는 근거이론연구를 계획하기 위한 지침을 제시하였고, 연구자로서 여러분의 입장이 지니는 중요성에 대하여 논의하였다. 연구에 대한 여러 가지 접근 중에서, 연구프로젝트의 다음 단계로 논의할 것은 연구수행을 인도하기 위한 구조로서 가설과 이론적인 틀을 설명하는 것이다. 근거이론에서 "모든 것은 자료로부터 시작한다"(Wasserman, Clair and Wilson, 2009: 358). 또한 자료는 분석과 이론구축에서 아주 중요한 역할을 한다. 다른 유형의 많은 연구에서는 자료수집이 고립된 작업이지만 근거이론에서는 연구 내내 자료와 밀접한 관계를 유지한다. 이 장에서는 다양한 원천으로부터 자료를 생성하고 수집하는 것을 근거이론의 연구과정과 연계하여 검토할 것이다.

근거이론연구에서의 자료

근거이론연구에서 자료는 여러 유형으로 나타난다. 글레이저는 "모든 것이 자료다"(1998: 8)라고 생각하였다. 이 진술은 너무 모호하다는 비판을 불러왔다(Bryant, 2003). 그러나 다양한 원천으로부터 나오는 자료를 활용하는 입장을 지지한다. 차마즈(2014)는 여러분이 하는 연구의 신뢰도는 여러분이 획득한 자료의 적절성, 실질성, 범위, 그리고 깊이에 달렸다고 주장한다. 차마즈는 자료의 질을 보장하기 위한 지침에서 다음과 같은 자료를 수집하도록 제안하였다.

- 맥락, 관점 그리고 시간적 범위를 정해라.
- 참여자의 관점과 행동에 관련된 구체적인 사항을 풍부하게 보여주는 자료
- 자료의 속을 들여다봐라.
- 비교와 범주발전을 목적으로 하는 자료의 가치를 고려하라.

근거이론으로 조사할 수 있는 잠재적인 연구영역은 아주 다양하다. 여러분의 연구에 적합하고 가치있는 근거이론을 생산하기 위해서는 자료사용에 있어 다양성을 잘 검토하는 것이 유리하다. 근거이론연구에서 사용될 수 있는 자료의 유형들을 정리한 것이 상자 5.1이다. 이들 자료의 원천과 자료를 생성하고 수집하는 전략에 대해서는 이 장의 뒤에서 논의하겠다.

상자 5.1 자료의 유형

- 면담과 포커스그룹의 녹음을 풀어쓴 것
- 필드노트 및 메모
- 일지, 일기, 목록기록책자
- 설문지, 설문조사
- 정부나 조직의 정책문서들
- 학문적 문헌, 소설
- 유명한 언론에 실린 기사들
- 개인 웹사이트, 블로그, SNS, 포럼 등의 글
- 영상이미지, 동영상
- 예술작품, 물건, 건축물
- 음악

근거이론연구가 자주 개인의 세계를 그들의 관점에서 이해하려고 하기 때문에, 참여자에 대한 면담이 가장 많이 사용되는 자료의 원천이다. 차마즈(2014)는 그녀의 구성주의적 관점에 기초해 근거이론에서 면담의 역할을 강조하면서 자신들의 빈번한 면담사용을 설명

하고 있다. 그러나 우리는 비록 면담이 자주 사용되고 있지만, 근거이론연구에서 면담을 표준적 자료의 원천으로 간주하면 안된다고 생각한다. 아돌프, 크루츠텐, 홀(Adolph, Kruchten and Hall, 2012)은 소프트웨어 개발과정에 대한 연구에서 면담, 관찰, 문서를 자료의 원천으로 사용하였다. 위 저자들은 참여관찰이 이 연구에서 가장 중요한 자료의 원천이라고 말했다. 아일스, 워커, 브라이언(Eyles, Walker and Brien, 2009)도 동종요법(대체로 자연에서 얻은 약물로 질병과 유사한 증상을 일으켜 그 질병을 치료하는 치료법–역주) 상담에 대한 연구에서 면담뿐만 아니라 다양한 유형의 자료를 사용하였다. 아일스는 자료 생성과 수집에 대한 이러한 접근을 상자 5.2에서 논의하고 있다. 이 사례에서 캐롤린 아일스(Carolyn Eyles)도 역시, 제4장에서 논의한 바와 같이, 성찰의 중요성과 자료수집과정에서 성찰의 영향을 논의한다.

상자 5.2 근거이론 들여다보기

다양한 원천으로부터 얻은 자료의 사용에 대한 캐롤린 아일스의 논의

동종요법 전문가로서 동종요법 전문가들의 상담 경험에 대한 연구를 하면서, 나의 선입견과 가정을 계속 인식하고 있는 것이 중요한 일이었다. 성찰을 강조하는 구성주의 근거이론접근을 선택하여 이를 극복하고자 하였다. 성찰은 이 연구를 위해 내가 선택한 여러 방법론적 접근의 일부분이며 동시에 중요한 버팀목이었다.

초기 자료는 면대면 심층면담을 통해 수집되었다. 나의 첫 번째이자 가장 고민되는 문제는 전문가로서 내가 지닌 선입견에 의거하지 않고, 어떻게 자료를 수집하고 해석할 것인가였다. 성찰은 나의 암묵적 사고를 노출시키고 자료를 더 객관적으로 살피도록 자극하면서 이 문제를 극복하도록 해주는 수단이었다. 예를 들면, 초기 면담 자료와 관련하여 한 참여자의 동기에 대하여 지도교수가 질문했을 때, 나의 초기 반응은 바로 참여자를 옹호하는 것이었다. 그러나 성찰적 접근은 나로 하여금 그들의 동기를 질문하게 하였고, 이어지는 면담을 통해 그리고 동료와의 논의를 통해 더 명확하게 이해하도록 했다.

핵심범주의 발전과 면담자료의 포화를 통하여, 영국의 전통적 동종요법 상담에 대한 잠정적인 이론모형이 출현하였다. 하지만 면담자료로는 그들이 말한 것처럼 실제 행동했는지를 확인할 수도 없고 반박할 수도 없었다. 그러므로 진실로 대표적인 상담내용을 알기 위해서는 회고적 면담자료를 관찰자료와 교차비교하여야 했고, 이론적 모형과 범주들이 생성되도록 탐색해보아야 했다. 동종요법 전문가로서 다른 동종요법사의 상담에 접근해야 한다는 생각에 여러 걱정이 들었다. 상담은 일대일 상호작용이라 제3자의 참석은 그 상호작용에 영향을 줄 수 있다. 동종요법은 기존의 정상적 행동을 바꾸도록 요구할 수 있고, 환자는 자신의 증상노출을 불편하게 여길 것이다. 그래서 극소수의 환자만이 관찰되는 것에 동의했을 때 나는 놀라지 않았다. 이 부분에 대한 자료수집은 동종요법가들의 성찰적 일기들을 포함하고 있다. 이 부분의 목적은 임상수행동안 나타나는 어렵거나 힘든 상담에 대한 반응을 수집하여 부정적인 사례의 분석방법으로 분석하기 위한 것이었다. 일기의 또 다른 이점은, 참여자에 대한 관찰과 면담으로 접근할 수 없는 행동이나 생각과 관련된 민감한 상담내용에 대해서도 통찰할 수 있는 기회를 준다는 것이다.

또한 나는 두 개의 내 상담을 꼼꼼히 기록하였고 이에 대한 성찰적 일기를 작성하였다. 이러한 자신에 대한 민족지적 자료는 구성주의적 근거이론의 접근에 부합하는 것이며, 동종요법가로서 나의 생생한 경험을 자료로서 사용할 수 있게 해준다. 그러나 내 상담과 일기에서 얻은 자료와 참여자들로부터 얻은 자료의 경계를 투명하게 하는 것에 어려움이 있었다. 나의 경험과 의식을 포함하고 있어, 자료의 주관성이 크기 때문에, 다른 자료들과 다른 점을 어떻게 다루어야할지에 대한 고민이 있었다.

연구에서 여러 원천의 자료를 활용하는 것은 근거이론의 원리와 일치한다. 또한 성찰을 활용하여, 연구 과정을 투명하게 하였고, 이들이 결합되어 견고한 결과를 생성하는 데 기여하였다.

연구를 할 때, 여러분은 여러분의 연구에 필요한 자료들을 어느 곳에서 찾기가 쉬운지를 반드시 생각해야 한다. 이 장의 뒤에서 논의하겠지만, 이론적 표집이 여러분의 이론발전에 기여하는 자료를 찾는 방향과 성격을 결정한다. 하지만 어떤 형태의 자료가 적절할 것인지에 대해서는 열린 마음으로 접근해야 한다. 여러분이 사용할 수 있는 자료의 유형은 이 장이나 다른 곳에서 논의된 유형에 국한되지 않는다. 유형은 끝이 없으며 이를 선택하는 것은 흥미로운 작업이다.

상자 5.1에 제시된 자료의 사례들은, 근거이론가와 다른 연구자들 양쪽 모두에 의해 질적이거나 아니면 양적인 것으로 이분법적 전통에 따라 구분되어 왔다. 글레이저와 스트라우스(1967)는 근거이론을 질적 그리고 양적인 자료원천을 모두 포용하는 접근법이라고 표현하였다. 이 책이 발간된 이래 수십 년간 근거이론이 해석적 연구에 끼친 기여는, 근거이론이 질적자료를 가장 자주 사용하게 되었다는 것이다. 근거이론은 완전히 질적 또는 양적 자료 한쪽으로부터도 생성될 수 있다(양적인 자료만으로도 근거이론이 생성된다고 글레이저(2008)는 재확인하였다). 그러나 어떤 유형의 연구라도 근거이론방법을 단 한 종류의 자료로 접근하는 것은 연구의 잠재력을 제한하는 것이다. 툴레시우스, 스콧, 헬게슨, 라이노(Thulesius, Scott, Helgesson and Lynoe, 2013)는 죽음의 통제와 관련된 근거이론을 생성할 때, 질적자료와 양적자료를 모두 사용하였다. 이 연구는 면담, 설문조사, 그리고 매체의 비평을 포함한 다양한 자료원천을 활용하였다.

우리는 여러분이 어떤 한 종류의 자료가 다른 종류보다 이점이 있는가에 대한 논의에 빠져들지 말라고 권한다. 상자 5.1에 열거된 여러 종류의 자료는 질적으로나 양적으로 수집될 수 있다. 어떻게 수집하는가에 달렸다(Janasik, Honkela and Bruun, 2009). 자료의 가치는 여러분과 자료와의 관계에 달려있다. 여러분이 어떻게 자료를 수집하고 생성하고 관리하는가에 달려있다는 앞장의 설명을 기억해보라. 그것들이 여러분의 최종적인 이론의 가치를 결정할 것이다. 분석이 진전됨에 따라 여러분의 이론적 민감성도 높아질 것이고, 여러분은 이론적 표집 기법을 통해 진전되는 이론에 가장 적합한 자료원천으로 여러분이 접근하고 있다는 것을 발견하게 될 것이다.

활동 5.1 근거이론연구의 자료

상자 5.1에 열거된 자료의 유형을 검토해봐라. 여러분의 전공영역에 대해 생각하라. 여러분의 전공영역의 주제에 대한 연구에서 가장 가치 있다고 믿어지는 자료유형은 무엇인가? 가장 가치가 적은 자료는 어느 것인가? 여러분은 이 리스트에 추가할 수 있는 잠재적 자료유형을 제시할 수 있을까?

이론적 표집

앞장에서 우리는 근거이론연구 과정에 스스로 출현하는 속성이 있다고 말했다. 이론적인 표집은 근거이론연구만의 특징으로 과정이 출현하도록 만드는 핵심방법이다. 글레이저와 스트라우스(1967)는 원래 이론적 표집을 아래와 같이 정의하였다.

> 이론이 스스로 출현하도록 발전시키기 위해, 분석가는 동시에 자료를 수집하고 코딩하고 분석하며, 다음에 어느 곳에서 어떤 자료를 수집할 것인지를 결정하는 이론 생성을 위한 자료수집 과정. (1967: 45)

비록 차마즈가 이론적 표집은 연구자들마다 다르게 해석한다고 주장하고 있지만(개인적 면담, 2006년 1월 23일), 이 정의는 현재의 근거이론가에게도 아주 정확한 것으로 받아들여진다. 우리는 이론적 표집을 근거이론연구의 분석과정에 나타나는 단서를 추적해서 파악하는 과정으로 정의한다. 제4장에서 서술한 이론적 민감성을 제고하기 위한 전략들은 이론발전을 위해 그러한 단서와 단서의 중요성에 여러분이 더 잘 반응하도록 할 것이다.

이론적 표집은 다른 유형의 연구에서 사용하는 표집 전략과는 다르다. 다른 유형의 연구설계에서는 연구자가 보통 계획단계에서 누구에게, 무엇을, 어디서, 언제, 그리고 어떻게 표집하는가를 결정한다. 이론을 검증하거나 현상을 서술하는 연구의 경우 특히 그렇다. 표집은 전체와 유사한 표본을 확보하는 데 집중된다. 근거이론에서는 자료로부터 직접적으로 범주를 구축하여 이론을 만드는 것이 목표이다. '이론에 의해 유도된' 표집을 통해 여러분은 다양한 각도에서 개념을 조사하고 이론발전과 관련된 의미를 찾아볼 수 있다(1987: 276). 무엇이 당연한가? 무엇이 현저하게 부재하는가? 불투명한 것들은 무엇인가? 다음 장에서 보겠지만, 이런 질문이 지속적인 비교분석과정에서 나타나고, 또한 이론적 표집을 통해 응답된다. 이론적 표집의 이러한 고유한 속성 때문에, 여러분이 연구를 시작할 때 아래와 같은 것을 파악하는 것은 불가능하다.

- 여러분이 이론을 발전시키는 데 필요한 자료의 유형과 성격
- 여러분이 얼마나 많은 참여자와 자료원천을 사용해야 하는지
- 자료의 생성과 수집이 언제, 어디서, 어떻게 이루어질 것인지

그렇다면 여러분의 실제 연구에서, 여러분은 이론적 표집을 어떻게 할 것인가? 처음에는 여러분의 표집이 의도적일 것이다. 여러분은 연구영역에 적합한 자료의 원천을 파악할 것이다. 그리고 예를 들어 여러분은 여러분이 조사하는 연구현상을 경험한 참여자를 선정하여 면담하려 할 것이다. 분석과정에서 면담으로부터 생성된 자료를 살펴보면서, 여러분이 확대해야 하고, 명확하게 해야 하고, 확인을 해야 하는 이슈들을 파악하게 될 것이다. 이론적 표집은 범주들이 충분히 발전되거나 '포화될(이 개념도 다음 장에서 논의할 것이다)' 때까지 순환적으로 지속되는 동시적인 분석과정에서 다음 단계의 자료수집 방향을 알려준다.

이론적 표집은 여러분이 다음에 무엇을 하는가 뿐만 아니라 어떻게 할 것인가와도 관련되어 있다. 여러분이 기술변화에 대한 노인의 적응에 대한 연구를 한다고 상상해보자. 여러분의 초기 면담자료는 10대 손자들을 포함하여 가족과 가까운 관계를 유지하고 있다고 말한 점잖은 남성노인으로부터 나왔다고 가정해보자. 여러분의 분석은 노인들보다 더 젊고 그래서 컴퓨터에 대한 지식이 더 많을 것이라고 생각되는 사람들과 접촉을 갖지 않는 노인이 어떻게 어려움을 극복하는가에 대한 질문을 떠 올리게 될 것이다. 이론적 표집은 특히 상대적으로 고립된 노인을 고르는 쪽으로 여러분을 유도할 것이다. 여러분은 또한 가족의 지지라는 이슈를 다루기 위해 면담기법을 수정할 수도 있을 것이다. 스바라이니와 동료들은(Sbaraini et al., 2011)은 치과치료의 사회적 과정에 대한 연구에서 이런 방식으로 이론적 표집을 사용하였다. 위 연구자들은 의도적으로 초청장을 발송해 초기 참여자를 모집하였다. 다음으로 누구를 모집할 것인지 그리고 무엇을 질문할 것인지에 대한 결정은 분석의 진전에 대응해 이루어졌다.

차마즈(2014)는 일단 여러분의 범주가 발전하여 이러한 범주를 여러분이 확인하고, 명확하게 하고, 확장할 수 있게 되어야 이론적 표집이 가치가 있다고 주장한다. 이와 반대로 우리는 개념들이 분석의 가장 초기단계에서부터 형성되기 시작하므로 이론적 표집이 처음 면담이나 처음 자료수집에서부터 시작되어야 한다고 생각한다. 여러분은 더 광범위하고 더 다양한 자료원천과 자료유형을 찾아볼 수 있고, 또는 특정이슈를 찾으려 할 수 있다. 여러분은 발전할 수도 있고 그렇지 않을 수도 있는 특정한 방향으로 따라가야 할 필요성을 발견할 수도 있다. 여러분이 연구를 진행하면서, 여러분도 이론적 표집의 활용에 대한 반응으로 그렇게 느낄 것이다.

여러분이 최종이론을 발표할 때까지, 범주 간 또는 범주 내에서 파악된 갭을 이론적 민감성이 해소할 것이다(Corbin and Strauss, 2008). 톰슨, 페티, 무어(Thomson, Petty and Moore, 2013)는 '접골요법에서의 의사결정하기 이에 대한 이론적 접근에서 이론적 표집을 이런 식으로 사용하였다. 이 연구는 후기 단계의 이론발전을 촉진하기 위해 이론적 표집을 사용하여 기존 참여자에 대한 재면담, 새로운 참여자의 충원을 하였다. 그림 5.1은 이론적 표집 과정을 보여준다.

가장 순수한 형태로 이론적 표집을 적용하면, 단일 자료를 생성, 수집, 분석하는 모습을 보게 될 것이다. 그러나 현실적으로 항상 가능하지는 않다. 지리적 제한, 가능한 참여자 수, 그리고 다른 부차적인 문제들이 자료생성이나 수집 그리고 간헐적으로 수행되는 분석을 제한하게 될 것이다. 예를 들어 개인면담과 현장관찰을 포함하여 석유장비설치 분야에서 일하는 기술자에 대한 연구를 하려는 연구자를 생각해보자. 교통수단이나 숙박과 관련된 문제들이나 어려운 연구환경은 면담이나 자료 분석을 위한 기회를 감소시킬 것이다. 이와 같은 독특한 상황에서도 이론적 표집은 아직도 적용할 수 있다. 면담녹음을 완전히 녹취하는 것은 연구과정에서는 비실용적이지만, 면담녹음과 필드노트를 훑어서 예비적으로 분석하는 것은 가능하며 짧은 시간에 수행할 수 있다면 더 효과적일 것이다. 자료생성과 수집 사이에 충분한 시간을 할애하여 자료의 의미를 음미하라. 자료가 여러분의 분석적인 발전과 어떻게 관련되는가? 자료가 여러분의 진화하는 이론을 확인하고, 비판하고, 명확히 하거나 또는 확대하는가? 이제 자료가 어느 방향으로 가라고 하나?

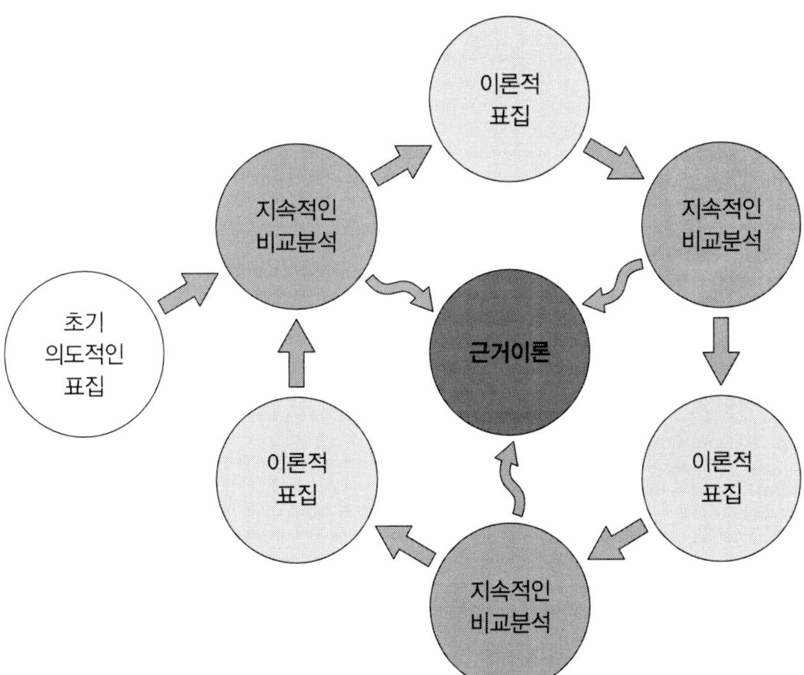

그림 5.1 이론적 표집

때로는 비록 신중한 계획과 근거이론연구의 원리를 잘 준수하더라도, 여러분이 통제하기 어려운 상황들이 나타난다. 올림픽 선수들의 심리적 복원력(resilience)에 대한 연구에서 플레처와 사카(Fletcher and Sarkar, 2012)는 면담 사이의 자료분석에서 잠재적인 어려움을 알게 되었고, 따라서 예비분석의 수단으로 녹음을 들어보려는 계획을 세웠다. 더 세밀한 분석은 기회가 생길 때 수행하였다. 자료의 원천에 대한 접근성이 결여되면 이 자료를 위한 이론적 표집도 어려울 수 있다. 드러커, 마트솔프, 로스, 그리고 러스크(Draucker, Martsolf, Ross and Rusk, 2007)는 성폭행에 대한 반응을 연구할 때 가능한 참여자들로부터 예기치 않게 너무 많은 전화가 왔다. 성폭행의 희생자들이 자기를 노출하여 연구에 참여하기가 얼마나 어려운지를 알고 있었기 때문에, 연구자들은 전화를 해온 사람들에게 바로바로 상담을 제공하기 위하여 원래 계획된 이론적 표집을 재조정하여야 했다.

코빈과 스트라우스(2008)가 때로는 사용가능한 자료가 제한되어 이를 가지고 연구하는 것을 받아들여야 한다고 제안하였지만, 여러분은 이론적 표집의 원리를 관철하기 위해 모든 노력을 다 하여야 하며, 자료분석에 의해 생성된 방향을 따라야 한다. 이런 것이 불가능하면, 여러분의 출판물에서 여러분의 연구수행 중 나타난 제한점들과 이것이 여러분의 최종이론에 어떻게 영향을 주었는지를 알려야 한다. 분석하는 동안 제기된 질문에 답을 할 수 있는 자료소스와 유형에 대해 광범위하게 검토해봐야 한다. 또한 이론발전의 후반 단계에서 3차 코딩이 분석에서의 갭을 해소하는 데 어떻게 도움이 될 것인지도 고려해야 한다. 이에 대해서는 제7장에서 자세히 설명할 것이다.

활동 5.2 이론적 표집의 실천적 이슈들

여러분이 착수하고자 하는 근거이론연구나 또는 근거이론을 사용하여 조사할 수 있는 여러분에게 흥미있는 연구주제에 대해 생각해봐라.

- 여러분은 초기에 어떻게 자료원천에 접근할 것인가?
- 여러분은 어떤 문제들이 생길 것으로 예측하는가?
- 여러분은 연구에서 이론적 표집을 시도할 때 생기는 문제점들을 어떻게 극복하겠는가?

여러분은 근거이론이라고 주장하는 출판물들을 읽으면서 그 연구에서 사용한 이론적 표집의 증거를 찾기 위해 많은 노력을 기울일 것이다. 이론적 표집은 가장 간과하기 쉬운 핵심 방법의 하나이다. 자주 연구자들이 근거이론연구에서 이론적 표집이 지니는 중요성을 제대로 인식하지 못하고, 또는 근거이론이 아닌 다른 패러다임의 표집기법을 사용하는 경우가 있다. 순수하게 실천적인 이유에서 연구자가 이론적 표집을 사용하지 않을 수 있다. 여러분이 어떻게, 언제, 누구와 함께, 그리고 어떤 자료원천에서 자료를 수집하여야 하는지를 잘 파악하는 것이 단기적으로 중요하다. 그러나 먼저 자료를 생성하고 수집한 다음에, 그리고 이와 분리하여 자료를 분석하는 것은 근거이론의 원리에 맞지 않는다. 이러한 방식으로 이루어지는 여러분의 분석과 근거이론은 장기적으로는 문제에 시달릴 것이다.

이론적 표집을 활용하는 여러분의 능력에 자신감을 가져라. 핵심 근거이론방법을 먼저 숙지해라. 그리고 제2장에 포함된 지침을 사용하여 세부적인 연구계획을 세워라. 근거이론은 연구과정에 자기수정이 가능한 접근법이다. 만약 여러분이 핵심 근거이론방법을 정확하게 지속적으로 적용한다면, 자료수집이나 분석과정에서 나타난 실수들이 결국 사라질 것이다.

자료생성 또는 자료수집

앞장에서 우리는 근거이론연구와 관련하여 연구자의 입장에 대해 논의하였다. 연구자의 입장은 개념화에서부터 최종이론의 발표까지 전 연구과정에 영향을 미친다. 그러한 영향은 특히 연구자가 자료와 갖는 관계에서 가장 잘 드러난다. 연구문헌들을 읽으면서 여러분은 보통 자료수집에 대한 언급들에 주목할 것이다. 근거이론에서 자료획득과정과 관련하여 연구자가 자료수집과 생성에서 각각 다른 역할을 한다고 우리는 생각한다. 자료생성은 연구자가 분석을 위한 자료를 산출하기 위해 직접 자료원천(예: 참여자)에 개입하는 것을 포함한다. 반대로 자료수집과정에서는 연구자의 자료원천에 대한 개입은 매우 제한되어 있다. 이러한 차이가 자의적일 수도 있으나, 근거이론의 자료획득과 이 과정에서의 연구자의 역할을 논의할 때 이러한 관점이 유용하다(그림 5.2).

이 장의 나머지 부분에서 우리는 자료생성과 수집을 위한 전략과 기법을 논의할 것이다. 근거이론에서 사용된 자료수집 기법은 다른 연구방식에서 사용된 방법과 비슷하다. 그러나 이론발전에 목적을 두고 자료생성과 자료수집을 할 때에 반드시 고려해야 하는 몇몇 중요한 요소들이 있다. 다음 논의에서 우리는 자료수집과 관련하여 근거이론들 사이에도 차이가 있다는 점을 강조할 것이다. 우리는 이 책의 독자들이 연구방법에 대해 초보적인 사전지식을 가지고 있다고 가정하고 있다. 이어지는 논의에 필요한 기초지식을 향상시키고 싶다면, 일반적인 연구방법론 책을 추천하고자 한다(Flick, 2011).

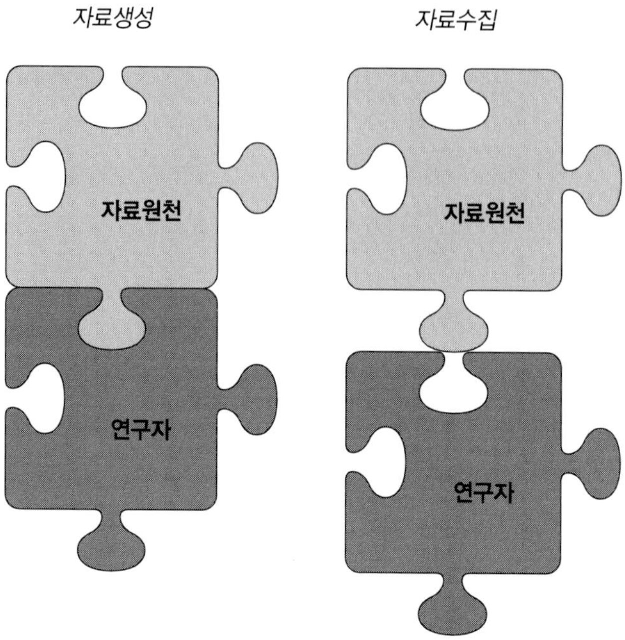

그림 5.2 자료생성 vs 자료수집

자료생성을 위한 전략

근거이론에서 자료를 생성하는 방법은 아래에서 설명한다. 이를 어떻게 분석할 것인가는 다음 장에서 설명한다. 연구자는 자료를 생성할 목적으로 참여자를 만난다. 면담을 하거나 포커스 그룹을 구성해서 논의를 하거나 또는 필드노트와 메모를 통해 직접 자료를 생성할 수 있다. 근거이론에서 이론적 표집의 역동성은 이러한 전략들의 능동적인 성격과 연결되어 있다. 그러므로 여러분은 대부분의 근거이론연구가 사용하는 자료생성방법을 하나 또는 여러 개를 잘 알고 있어야 한다.

면담

수많은 근거이론연구들이 자료생성을 위해 가장 먼저 면담에 의존하고 있다는 사실이 근거이론연구에서 면담의 가치를 증명하고 있다. 근거이론연구의 면담기법은 다른 해석적인 연구에서 사용되는 것들과 유사하다. 그러나 여러분이 이론생성에 목적을 두고 있다면, 특히 면담에 더욱 더 집중해야 한다. 여러분은 여러 목적으로 면담을 많이 해봤을 수 있다. 건강의료전문인들은 환자들의 건강사정이나 상담을 위해 면담을 하고, 시장조사 연구자는 소비자를 면담하며, 다양한 산업에서 간부들은 사람을 고용하거나 승진시키기 위해 면담을 한다. 여러분이 그런 목적을 달성하기 위해 숙달한 면담기술들이 참여자들과 친밀감(라포)를 형성하고 효과적으로 대화를 하는 데 도움이 되지만, 이런 기술들이 근거이론연구의 면담목적을 성취하는 데 효과적으로 기여할 것이라는 생각은 하지 말라.

근거이론연구의 다른 많은 측면에서와 같이, 과정의 출현적 성격은 여러분이 자료생성 전략으로 면담을 사용하는 데 유연성을 가져야 하도록 요구한다. 여러분이 참여자에게 무엇을 질문하는가, 어떻게 질문하는가는 여러 면담 사이에 또는 한 면담 내에서도 다양하게 나타날 수 있다. 참여자가 말하는 것에 잘 조응하고, 말하는 내용이 여러분의 이론발전에 어떠한 의미를 지니는지에 대해 이론적으로 민감해야 하고, 상황에 따라 면담을 어떻게 해야할지 순간순간 생각하면서 진행하는 것은 쉬운 일은 아니다. 신뢰할 수 있는 동료나 지도교수와 함께 여러분의 면담기법을 먼저 실험해보라. 피드백을 받아서 여러분의 연구목적에 맞게 면담기술이나 내용을 발전시켜라. 가장 중요한 것은 일단 자료생성을 위해 면담을 시작하면 수시로 무언가 잘못되는 점을 알게 될 것이라는 점이다. 면담경험과 메모의 성찰 등을 통해 실수로부터 배워라. 근거이론의 왕복적 성격으로 여러분이 면담자를 두세 번 방문하여 면담을 해야 하는 경우가 생길 것이다(Charmaz, 2014). 연구의 후반 난세에 전면에 부각되는 이슈들을 추적하려면 이런 일이 자주 생긴다. 이러한 이유로 여러분의 면담자로부터 추적면담에 대한 승인을 미리 받아두는 것이 좋다(예: 전화나 이메일 등). 초기면담에서 별다른 의미를 지니지 않은 것으로 보였던 내용이 뒤에 아주 중요한 것으로 떠오를 수 있다.

대부분의 경우 면담은 면대면으로 이루어진다. 그러나 여러 이유로 직접 만나서 면담을 수행할 수 없을 때도 있다. 영상통화나 영상회의를 통해 지리적으로 접근하기 어려운 곳에 있는 참여자와 면담을 할 수 있다. 전화나 이메일에서 영상통화까지 정보통신기술이 크게 발전하여, 더 명확하게 해야 하거나, 확대해야 하거나, 설명이 필요할 때는 보다 쉽게 면담자들을 접근할 수 있게 되었다.

루퍼와 러셀(Ruppar and Russell, 2009)은 신장이식환자의 투약처방준수에 대한 연구에서 다양한 지역에 거주하는 환자들을 전화로 면담하였다. 그러나 직접 만나서 면담을 하는 것이 아니라면, 일정한 함정이 있을 수 있다는 점을 명심해야 한다. 비언어적 행동이 지니는 단서를 놓칠 수 있고, 원거리에서 전화 등으로 면담을 하면 말을 잘못 해석할 수도 있다(Nagy et al., 2010). 근거이론에서는 참여자가 제시하는 방향에 의존하는 경우가 많은데, 이러한 단서를 직접 볼 수 없다는 것은 문제다. 따라서 원거리 면담에서는 언어 내용에 더욱 세심한 주의를 기울여야 한다.

면담을 아주 구조적으로 할 수도 있고 아주 개방적으로 할 수도 있다. 근거이론에서 면담은 연구자가 참여자와 함께 면담을 통해 동행할 수 있는 능력에 크게 의존한다. 면담이 너무 구조적이면 그 틀에 딱 맞추어 면담을 해야 하기 때문에(예: 엄격하게 구조화된 질문지를 사용하면 그 질문만 하고 다음 질문으로 넘어가기 때문에 질문과정에서 다양한 이야기를 하여 자료를 획득하는 것이 어려워진다-역주), 연구자가 면담을 최적의 루트로 유연하게 이끌어 가기가 어렵다. 면담이 덜 구조적이거나 개방적이면(예: 자유롭게 답할 수 있는 개방적인 질문지를 사용하면 몇 가지 이야기 주제들만 적어 놓고 자유스럽게 다양한 이야기를 하면서 면담을 이끌어 갈 수 있다. 연구자나 참여자나 주제에서 크게 벗어나지 않으면 자연스럽게 대화식으로 이야기를 이어갈 수 있다-역주) 어느 정도 자유스럽게 연구자가 면담을 이끌 수 있어 근거이론연구에는 더 좋다. 면담과정에서 연구자가 수동적으로 대응해야 한다는 의미는 아니다. 연구자는 면담을 하면서 이론발전에 필요한 자료를 생성할 목적으로 대화를 잘 이끌어가는 조정자로서 행동해야 한다(Corbin and Strauss, 2008; Gubrium and Holstein, 2001). 면담지침이나 요약서를 따라 면담을 할 수 있으나, 면담을 반복하면서 점차 면담능력이 제고될 것이다. 앞에서 언급한 플레처와 사카(Fletcher and Sarker, 2013)는 올림픽 선수들을 연구하면서 나타난 면담의 발전을 잘 보여주고 있다. 연구자들이 그랬던 것처럼, 분석을 통해 개념이 발전하면서 면담질문도 수정해야 할 필요가 생긴다는 것을 알게 될 것이다.

끝으로 여러분은 면담을 어떻게 기록할 것인가를 생각해야 한다. 보통 연구를 위한 면담은 녹음을 하며, 분석을 위해 녹취를 한다. 이러한 과정을 경험해 본 사람 누구나 여러분에게 이러한 작업이 엄청난 시간을 필요로 한다고 말할 것이다. 그러나 면담을 녹취하는 것은 여러분의 필드노트와 결합되어 풍부한 자료를 제공한다. 글레이저(1998, 장 하나를 모두 면담을 녹음하는 것의 문제점을 논의하는 데 사용하였다)는 근거이론연구에서 면담 녹음을 하는 것은 불필요하게 많은 피상적 자료를 쏟아내고, 초기에 범주를 설정하는 것을 방해하여, 녹음이 비효율적인 방법이라고 강하게 반대한다.

면담을 항시 녹음을 할 필요는 없다. 디버와 로빈슨(Dever and Robinson, 2002)은 사후 의사소통에 대한 흥미있는 조사를 하였는데, 면담녹음이 불가능한 몇몇 상황에 대하여 노트에 기록했다. 우리는 근거이론연구에서 가능하다면 면담을 녹음하라고 장려한다. 특히 초보연구자에게는 녹음을 하라고 권한다. 여러분이 코딩을 위한 녹취를 목적으로든 또는 나중에 참고자료로 사용하기 위해 녹취를 하든, 면담을 녹음하는 것은 또 하나의 가치있는 자료를 만드는 것이다. 녹음은 참여자가 사용한 단어 그대로 인용할 수 있게 해주며, 이는 여러분의 코딩을 방어하고 최종이론을 잘 드러내는 데 중요한 기여를 한다. 여러분의 기술적 발전이 녹음에 의해 방해받을 것이라는 글레이저(1998)의 주장과는 반대로, 연구가 진전되면서 여러분의 녹음에의 의존도 감소할 것이다.

녹음에 대한 대안은 영상녹화이다. 우리는 영상녹화를 너무 사용하는 것은 별로 근거이론에 도움이 되지 않는다고 생각한다. 영상녹화는 참여자의 반응이나 연구자의 행동에 너무 영향을 미칠 수 있기 때문에 장점뿐 아니라 단점도 크다. 그러나 어떤 경우에는 여러분의 면담을 영상으로 녹화하는 것이 도움이 될 수 있다. 홀(Hohl, 2009)은 방문객들이 재미있게 그려진 세계지도를 횡단하며 걷는 동안 국제라디오 방송을 들을 수 있게 한 상호작용 시설에서 참여자의 경험에 대한 흥미로운 연구를 수행하였다. 시설자체에 장치를 설치하여 면담은 자동으로 영상녹화되었는데, 참여자들이 독특하고 특별한 시설에서 소프트웨어를 경험하는 과정이 영상에서 잘 드러난다.

포커스그룹 수행

포커스그룹은 개인면담이 두세 명 이상으로 확장된 것으로 연구자가 모임을 이끌어 특정 주제에 대하여 토론을 하는 것이다. 포커스그룹은 근거이론에서 유용한 몇 가지 특별한 장점을 가지고 있다. 비슷한 흥미를 가진 대표집단을 구성하면, 서로 대화를 하면서 반응하고 질문하면서 대화를 촉진시키는 데 효과적이다. 다른 관점과 다양한 경험이 포커스 그룹을 통해 부각되기 때문에(Lambert and Loiselle, 2008), 포커스 그룹은 근거이론의 범주 발전에 중요한 기여를 한다. 이 부분에 대해서도 다음 장에서 논의할 것이다.

포커스그룹은 어떤 연구에서는 자료생성을 위한 유일한 도구가 되기도 한다. 노르드빅과 브로먼(Nordvik and Broman, 2009)이 수행한 연구는 포커스그룹을 활용한 흔치 않은 사례이다. 이 두 저자는 컴퓨터로 생성된 나무이미지에 대한 반응을 생성하기 위해 3개의 포커스그룹을 활용하였다. 포커스그룹도 개인적인 면담과 같은 방식으로 면담할 수 있다. 바넷(Barnett, 2012a)은 학생들의 정서장애를 파악하기 위한 연구에서 이러한 방식을 사용하였다.

포커스그룹은 후에 개인면담을 통해 더 자세하게 조사하기 전에 초기개념을 생성하기 위한 수단으로 사용될 수 있다. 힐, 핸톤, 플레밍, 매튜(Hill, Hanton, Fleming and Matthews, 2009)는 스트레스를 받는 상황에서 왜 스포츠수행능력이 약화되는가를 설명하기 위해 이 방식을 사용하였다. 여러분은 같은 참여자를 포커스그룹과 개인면담에 포함시키거나 또는 다른 참여자를 사용하거나 각각 혼합하는 방법을 선택할 수 있다. 목적과 참여자의 접근성에 따라 위의 연구자들은 이러한 다양한 방식을 혼용하였다.

포커스그룹을 사용할 때도 면담수행에 대한 일반적인 면담원리가 적용된다. 그러나 여러분은 포커스그룹 면담의 효용성과 관련된 몇 가지 이슈들을 알고 있어야만 한다. 그룹에서 어떤 참여자는 일대일 면담보다 더 편안하게 느끼겠지만 항상 그런 것은 아니다. 포커스그룹에서 뒤로 조금 물러나 있는 참여자가 이론발전에 중요한 가치있는 자료를 드러내지 않을 수도 있다. 그러나 대부분의 경우 포커스그룹에서 참여자들 간의 상호작용은 가치있는 자료를 생산한다. 이 상호작용은 어느 정도 연구자와 참여자 그룹 간에 형성된 친밀감에 달려있으며, 따라서 전화나 영상으로 포커스그룹 면담을 하는 것은 그 잠재적 가치가 제한적이다.

다시 언급하자면 포커스그룹 면담에 대한 과정에서 덜 구조적인 것이 더 좋다. 그러나 집단면담을 촉진하는 데 여러분의 능력이 더욱 중요하며, 특히 집단이 클수록 여러분은 토론의 초점을 유지하기가 어려워진다는 것을 발견할 수 있을 것이다. 면담과정에서 나타나는 이론적 방향을 따라가며 면담을 이끄는 여러분의 능력이 집단면담에서는 제대로 작동하기 어렵다. 포커스그룹에서는 대화가 더 치열해지는데, 이는 기록하는 것을 어렵게 만든다. 노트나 녹음이나 비디오 기록 등은 개인면담보다 더 많은 어려움 있다. 그러므로 초보 근거이론가는 연구에서 나타나는 이론적 표집을 따라 포커스그룹을 사용할 때 조심해야 한다. 여러분이 자료생성의 수단으로 포커스그룹을 포함시킨다면, 이러한 잠재적인 문제점을 미리 인식하고 이러한 문제들이 부정적 영향을 미치는 것을 최소화하는 계획을 세워야 한다.

필드노트와 메모하기

사회적이고 인간적인 요소가 어우러진 현상을 조사해야 하는 연구에, 근거이론연구가 가지고 있는 중요한 방법의 하나는 현장조사이다. 참여자에 대한 면담만 현장에서 진행되는 경우도 있지만, 대부분의 근거이론가들은 현장에서 조사를 수행할 것이다. 현장조사는 공식적인 면담 이외에도 관찰이나 비공식적 면담을 비롯해 폭넓은 자료생성활동을 포함한다. 코타베, 파렌테, 머레이(Kotabe, Parente and Murray, 2007)는 브라질의 자동차 생산을 탐구하는 복합적인 사례연구설계의 하나로 근거이론방법을 포함하였다. 이 연구는 이론을 구축하기 위해, 면담과 다른 자료들에 더하여, 현장 관찰 형태의 현장조사를 활용하였다.

현장에 들어간 연구자는 언제, 어디서, 어떻게 자료 수집할 기회가 나타날 것인지를 알기 어려울 것이다. 그러므로 현장 내에서 이론적 표집을 촉진하기 위해 자료분석을 동시에 수행하는 것이 필수적이다. 여러분의 관찰이 드러내는 것은 무엇인가? 같은 사람들이더라도 다른 시기에 의해 수행하는 행동에 미묘한 변화가 있는가? 규정집이나 기관의 문서는 역할과 책임에 대해 무엇을 드러내고 있나? 이러한 것들이 조직의 운영에서 매일 반영되고 있는가?

현장에서 이루어지는 관찰은 필드노트 형태로 기록된다. 현장에서 기록되는 노트는 사건, 활동, 행동과 이에 대한 반응이 일어날 때 바로 기록한 것이므로 아주 중요하다. 여러분이 하나의 방법을 사용하든 여러 개의 방법을 사용하든 근거이론에서 필드노트는 아주 중요하다. 면담을 한 후에도 바로 필드노트를 작성하여 면담 공간이나 환경에 대해 세세히 기록하여야 하며, 상호작용에 대한 연구자의 반응을 바로 기록하여야 하며, 녹취로는 알 수 없는 참여자의 비언어적 행동도 기록하여야 한다. 현장에서 관찰한 내용을 노트에 기록할 것이며, 연구현장에서 나눈 비공식적인 대화들도 기록하여야 한다. 여러분의 연구현장에서의 노출이 더욱 많아지면서 이전의 필드노트에 대한 필드노트도 쓰게 될 것이다. 여기에는 몇 가지 주의할 점들이 있다. (1) 현장조사에는 예측불가능한 측면들이 있다. (2) 획기적인 자료를 획득할 수 있는 기회가 뜻하지 않게 나타날 수 있다. (3) 여러분이 생성한 자료를 이론발전에 합법적으로 사용하기 위해서는 미리 기관의 윤리위원회나 심사위원회로부터 승인을 받아야 한다.

상자 5.3에서는 이본느 이브즈(Yvonne Eaves)가 자신의 근거이론연구에서 필드노트를 어떻게 사용하였는지를 설명하고 있다. 글쓰기에 감정적 부분이 어떻게 들어가 있으며, 그녀의 연구에서 성찰성이 어떻게 나타나는지를 주목해서 봐라.

상자 5.3 근거이론 들여다보기

필드노트 사용에 대한 이본느 이브즈의 사례

나의 경험으로는 면담을 하자마자 바로 필드노트를 기록해야 당시 상황을 자세하고 정확하게 기록할 수 있다. 나의 필드노트의 정확성에 영향을 미치는 4가지 요소를 파악할 수 있었다.

첫째, 24시간이 넘어서면 면담 과정에서 어떤 일이 일어났는지 기억하고 회상하는 것이 약화된다. 정서적인 것을 조사할 때, 나의 연구사례에서도 나타나듯이, 바로 기록하는 것이 어려울 수도 있다. 내 필드노트에 다음과 같은 기록이 있다.

> 나는 바로바로 필드노트를 작성하고자 하지만 대부분 잘 안된다. 몇 시간 전에 경험했던 냉엄한 현실을 떠나서, 나의 아파트, 즉 나의 세상으로 걸어서 돌아온 다음에는 앉아서 필드노트를 쓸 수 있게 된다. 이때서야 나의 경험이 당시 상황을 내 의식의 전면에 떠오르게 한다.

둘째, 먼 거리의 농촌지역으로 조사를 다녔기 때문에 하루에 두세 개의 면담이나 관찰을 할 수 있었다. 만약 이보다 많은 조사를 하게 되면 정보가 너무 많이 내 머리 속으로 들어와 면담이나 관찰의 세부사항들이 서로 엉키게 된다는 사실을 깨달았다.
셋째, 자료생성과 자료수집을 하루종일 하고서 집으로 돌아올 때, 또는 면담을 하기 위해 다른 곳으로 갈 때, 운전하면서 음성으로 녹음하여 필드노트를 만들고자 시도하였다. 이러한 작업은 바로 필드노트를 작성하는 것에는 도움이 되지만, 운전하며 녹음하는 상황에서 내가 개방적이고 성찰적으로 생각하는 것이 어렵다는 것을 알았다. 나는 의도하지는 않았지만 필드노트에 성찰적인 내용도 들어가는데 나에게는 펜으로 종이에 쓰는 것이 훨씬 이러한 성찰이 쉽게 이루어진다는 것을 알았다. 이런 성찰은 필드워크에서 받은 스트레스를 극복하는 데 도움을 주며, 연구참여자의 관점에서 세상을 '바라보는' 것을 가능하게 해준다.

넷째, 나는 초보적인 질적연구자로서 내가 바로 소화할 수 없는 충격적인 정보를 들었을 때 무의식적으로 어떻게 내 마음을 보호하기 위한 안전밸브를 작동시켜야 하는지를 알게 되었다. 나는 보통 뒤늦게 깨닫는다. 면담녹음을 녹취하면서 정확성을 확인할 때 이런 기제가 작동했다는 것을 깨닫게 된다. 이럴 때 나는 다시 당시의 필드노트로 돌아가 '추가 기록'으로 첨가한다.

제3장에서 우리는 근거이론과정에서 메모의 중요성을 논의하였다. 이어지는 장들에서 설명하겠지만, 가장 중요한 것은 메모가 여러 목적에 기여하지만, 그중에서도 여러분의 분석을 발전시키는 데 커다란 역할을 한다는 것이다. 메모는 여러분의 자료나 자료의 분석에 관련된 많은 통찰을 포함하고 있다. 여러분의 분석수준이 향상될수록, 앞의 메모 내용에 대한 메모가 계속 쌓이게 될 것이다. 이렇게 하여 개념수준이 더욱 향상되면, 메모에 쓰여진 앞의 통찰들도 그것 자체로 중요한 자료가 된다. 이 지점에서 제3장의 충고를 다시 하자면, 여러분의 메모는 원초적인 자료와 여러분의 분석적 추상화라는 자료를 명확하게 구분해야 한다(Glaser, 1978). 이런 이유로 필드노트와 메모를 분리하여 보존하는 것이 좋다. 여러분이 필드노트 안에서 이론화하기도 하지만, 이러한 방법은 추천하지 않는다. 왜냐하면, 한 문서에 다른 단계의 이론적 추상화의 자료가 포함되어 있으면 혼동이 나타날 수 있기 때문이다(Corbin and Strauss, 2008; Glaser, 1978; Montromery and Bailey, 2007).

자료수집의 기법

면담, 포커스그룹, 필드노트, 메모하기의 자료생성 이외에도, 근거이론가는 다른 원천에서 자료를 수집할 수 있다. 이미 존재하는 문헌이나 기타 자료들을 모으거나, 참여자가 자료를 제공할 수 있다. 이제부터는 이러한 문헌들이 자료로서 근거이론연구에서 어떠한 역할을 하는지 살펴보고자 한다. 여기에는 문헌뿐만 아니라 자료로서의 문서, 사회적 미디어, 수집된 자료, 비전통적인 자료원천도 포함된다. 우리는 이런 유형의 자료는 위에서 논의한 수단으로 생성된 자료와 함께 혼합하여 사용할 때 특히 가치가 있다고 생각한다. 근거이론에서 이론적 표집은 능동적인 과정이므로 능동적으로 다양한 자료에 접근하는 것이 좋다. 고정된 원천의 자료만 사용하는 것은 연구자가 자료수집에서 나타나는 방향을 따라 여러 가지 자료에 접근할 수 있는 기회를 제한하는 것이 된다.

문헌을 자료로서 사용하기

앞의 제2장에서 근거이론연구의 초기 단계의 문헌사용에 대해 논의하였다. 여기에서 우리는 코빈과 스트라우스(2008)가 학술적인 문헌이라고 분류한 것을 다루겠다. 여기에는 출판된 연구결과물이나, 이론적 또는 철학적 본질에 대한 학문적 담론이 포함된다. 많은 다른 유형의 연구에서도 학문적 문헌이 분석을 진전시키기 위한 이론적 틀을 제공하기 위해 사용되고 있다.

근거이론연구의 자료로서 학문적인 문헌은 다른 방식으로 사용된다. 근거이론에서는 이미 출판된 문헌과 이론은 존중되지 않는다. 이들은 자료로 간주되기 때문에 여러분의 이론발전에 적절한 모든 다른 자료처럼 자료로서 취급되어야만 한다(Glaser, 2008). 온라인 데이터베이스에서는 여러분이 컴퓨터 키를 눌러 순식간에 풍부한 양의 문헌을 얻을 수 있지만, 이들 자료는 정당한 자료로 받아들여지지 않는다. 여러분의 이론적 표집이 그렇게 하도록 지시할 때, 문헌을 고찰할 것이다. 여러분의 이어지는 문헌분석은 분석을 더 진전시키기 위해 필요한 다른 원천의 자료로 여러분을 유도할 것이다. 그러므로 연구가 진전되면서 문헌의 사용도 증가할 것이고(Dick, 2005), 종종 후반 단계에서 더욱 가치를 발할 것이다. 일례로, 툴레시우스(Thulesius et. al., 2013) 등은 이론의 핵심개념이 분명해진 다음에야 문헌을 사용하게 된다고 주장한다.

상자 5.4에서 스텔라 월쉬(Stella Walsh)는 연구가 진전됨에 따라 문헌이 어떻게 중요한 자료의 원천으로서 작동하는지를 설명하고 있다. 이론표집의 원리에 의해 참여자 면담과 문헌고찰 사이를 왕복하며 자료를 분석하는지를 주목하기 바란다.

상자 5.4 근거이론 들여다보기

문헌을 자료로 사용하는 방법-스텔라 월쉬의 관점

먼저 근거이론과 나의 관계를 밝히고자 한다. 초기부터 나는 근거이론접근을 아주 좋아하였고, 근거이론을 사용하지 않았더라면 내 프로젝트도 충분히 발전하지 못했을 것이고, 또한 자료의 풍부함도 제대로 밝혀지지 못했을 것이다. 근거이론은 유연성을 가지고 있어 연구과정에 많은 장점을 보여주었다.

나는 중노년 노동자층 여성을 조사하였고, 그들의 집에서 면담하여 식품을 어떻게 선택하는지 그리고 쇼핑패턴이 어떻게 나타나는지와 여기에 영향을 미치는 요소가 무엇인지를 분석하고자 하였다. 이들 중노년 여성들은 지역에서도 소외된 집단이고 연구에서도 소외된 집단이다. 영국에서는 해마다 식품 선택에 대하여 대규모로 양적 조사를 실시하나 질적자료는 별로 없다. 따라서 일상생활에서 식품선택이나 쇼핑패턴과 관련된 경험을 이해할 수 있는 질적자료가 없는 편이다.

근거이론접근은 유연성을 허용하며, 주제가 스스로 발전하여 드러나게 하는 접근으로, 미리 결정된 가설을 검증하는 다른 연구들과 다르다. 근거이론은 서로 다른 그렇지만 상보적인 관점을 한 연구에서 조합하여 사용할 수 있도록 허용하여 아주 유연하게 접근할 수 있는 연구도구임을 보여주고 있다. 나는 페미니스트 관점들을 역사적 접근과 결합하여 가정 내의 평범하게 그리고 일상적으로 나타나는 복합적이고 구체적인 자료를 생성하였다. 특히 여성의 목소리와 관점을 드러내도록 하였다. 초기부터 면담에서의 페미니스트 관점을 조사하여, 면담상황에서 사적이고 사회적인 정체성의 영향을 고려하는 것이 중요하다는 것을 밝혀냈다. 기존 근거이론 문헌에서는 다루어지지 않았던 영역이다. 그렇지만 내 연구에는 의미가 있고 중요한 부분이었다.

근거이론의 또 다른 장점은 기대하지 않았던 주제가 발전되고 포획된다는 것이다. 근거이론에서 문헌고찰과 관련된 논쟁이 있었다. 만약 차마즈가 취한 관점을, 즉 "단속적 문헌고찰"의 관점을 고려한다면, 말이 된다. 두 가지 예를 들어보자. 내 연구에서 구술사 방법론과 가십의 역할을 이해할 필요가 있다. 이 두 분야는 연구과정에서 내가 문헌을 탐색함으로써 더 좋은 자료로 발전할 수 있었다.

초기 면담에서 주부들은 면담을 시작하자마자 바로 자신의 과거에 대해 성찰하며 이야기하였다. 과거의 회상이 가장 중요한 주제였고, 나는 이전까지는 내가 몰랐던 역사적, 구술사적 방법론들을 먼저 이해하여야만 했다. 나는 구술사를 수집할 생각이 원래 없었다. 하지만 여성들이 자신의 인생을 그리고 과거의 구체적인 삶을 묘사하는 방식으로 면담이 지속되어 구술사적 방법론을 검토해야만 했다.

면담을 통해 중노년 여성들에게는 가십이 중요하다는 점이 계속 나타났다. 80살의 여성이 가십에 영향을 받는다는 것에 내가 놀랐지만, 실제로 그랬다. 가십이라는 주제가 부상하여 이 주제와 관련된 문헌을 검토해야 했다. 다른 방법론들은 문헌을 이러한 방식으로 고찰하도록 하는 이러한 유연성을 가지고 있지 않다. 이러한 방식으로 자료를 흡수하고 이해하는 것을 허용하지 않는다. 근거이론은 이런 방식으로 연구를 강화하여 중노년 노동계층 여성들이 가족을 위한 식품선택을 어떤 맥락에서 하는지를 더 잘 이해하게 해주었다.

문헌을 자료의 원천으로 사용하는 정도는 여러분의 연구성격에 따라 다르게 나타난다. 이(Lee, 2009)는 한국계 미국인 소녀들의 낭만적 사랑에 대한 연구에서 관련 문헌을 사용하여 면담자료에서 부상하는 주제를 명확하게 하였다. 이러한 접근은 지속적인 비교분석을 위한 과정의 하나로 이루어졌다. 올슨, 댁스, 델레볼드, 로저스(Olson, Daggs, Ellevold and Rogers, 2007)의 소아성애자의 소통과정에 대한 연구는 전적으로 문헌을 자료로 하여 이루어졌다. 이 연구에서 문헌을 유일한 자료의 원천으로 사용하는 것은 연구주제가 아주 민감한 주제임을 고려하면 적절한 것으로 판단된다. 이들 연구자에 의한 근거이론방법의 적절한 사용은 약한 아이들을 유인하는 어른 포식자들의 소통전략을 설명하는 이론의 생성을 가능하게 해주었다.

활동 5.3 근거이론에서의 자료인 문헌

근거이론연구라고 설명된 논문들을 수집해봐라. 제2장의 활동에서 사용된 논문을 사용하여도 된다. 이 중 얼마나 되는 논문들이 문헌을 자료로 사용하고 논하고 있는가? 문헌이 이론적으로 표집되었거나, 또는 의미 없이 사용되었다는 증거가 있는가? 근거이론에서의 문헌사용과 여러분이 익숙한 다른 연구에서의 문헌사용을 비교해봐라. 어떤 차이점이 가장 두드러지게 나타나는가? 이러한 차이는 다양한 방법론들의 철학적 기초와 어떻게 관련되어 있는가?

문서에의 접근

근거이론연구에서 출판되거나 또는 출판되지 않은 다양한 종류의 문서가 자료원천으로 사용될 수 있다. 다음과 같은 것들을 포함한다.

- 신문, 잡지, 다른 미디어 출판물
- 정부 보고서
- 기관의 규정집과 다양한 매뉴얼
- 개인 일기, 일지, 일일접촉목록, 편지
- 자서전, 논픽션 책이나 소설

이러한 자료들을 어떻게 찾는가는 여러분이 찾고자 하는 문서의 유형에 따라 다양하다. 최근 도서관의 소장 기록과 온라인 데이터베이스가 구축되면서 문서를 찾기가 훨씬 쉬어졌다. 이전에는 문서를 찾기가 어려웠다. 어떤 경우에는 특수한 기록보관소를 통해 필요한 자료를 찾아내야 했다. 앞에서 언급한 바넷(Barnett, 2012a)의 연구는 정서장애에 대한 연구에서 이러한 방법을 사용하였다. 이 연구에서는 포커스그룹, 면담, 관찰과 더불어 건강사정보고서, 사례회의기록, 기타 기록들을 분석하였다.

여러분 연구의 초점과 목적에 따라, 문서는 아주 가치있는 자료가 될 수 있다. 다른 유형의 자료들처럼, 진전되는 분석이 그러한 방향으로 요구할 때만 위에 언급한 종류들의 문서를 자료로서 사용할 수 있다. 접근하기 어려운 자료유형이 요구될 수도 있다. 개인이 사적으로 소장한 일기나 역사문서들이 그러한 예이다. 이러한 자료는 획득하기가 아주 어렵지만, 여러분의 연구에 매우 중요할 수 있다. 각 자료의 잠재력을 잘 이해하고, 여러분의 분석이 요구할 때 거기에 맞추어 관련 자료를 찾아야 한다.

사회미디어의 사용

인터넷은 이제 대부분의 사회에서 삶의 필수적인 부분이다. 이제 젊은층을 벗어나서 전 연령층이 사회미디어를 사용한다. 수많은 인터넷 사이트, 블로그, 포럼, 트위터 같은 마이크로블로그(microblogging tools)가 존재하며, 다양한 내용의 사이트나 동영상 공유 사이트들이 존재한다. 많은 사이트들이 근거이론연구에서 사용할 수 있는 가치있는 자료들을 포함하고 있다. 앞에 언급한 툴레시우스 등(2013)의 죽음의 통제에 대한 연구에서 인터넷 기반의 안락사 포럼에 접근하였다. 이러한 사이트의 내용은 다른 문자 자료처럼 다루어져야 하지만, 동시에 여러분은 윤리의 문제가 있을 수 있다는 점을 명심해야 한다. 내용이 워낙 민감한 것들이어서 어떤 사람은 익명으로 남고 싶거나 자료를 공개하고 싶어 하지 않는 경우가 있다.

정보통신기술은 여러분이 의존할 수 있는 풍부한 자료를 제공한다. 연구과정에 따라 얼마나 어떻게 필요한지는 달라질 수 있다. 이러한 자료가 여러분의 연구에 지니는 잠재력을 잘 알고 있어야 한다. 동시에 그 한계도 알고 있어야 한다. 온라인에 올려진 정보는 항시 신뢰할 수 있는 것은 아니다. 여러분의 연구에 적합하지 않은 경우도 많다. 사회미디어가 제공하는 정보를 사용할 때 매우 신중하여야 한다. 하지만 여러분의 연구에 충분히 기여할 만한 잠재력도 가지고 있다는 점을 명심하자.

자료를 이끌어내기

차마즈(2014)는 이끌어낸 문서를 연구자의 요청으로 참여자가 생산한 것이라고 정의하였다. 많이 사용하는 질문지나 설문조사와 같은 자료나 일기, 리스트기록, 개인사처럼 덜 알려진 자료를 포함한다. 차마즈는 이러한 자료를 이미 존재하는 문서나 문헌과 같은 기존자료와 구분하였다. 자료를 이끌어내기 위해서는 연구자가 자료가 생산되도록 만들지만, 연구자의 개입을 최소화하여야 하고 생산된 자료 그대로 사용하여야 한다.

자료를 이끌어낼 때, 연구자는 질문지로 질문을 하며, 일기나 접촉목록을 완성하도록 교육을 시킨다. 그러나 자료의 구성에 영향을 미쳐서는 안된다(Charmaz, 2014). 예를 들어, 로쉬(Losch, 2006)가 인터넷 역경매에서 관계와 행동을 이해하기 위해 자료를 수집할 때 익명의 질문지를 사용하였다. 오직 이끌어낸 문서에 의존하였기 때문에 그 결과로 나타난 이론의 질을 신뢰할 수 있는지에 대한 의문이 제기될 것이다. 이 연구의 추가적인 목적은 정보체계영역의 이론 생성에서 양적방법을 어떻게 사용하는지 제시하는 것이었다.

다른 수단에 의해 생성된 자료와 연계되어, 참여자로부터 이끌어낸 자료들은 근거이론 연구에 도움이 된다. 광범위한 심층인터뷰에서도 참여자와 관련된 참여자가 걱정하는 이슈들을 시간 때문에 다 점검하지 못하는 경우가 많다. 공식적인 면담 앞뒤에 이러한 문제들을 성찰하는 능력은 더 많은 자료를 생성하게 한다. 앞에 언급한 이(Lee, 2009)의 연구에서 면담 중에 또는 면담시간 외에 그림을 그리거나 노트를 했는데, 이들 자료는 보충자료로서 분석과정에 도움이 되었다.

인터넷에의 접근이 증가하면서 온라인 질문지, 설문조사, 일기를 통한 자료 이끌어내기가 인기있는 선택지의 하나가 되었다. 위에 언급한 로쉬(Losch, 2006)의 연구가 그러한 예이다. 만약 참여자가 컴퓨터에 익숙하고 편안해 한다면, 이런 옵션도 적절한 접근방법이다. 하지만 인터넷에서 비동시적이고 정적인 방식으로 자료를 수집한다면 종이로 그렇게 자료를 수집할 때 나타나는 문제점들이 똑같이 나타난다. 참여자의 코멘트에 대한 후속조치가 미약한 경우 그러한 문제점이 나타난다.

비전통적 자료의 원천들

근거이론에 적합하지만 덜 사용되는 것은 영상매체(영화, 사진과 같은), 예술품, 음악, 유물(개인이나 집단이 의미를 부여하는 물건들) 등을 포함한다. 자료의 이러한 원천은 전통적으로 민족지와 같은 방법론에 연결되어 있다. 연구하는 현장에서 직접 수집하거나 다른 곳에서 수집한 것들이다. 코넥키(Konecki, 2011)와 리벤버그, 디드코우스키, 운가르(Liebenberg, Didkowsky and Ungar, 2012)는 근거이론연구자들에게 상자 밖에서 생각해보라고 하면서, 비전통적 자료유형의 다양한 잠재적 가치를 탐구하였다.

디지털 형태로 비전통적 자료원천을 생성하고 저장하고 확산시키는 능력은 그런 자료를 모든 형태의 연구에서 더 쉽게 접근하여 사용할 수 있게 만들었다(Knoblauch et al., 2008). 여러분의 연구가 여러분을 이러한 자료를 사용하도록 이끄는지는 여러분 연구의 구체적인 목적과 연결되어 있다. 비전통적 유형의 자료를 쉽게 유입하고 처리할 수 있는 자료관리 소프트웨어가 존재하지만, 분석을 촉진하기 위해서 이들 자료는 점차 문자 형태로 번역되어야 한다는 점을 인식하고 있어야 한다. 이러한 상황이 생기는 단계는 여러분이 수집한 자료의 성격 그리고 여러분 연구에서의 위치와 관련되어 있다.

근거이론연구에서 2차적 자료원천

세계적으로 연구목적을 위해 생성하고 수집한 자료의 양은 거대하다. 수집된 자료가 거대하지만 목적에 맞게 사용되는 자료는 극히 일부분이다. 갈수록 연구자들이 사용하고자 하는 자료는 과거에 연구자 자신이나 다른 연구자들이 다른 목적으로 수집한 것들이다. 근거이론에서 2차 자료원천을 사용하자는 주장은 글레이저와 스트라우스(1967)로부터 나왔다. 이들은 양적자료를 2차 자료로 사용하자고 했는데 이러한 입장은 글레이저(2008)도 유지하고 있다. 2차 분석을 위한 자료수집은 양적자료에 제한되지 않는다. 왜냐하면 이전에 질적연구를 위해 생성된 자료는 2차 분석의 대상이 될 수 있기 때문이다. 이전 연구를 위해 축적된 자료를 사용하는 이점은 다양하다. 시간, 돈, 다른 자원들이 절약되며, 분석의 중요단계에 더 잘 집중할 수 있게 된다(Glaser, 2008; Goulding, 002).

보스로프(Boslaugh, 2007)는 누가 자료를 수집하는가와 누가 자료를 분석하는가에 의존하여 1차 자료와 2차 자료를 구분하였다. 그녀는 자료를 수집한 사람이 분석하면 1차 자료이고 수집한 사람이 아닌 사람이 분석하면 2차 자료라고 규정했다. 근거이론과정은 상당히 독특하며, 이론생성을 목적으로 수행된다. 우리는 과거에 현재의 연구와 상관없이 수집된 자료를 근거이론에서의 2차 자료라고 규정한다. 2차 자료를 이렇게 규정하면 근거이론에서 2차 자료를 사용하는 것은 불리하다는 점이 부각된다. 자료와 관련하여 연구자의 입장을 앞장에서 논의한 내용을 생각해봐라. 타인이 수집한 자료를 다룬다는 것은 여러분이 자료생성과 수집과정에서 없었다는 뜻이다. 초기 연구자의 목적과 철학적 관점이 그들이 수집한 자료의 성격이나 자료의 생성과 수집에 어떻게 접근하는가에 영향을 미쳤을 것이다. 여러분의 철학적 입장과 이의 여러분의 연구와의 관계는 분명히 다를 것이다. 이러한 점은 여러분이 자료를 해석하는 데 영향을 미친다. 여러분이 이전의 연구를 위해 직접 수집한 자료를 다시 사용하기로 한 경우에도, 그 당시의 목적과 관점이 지금의 것과 다를 가능성이 있다. 따라서 현재의 연구에 과거의 자료를 사용한다면 그 영향을 검토해야 한다.

2차 자료를 사용하는 데 직면하는 가장 큰 장애는 이들 자료가 이론적 표집을 할 때 내재적인 한계가 있다는 것이다. 자료에서 분명하게 드러나는 개념으로 작업하는 것이 불가능하지 않는 것처럼(Corbin and Strauss, 2008), 이미 수집된 자료 속에서 이론적으로 표집하는 것이 불가능하지는 않지만, 진정한 이론표집에 필요한 유연성은 존재하지 않는다. 분석과정에서 현재 연구목적과 관련한 질문들이 부상하지만 이에 대한 대답을 찾기가 어려워진다. 어디로 가야하는지의 방향은 드러나겠지만, 사용가능한 2차 자료의 한계점 때문에 이를 추구하려는 시도는 김이 빠져버릴 것이다. 통합된 이론을 생성하려는 시도가 이론적 구축에 내재하는 약점 때문에 불발이 될 것이다.

이러한 문제를 지적하는 우리의 목적은 2차 자료를 사용하지 못하게 하려는 것이 아니다. 오히려 여러분이 잠재적 함정을 인식하고 있어야 한다는 점을 알려주기 위해서이다. 이러한 함정만 없다면 아주 가치있는 작업이 될 것이다. 이미 수집된 자료를 사용하는 것도 이미 앞에서 제시한 여러 가지 이유로, 근거이론연구에서 가치가 있다. 가장 중요한 것은 이전 연구자의 작업 또는 여러분의 이전 작업이 망각될 수도 있었지만 여러분의 연구에 유용하게 사용되는 것이다(Glaser, 2008). 여러분이 2차 자료를 사용할 때 핵심 근거이론 방법을 제대로 적용하면 잠재적 불이익을 최소화시킬 수 있다. 시작하기 전에 해당 자료가 여러분의 연구에 적절한지 확인하라. 여러분의 가장 중요한 목적은 이론생성이라는 점을 기억하라. 가능하면 자료와 함께 그리고 자료를 능가하여 이론을 생성하라. 필요하면 현장에 가서 추가로 자료를 수집하거나, 여러분의 이론에서 갭이 나타나는 것을 받아들일 준비를 하라(Corbin and Strauss, 2008).

2차 자료 분석이 여러분의 근거이론연구에 적절한가? 여러분은 이미 근거이론분석에 사용하고 싶은 자료에 부닥친 경험이 있을 것이다. 2차 자료를 사용하면 분석 시간과 비용이 크게 절약되기 때문에 제한된 2차 자료로 작업한 적이 있을 수도 있다. 만약 이것이 사실이라면, 이런 방식으로 사용하는 자료는 어디에서 확보했는가? 보스로프(2007)는 여러분의 전공에 적합한 온라인 데이터베이스나 데이터뱅크를 검색하거나, 통계자료를 제공하는 웹사이트(예: 정부의 센서스나 서베이 자료들)를 검토하거나, 다른 연구자들을 접촉하여 찾아낼 수 있다고 설명한다. 여러분이 2차 자료를 어떤 수단으로 찾았던지 간에, 그 자료를 여러분 연구에 사용하기 위해서는 그 자료를 생성한 연구자나 연관된 기관으로부터 허락을 받아야한다.

어느 정도나 자료가 있어야 충분한가?

대학원생들이 자주 제기하는 질문은 “어느 정도나 자료가 있어야 충분한가?”이다. 앞장에서 우리는 근거이론연구 시작단계에서 심한 비판에도 견딜 수 있는 탄탄한 이론을 구축하기 위해(이러한 측면은 9장에서 논할 것이다) 얼마나 면담, 문서, 관찰 등이 필요한가를 결정하는 것이 불가능하다고 말했다. 이론이 자료에 근거하기 위해서는 미리 어떻게, 무엇을, 어디에서, 언제, 누가, 왜 자료생성과 자료수집이 필요한지를 결정하는 것은 불가능하다. 자료에 근거하기 위해서는 자료로 작업을 해봐야 알 수 있다. 일부 기관들은 근거이론연구의 성격을 모르기 때문에 양적으로나 질적으로나 필요한 자료들을 바로 제시할 것을 요구한다. 모트람(Mottram, 2011)은 낮수술에 대한 환자의 경험에 대한 연구에서 그녀의 윤리심사위원회는 적어도 50명의 환자로부터 자료를 수집할 것을 요구받았다. 이 연구자는 이어지는 연구에서 그보다 2배나 많은 사람들을 면담하여 근거이론을 생산해냈지만, 사전에 몇 명을 면담하라고 요구하는 것은 근거이론연구의 철학에 위배되는 것이다. 차마즈(2014)는 적절한 근거이론이 아주 적은 자료로부터도 생산될 수 있다고 말한다. 그러나 더 많은 자료는 더 나은 결과를 낳을 수 있다. 우리는 자료의 양이 연구목적과 연구가 목표로 하는 분석수준에 의해 결정된다는 차마즈의 주장에 동의하지 않는다. 근거이론에서 연구목적은 항시 자료에 근거하는 질 높은 이론을 생산하는 데 있다. 하지만 면담을 통해 생성되는 이상의 자료를 사용하는 것이, 이 장에서 논의한 바와 같이 근거이론연구를 더 견고하게 해준다는 그녀의 평가에는 동의한다.

결론

자료에 근거한 이론을 생성하는 연구를 한다는 것은 자료와 자료를 생성하고 수집하는 기제에 높은 가치를 부여한다는 뜻이다. 전 연구과정을 통해 이론적 표집의 원리를 적용하면, 획득한 자료가 논리적인 분석과정을 거쳐 근거이론의 구축에 기여하게 된다. 이 장은 자료생성과 자료수집에 대한 다양한 기법을 기술하였다. 이 기법은 단독으로 또는 여러 개가 결합하여, 분석의 진전이 지시하는 대로, 사용될 수 있다. 이어지는 장들에서 우리는 질 높은 근거이론을 생산하는 데 사용되는 분석기법들을 탐색할 것이다.

비판적 사고를 위한 질문

1. 연구에서 자료의 이용에 대해 전반적으로 어떻게 이해하고 있는지 성찰해봐라. 여러분 자료의 역할에 대한 생각이 이 장을 읽고 배우면서 바뀐 부분이 있는가?
2. 이론적 표집에 대한 개념을 검토해봐라. 이론적 표집 원리를 적용하지 않아도 이론이 효과적으로 구축될 수 있다고 믿는가?
3. 자료생성과 자료수집의 차이를 생각해봐라. 이러한 구분이 연구자인 여러분의 입장과 타협가능한 것인가? 여러분과 자료와의 관계를 공감한다는 것이 여러분의 연구활동과 관련하여 어떤 함의를 갖고 있는가?

근거이론연습

APPENDIX A에 제시된 '근거이론연습–사례'를 가지고 다음을 생각해봐라.

- 질적자료의 생성을 촉진하기 위해 이 연구자가 채택한 전략
- 이 사례에서 사용하는 자료의 유형과 원천
- 이론적 표집을 하면서 이 연구자가 직면한 이슈

CHAPTER 06

근거이론 자료분석

Data analysis in grounded theory

학습목표

1. 근거이론연구에서 개념, 코딩 그리고 범주의 차이를 설명할 수 있다.
2. 자료의 지속적인 비교분석의 과정을 설명할 수 있다.
3. 1차(initial), 2차(intermediate) 그리고 3차(advanced) 코딩을 구분할 수 있다.
4. 범주발전과 관련된 속성과 차원에 대한 개념들을 논의할 수 있다.
5. 분석과정에 도움이 되는 전략과 도구를 찾아낼 수 있다.
6. 근거이론연구에서 사용되는 분석과정의 순서를 정리할 수 있다.

서론

앞에서 우리는 근거이론의 발전에서 질적자료의 중요성을 논의하였다. 우리는 이제 자료분석과 관련하여 핵심 근거이론방법을 논의하고자 한다. 이 장에서 우리는 코딩과 범주화 작업을 포함하는 개념발전과정을 설명할 것이다. 최종이론이 근거이론이 되려면, 동시에 행해지는 자료수집 또는 생성 그리고 분석이 중요하다는 점을 이 장 처음부터 끝까지 강조할 것이다. 분석과정을 개선하는 전략과 도구가 검토되고 토론될 것이다. 이 장은 여러분에게 1차와 2차 자료분석을 위한 중요한 방향들을 알려줄 것이다. 이를 통해 다음 장에서 논의되는 이론발전의 최종단계로 진전하기 위해 필요한 지식을 갖추도록 여러분을 도와줄 것이다.

용어 이해

근거이론연구에서 가장 혼동스럽고 골치 아픈 문제는 분석과 관련된 용어들을 먼저 이해해야 한다는 점이다. 이런 주제로 쓴 많은 책과 논문들은 이 문제를 극복하는 데 도움을 주지 못하는 경우가 많다. 오히려 이런 책이나 논문들이 초보연구자들의 혼란을 가중시키는 경우가 많다. 다음 논의들은 근거이론분석과 관련된 기본 용어들을 이해하는 데 도움을 준다. 이어서 이론적 방법들에 대한 설명으로 이어질 것이다.

개념들

근거이론 자료분석에는 두 개의 규칙이 있다. 첫 번째 규칙은 모든 것은 개념이라는 것이다. 모든 것이 자료(Glaser, 1978)라고 말한 격언과 아주 유사하다. 홀로웨이(2008: 43)는 개념을 말, 수준 또는 상징에 의미가 배어 있는 서술적이고 설명적인 아이디어라고 정의한다. 개념들이 근거이론에서 어떻게 다르게 작동하는가는 개념들이 분석과정과 정교화 수준에서 어떻게 기능하는가와 연관되어 있다. 정교화와 분석과정은 서로 연결되어 있다. 둘째 규칙은 자료분석이 초기 연구설계(제2장 참조)에서 계획된 연구의 질문, 목적, 분석단위를 따라 진전되어야 한다는 것이다. 초점을 유지하고 분석의 깊이와 통합을 이룩하기 위해서는 실제적인 연구영역이 일관성을 가지고 유지되어야 한다. 질적연구를 포함하는 모든 연구에서는 분석을 위한 자료생성이 불가피하게 많아질 수밖에 없다. 근거이론과정의 귀납적 속성 때문에, 연구 도중에 산만해지기 쉽고 때로는 연구질문을 벗어나는 경우도 많다. 그렇게 되면 여러분의 연구속도가 느려지게 되고, 여러분이 자료에 의해 압도되고, 자료로부터 이론을 발전시키는 데 무능력하다고 느끼는 상태, 즉 클라크(2005)가 분석마비라고 언급한 위기가 나타날 가능성이 높아진다.

궁극적으로 근거이론분석은 범주를 통한 작업이다. 여러 근거이론가들이 사용하는 용어 때문에 혼란스러울 수 있다. 이들이 사용하는 '개념', '코드' 그리고 '범주'라는 용어들은 결국 같거나 유사한 것이라는 것을 알게 될 것이다. 근거이론은 이론적 추상화를 위한 방법에서 글레이저(1978, 1992), 스트라우스(1987), 스트라우스와 코빈(1990, 1998)에 의해 다른 방향으로 나누어지기 시작했다. 여러분의 이해를 돕기 위해, 이들이 자료분석의 단계마다 어떻게 다른 개념들을 사용하는지를 표 6.1로 정리하였다. 중요한 책들이 근거이론분석 방법들을 설명하기 위해 채택한 가장 중요한 개념들을 제시하였다.

여러분이 어떠한 선택을 하든, 핵심 근거이론방법을 활용하게 되면, 여러분의 분석은 분석이 진행됨에 따라 처음에는 낮은 수준에서 점차 더 높은 수준으로 발전해가는, 개념의 발전으로 나타난다. 모든 스트라우스와 코빈의 근거이론에 대한 책(Corbin and Strauss, 2008; Strauss, 1987; Strauss and Corbin, 1990, 1998)에서는 개념적 순서가 똑같은 순서로 나타나 이를 따라 연구하도록 되어 있으며, 따라서 그림 6.1에서 보여주는 바와 같이 자료분석을 위한 핵심 근거이론방법의 순서를 바로 알 수 있도록 해준다. 앞장에서도 보였듯이, 이 그림의 바퀴에 각 핵심 근거이론방법이 생성하는 개념적 결과를 설명하기 위

표 6.1 개념적 용어 지도

	개념				
	코드	범주	속성과 차원	핵심범주	이론적 추상화의 방법
글레이저와 스트라우스(1967)	사건의 코딩	범주	속성	체계적인 실제적 이론	공통된 사회학적 관점
글레이저(1978)	핵심변수가 파악되면 사건에 대한 선택적 코딩으로 이동하는 개방 코드	상호전환될 수 있는 개념과 범주	속성과 유형	기본적인 사회과정을 설명하는 핵심변수	이론적 코드
스트라우스(1987)	코딩패러다임: 조건, 상호작용 전략, 전술, 결과. 개방, 축, 선택적 코딩	범주	속성과 차원	핵심범주	
스트라우스, 코빈(1990)	코딩패러다임: 원인, 맥락, 행동/상호작용, 결과. 개방, 축, 선택적 코딩	범주와 하위범주	속성과 차원	핵심범주가 중심현상	이야기흐름, 조건적 행렬
스트라우스, 코빈(1998)	코딩패러다임: 상태, 행동/상호작용, 결과. 개방, 축, 선택적 코딩	범주와 하위범주	속성, 영역, 과정에 대한 코딩	핵심범주	스토리라인 조건적/결과적 매트릭스
클라크(2005)	코드	범주	분석상황에서 변이를 찾는 것: 상황적 지도, 사회적 세계/경기장 지도, 관점에 대한 지도	복수의 가능한 사회적과정 및 하위과정	상황적 지도, 사회적 세계/경기장 지도, 입장담론지도, 관련된 기타 분석들
차마즈(2014)	1차 및 초점 코딩	범주	속성	이론적 개념	이론적 코드

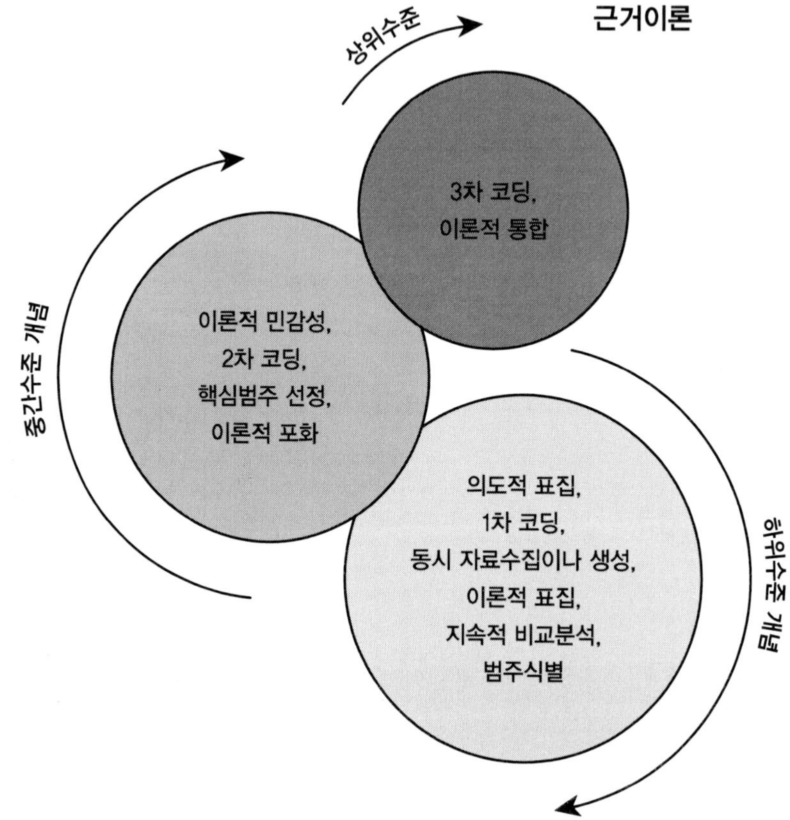

그림 6.1 핵심 근거이론방법의 개념적인 순서

해 다른 개념들을 부여하였다. 이러한 결과는 낮은, 중간의, 그리고 높은 수준의 개념들로 분류하였다. 상자 6.1에서 베리 깁슨(Barry Gibson)은 초보자들이 근거이론분석을 위한 핵심방법을 이해하는 과정을 지도하던 경험을 설명하고 있다. 이러한 이해는 모두 개념을 파악하는 것이었다. 그가 코딩이나 범주화와 관련하여 논의했던 과정은 이 장의 뒷부분에서 더 설명할 것이다.

상자 6.1 근거이론 들여다보기

베리 깁슨의 근거이론의 개념에 대하여

근거이론을 시도하고 가르치는 일 중 '개념이 무엇인가?'를 가르치는 것이 가장 답답한 일이다. 근거이론에서 개념적인 것을 가르치는 가장 좋은 방법은 무엇인가? 솔직하게 말하자면 나는 모른다. 그러나 근거이론을 연구하는 연구자들은 반드시 이에 대해 생각해야 한다. 학생들은 가끔 나에게 아무 것도 말하지 못하는 이론을 가지고 온다. 그들은 개념에 몇 백 개의 이름을 붙인다. 그러나 그 이름 어느 것도 해당 개념과 맞는 것처럼 보이지 않는다.

나는 이것은 글레이저와 스트라우스가 '잡아챈다(grab)'라는 말로 의미하는 것과 반대라고 생각한다. 그 이름 중 어느 것도 개념에 대해 당신의 마음을 잡아채는 것은 없다. 이 단계에서 여러분은 자신의 개념에 대해 매우 열정적인 학생들을 볼 수 있지만, 학생들이 그렇게 열정적으로 생각하는 실체가 무엇인지 알 수 없는 경우가 많다. 이것은 그들이 무엇을 하고 있는가를 모르기 때문에 나타나는 현상은 아니다. 그것은 그들이 이론의 발전을 설명하려 사용한 단어들이 단순히 당신의 마음을 잡아채지 못하기 때문이다.

개념으로 잡아채는 것이 나타나지 못하는 이유는 학생들이 개념 간에 충분한 비교 없이 개방 코드를 하는 경향이 있기 때문이다. 때로는 너무 많은 에너지가 다른 단어를 서술하기 위한 단어나 라벨을 생산하기 위해 투입되지만, 이런 단어들이 서로 비교되지 않은 채로 사용된다. 여러분은 같은 것을 기술하면서 20여 개의 신생 코드를 만드는 경우도 있다. 자료가 말하는 것이 무엇인지를 서술하기 위해 사용되는 단어가 자료의 전체보다 더 많은 일종의 역코딩 현상이 나타난다.

그래서 어떻게 해야 하나? 이론이 어떠한 분석단위에 대한 것인가를 잘 이해한 다음에 개방 코딩을 시작해야 한다. 사건 대 사건 그리고 가장 중요하게 코드 대 코드를 비교하라. 무엇이 일어나고 있는지를 서술하기 위해 여러분이 사용한 단어들을 비교하라. 실질적으로 같은 말을 하는 것인지 살펴봐라. 진행되고 있는 어떤 문제의 비슷한 것들을 표현하는 여러 코드가 있을 것이다. 그들을 하나의 집단으로 통합하여, 여러분이 자료 읽기에 지쳤을 때, 이 코드를 가지고 앉아서 그들이 어떻게 관련되어 있는지 메모를 하라. 이 단어들을 새로운 단어로 다시 집단화해보라. 이 일을 위해 사전이나 유의어사전을 사용해보라. 종종 이런 작업방법은 새로운 통찰력을 제공한다. 여러분이 단어를 새로운 집단으로 묶어 명칭을 부여하면, 여러분이 '개념적 진전'이 이루어지는 것을 발견할 것이다. 여러분의 새로운 개념이 한 사건보다 더 많은 것을 서술하고 있다는 것과 그리고 일차원적이라기보다는 다차원적이라는 것을 멋있게 말하면 '개념적 진전'이 된다.

내가 말하고자 하는 것은 개념화가 단순히 다른 단어(코딩)로 자료를 서술하는 것 이상의 어떤 것을 포함하고 있다는 것이다. 그것은 출현하는 개념을 어떻게 다루는지를 배우는 과정이고, 분석단위의 맥락에 개념을 위치시키는 과정이고, 더 진전된 코딩과 자료수집에 대한 우선순위를 정하는 과정이다. 여러분은 특정한 코딩 전략이 여러분을 어느 방향으로 이끄는지에 대해 민감해야 하며, 개념이 여러분을 통제하는 것이 아니라 여러분이 개념을 통제하도록 해야 한다. 초보자들에게 이것은 매우 어렵다. 분석단위를 명확하게 하여 집중하는 것이 여러분이 필요로 하는 통제력을 확보하는 데 도움이 될 것이다. 끝으로 다시 생각해보자. 개념은 무엇인가? 개념은 단어나 범주이다. 이 단어와 범주는 분석단위에 따라서 자료가 얼마나 다를 수 있는지를 보여준다. 개념화할 때는 항시 분석단위를 명심하고 있어야 한다. 이것이 여러분의 시간을 절약시켜줄 것이다.

코드

제5장에서 근거이론연구에서 가능한 다양한 자료원천에 대해 논의하였다. 자료원천은 책자 및 사진이미지, 비디오, 예술작품, 그리고 음악 등 비전통적인 자료원천을 포함한다. 생성되거나 수집되거나 자료의 유형에 상관없이 분석과정은 똑같다. 자료는 초기에는 사건에 따라 분석된다. 여기에서 사건은 반복되는 행동, 특징, 경험, 구(句, phrase), 설명, 이미지 또는 소리를 포괄적으로 지칭하는 용어이다. 녹취록이나 필드노트 읽기, 면담녹음물 듣기, 또는 시각적 예술품 관찰하기 등은 연구자가 자료의 사건 속에 있던 개념을 파악하게 하며, 이렇게 파악된 개념에 코드가 적용된다. 코드는 연구자가 자료의 패턴에서 개념의

반복적 출현과 개념적 유사성을 찾아내서 이들을 묶어 약칭으로 명명한 것이다. 상위수준 개념을 대표하는 코드들의 집단이 범주를 형성한다. 코드에 부여된 표지(label, 용어)가 자주 범주로 사용하기도 한다. 이 용어가 지닌 내재적인 개념적 포착력 때문이다(Glaser and Strauss, 1967).

코딩은 실제 조사영역, 연구자의 지식과 경험, 현존 이론으로부터 추출되는 능동적인 과정이다. 실제적인 코드(Glaser, 1978: 55)는 자료 속의 언어로부터 취득되며, 일반적으로 동명사형태나 참여자 코드(in vivo는 참여자가 사용하는 용어로 만든 코드이기 때문에 참여자 코드라고 번역하였다-역주)의 형태이다. 차마즈(2014)는 자료에서 과정을 인식하는 방식으로 코딩하고, 개념분석의 원천으로 참여자의 경험에 초점을 맞추어, 동명사를 코딩개념으로 사용하자고 주장하고 있다. 살다나(2013)는 초기 코딩국면에서 동명사를 참여자 코드와 동반하는 과정코드로 분류한다. 범주와 관련된 동명사를 사용하는 예는 '다른 빛으로 사물을 보기'와 '다르게 되기' 등이다(Birks, Chapman and Francis, 2009). '실제에서(in vivo)'라는 용어는 라틴어로 '생체 내에서(within the living)'라는 의미이며, 이 코드유형은 참여자의 용어를 포착하여 사용한다. 동명사를 사용하는 참여자 코드의 두 가지 예는 '다른 사람과 함께 걷기'와 '모르는 사람을 알아가기'(Mills, Francis and Bonner, 2008)이다. 현존이론에 대해 연구자가 이전에 가졌던 생각, 전문가로서의 경험과 지식, 그리고 일상의 경험과 지식이 코드를 파악할 때 영향을 미칠 것이다. 특히 현존이론에서 추출된 코드는 이론발전의 후기 단계에서 집중적으로 사용된다. 이 문제는 제7장에서 논의할 것이다.

지속적 비교분석

동시적인 자료생성이나 자료수집과 코드와 범주를 사용한 분석은 다른 질적연구설계로부터 근거이론을 차별화하는 핵심적인 방법들이다. 근거이론가는 초기에 현장으로 들어갈 때부터 자료를 분석한다. 자료에서 추출된 사건과 사건을 지속적으로 비교하며 따라가면 초기의 코드가 생성된다. 미래의 사건들은 현존하는 코드와 비교된다. 코드는 다른 코드와 비교되고, 코드집단들은 범주로 통합되고, 범주는 미래코드와 비교되고, 범주는 범주들과 비교된다. 자료분석의 개념수준이 달라 이를 서로 지속적으로 비교한다. 그 결과가 이론적 표집과 자료의 수집이나 생성을 인도한다. 궁극적으로 이것은 자료의 수집과 생성 그리고 지속적으로 비교하는 반복적인 분석방법이다. 그 결과 높은 수준의 개념적으로 추상적인 범주가 나타난다. 이 범주는 풍부한 의미를 지니며, 자산을 가지며, 범주적 입체화를 통해 변이를 설명해준다.

지속적인 자료비교로 의사를 결정할 때, 귀납적이고 가추적인 사고(가추법이란 소수의 사례로부터 결론을 개연적으로 추론하고 이를 추가사례로 점검하며 개선하는 방식이다. 이미 일어났지만 모르는 사실을 자료와 추론의 지속적인 상호작용을 통해 확실성을 높여가며 알아내는 방법이다. 가추법은 자료와 추론의 왕복운동으로 확실성을 상승시킨다. 셜록 홈즈와 같은 탐정이 사용한 방법이 가추법의 대표적인 사례이다. 귀납법, 연역법과 함께 3대 지식획득 논리이다–역주)의 조합에 의존한다. 귀납적인 생각은 "개별적 사례들의 연구로부터 시작하여, 사례에서 패턴을 추출하고, 이로부터 개념적 범주를 형성하는 것"으로 정의되었다(Bryant and Charmaz, 2007: 608). 가추적 생각은 "자료를 살펴보는 것으로 시작하여, 자료들을 세밀하게 점검하고, 관찰된 자료에 대하여 가능한 모든 설명을 하고, 가설을 세워 연구자가 관찰자료에 대해 가장 그럴 듯한 해석에 이를 때까지 검증하는 것" (Bryant and Charmaz, 2007: 603)으로 정의한다.

초기에 근거이론은 '증명의 교조적인 접근'(Glaser and Strauss, 1967: 7)에 도전하면서, 자료에 근거하여 이론을 형성하는 귀납적 연구방법으로 홍보되었다. 스트라우스(1987)는 후에 이것은 잘못된 인상에 의거한 결론이었다며, 근거이론분석은 귀납, 연역, 증명의 세 가지 활동을 모두 요구한다고 주장하였다. 이 주제를 다룬 최근 논문에서 라이체르츠(Reichertz, 2007)는 근거이론의 논리를 조사하고는 다음과 같이 결론을 내렸다. 근거이론연구자는 귀납적 사고와 가추적 사고를 조합하여 사용하며, 이를 통해 분석의 개념적 도약을 달성하였으며, 그 결과 근거이론이 질적 서술에서 벗어나 추상적 개념적 연구틀로 발전하였다.

분석방법들

개념에 관련된 용어와 관련하여, 중요 근거이론가들은 분석의 다른 단계를 서술하기 위해 다른 언어를 사용한다. 이런 과정에 대한 우리의 논의를 촉진하기 위해 우리는 1차, 2차, 3차 코딩으로 이 단계들을 구분할 것이다(Birks, Chapman and Francis, 2006; Duchscher and Morgan, 2004에서 수정; Health and Cowley, 2004). 이러한 분석과정은 연구자가 수행하고 있는 개념적 추상화의 수준과 바로 관련되어 있음에 주목하라. 1차, 2차, 3차 코딩 절차는 하위, 중위, 상위 수준으로의 개념적 발달과 관련되어 있다. 1차 코딩 과정은 하위 수준의 개념적 분석을 자극하여 근거이론분석이 가동되도록 만든다. 2차 코딩을 통해 범주 내 또는 범주 간의 연결을 설명하여 근거이론을 통합하는 작업이 일단 시작되면, 여러분의 개념분석의 수준이 향상될 것이다. 완전하게 통합된 근거이론은 상위

수준의 개념 틀이다. 이는 고급분석과정에 의해 지지되는 높은 설명력을 가지고 있다. 다음 논의는 표 6.2에 서술된 1차 코딩과 2차 코딩에 초점을 둘 것이다. 3차 코딩은 제7장에서 자세히 논의할 것이다. 근거이론의 반복성은 연구자가 연구과정을 통해 코딩단계를 왕복하는 것과도 관련된다. 연구자들은 동시에 자료생성과 자료수집과 분석을 하며, 여기에서 왕복운동은 표 6.2에서 점선으로 그려져 있다.

표 6.2 1차와 2차 코딩

	1차 코딩	2차 코딩	3차 코딩
글레이저와 스트라우스(1967)	코딩과 사건의 비교	범주와 속성 통합	이론 구체화
글레이저(1978)	개방 코딩	선택적 코딩	이론적 코딩
스트라우스와 코빈(1990, 1998)	개방 코딩	축 코딩	선택적 코딩
차마즈(2014)	1차 코딩	초점 코딩	이론적 코딩

1차 코딩(Initial coding)

자료의 1차(초기) 코딩과정은 근거이론 분석의 첫걸음이다. 1차 코딩은 차마즈(2014)에 의해서도 똑같은 이름으로 사용되었으며, 글레이저(1978) 및 스트라우스와 코빈(1990, 1998)에서는 '개방 코딩'으로 사용되었다.

글레이저와 스트라우스(1967) 저서의 혁명적인 성격에도 불구하고 글레이저와 스트라우스(1967)는 근거이론방법의 견지에서 보면 그 실용성이 제한되어 있다. 그러나 지속적인 비교분석의 맥락에서, 코딩과 사건의 비교에 대한 그들의 논의를 그들의 1차 코딩으로 구분할 수 있다. 겉만 보면, 1차 코딩은 자료를 쪼개는 것처럼 보인다(Glaser and Strauss, 1967). 조각난 사건과 사건을 비교하고, 나타나는 현상이나 시작되는 패턴에 이름을 붙이고, 적용된 코드를 비교하는 과정을 시작한다. 1차 코딩을 하면서 연구자는 자료로부터 개념적 가능성을 파악함으로써 자료를 더 체계적으로 분석하는 다음 단계로 빠르게 이동할 수 있게 된다.

1차 코딩은 특히 성찰적 활동이어서(Strauss and Corbin, 1990), 연구자가 이미 정한 초기의 분석적 결정에 대해 지속적으로 질문할 필요가 있다. 살다나(2013: 100)가 말하듯이 1차 코딩은 "여러분이 연구자로서 여러분 자료의 내용과 뉘앙스를 깊숙이 성찰하고, 자료에 대한 소유권(자기 방식으로 분석하기 시작하였다는 뜻-역주)을 갖기 시작할 기회"를 제공한다. 여러분이 여러분의 분석적 결정에 대한 소유권을 갖는다는 생각은 여러분을 그 지점까지 이끌어 온 여러분의 생각에 대한 영향들을 파악하고 설명하도록 요구한다. 아래의 근거이론 들여다보기에서, 마크 힌톤(Mark Hinton)은 자신의 '선입견'과 암묵적 지식을 어떻게 관리하였는지를 설명하고 있다. 이들은 그가 오랫동안 빌딩산업에서 일하면서 축적한 것이다. 그는 근거이론연구에서도 빌딩산업분야를 연구하였다. 초보자로서 현장에 바로 투입되는 것은 매우 도전적인 상황에 직면하게 한다. 처음부터 자료의 생성이나 수집이나 분석을 높은 수준으로 하려고 생각한다. 동시에 수행하는 자료수집과 분석을 처음에는 서두르지 않는 것이 중요하다. 제4장에서 논의한 바와 같이 연구자가 시간을 충분히 가지고 복수의 자아를 고려하면서 성찰적으로 연구방법을 유지하고 발전시키는 것이 중요하다. 여기에서도 메모하기가 중요한데, 계속 메모를 하며, 힌톤의 설명처럼, 근거이론가로서 자신의 경험과 역사가 모든 개념적 수준에서 자료를 분석하는 방식에 어떻게 영향을 미치는지를 성찰하는 것이 중요하다.

상자 6.2 근거이론 들여다보기

선입견의 영향에 대한 마크 힌톤의 사례

우리의 암묵적 지식과 결합된 우리의 선입견은 우리 각자가 어떻게 생각하는가에 심각한 영향을 미친다. 게다가 연구의 맥락에서 암묵적 지식과 선입견의 존재나 관련성을 의식하지 않는다면 이것이 연구에 가져올 이점을 간과하는 위험에 처하게 된다. 더 심각한 위험은 우리가 이것과 관련된 잠재적인 위험을 아예 고려하지 않는 것이다.

박사과정 동안 나는 계속 이러한 걱정을 하고 있었다. 내가 박사과정을 시작한 당시에 지금은 내 연구의 핵심주제가 된 빌딩산업분야에서 이미 25년을 일하며 보냈다. 많은 사람들이 그런 것처럼, 내가 선택한 연구분야에 흥미를 갖게 된 것은 이 분야에 대한 나의 경험 때문이었다. 그래서 이 분야에 대한 내 경험과 개인적인 통찰력으로부터 생긴 선입견 그리고 편견과 편향을 가지고 있었다. 그 결과로 나의 이 분야에 대한 객관성과 관점도 기울어져 있다는 것을 잘 인식하고 있었다. 따라서 만일 이러한 점을 적절하게 대처하지 않는다면, 내 연구결과의 통합성이 의심받을 것이고, 그것은 나의 책임이다.

메모 작성은 내 연구에서 내 선입견이 미칠 부정적인 영향을 극복하도록 도와주었다. 문헌고찰이나 현장조사 전에 나는 내 연구를 해칠 수 있는 내가 가지고 있는 편견을 계속 적기 시작하였다. 이 과정은 효과적으로 내 선입견을 '생각의 전면'으로 부각시켜 내가 어떠한 선입견을 가지고 있는지 알게 해주었다. 나의 선입견에 대한 파악은, 내 연구가 진전될 때 계속 초점과 통합성을 유지하도록 도와주었다. 내 생각이 진화하면서, 이러한 왕복적 성찰은 연구전반을 통해 지속되었다.

꼭 내 연구에 방해만 되는 것은 아니었다. 연구영역과 맥락에 대한 선입견이나 사전이해의 상당한 부분이 내 연구에 많은 이점을 주었다. 사전이해가 가지고 있는 부정적인 함의를 훨씬 뛰어넘는 것이었다. 나의 사전이해가 나를 문화적으로 준비된 연구자로 만들어 주었고 현장에서 보다 쉽게 자료를 수집하게 하였으며 긴장을 풀 수 있게 해주었다. 나는 이미 산업구조 및 관련 인사들을 잘 알고 있었기 때문에 연구참여자를 찾고 확보하는 것도 쉬웠다. 게다가 용어에 익숙하고 잠재적 참여자와 비슷하게 이슈에 대한 실천적이고 개인적인 사례들을 이야기할 수 있었기 때문에 과묵한 참여자들과도 쉽게 친해질 수 있었다. 따라서 참여자를 충원하는 데 많은 도움이 되었다.

면담과정 동안 서로 추론을 하거나 사소한 것을 설명하지 않아도 의사소통이 잘 되어 시간이 절약되었다. 따라서 면담도 보다 편한 기분으로 할 수 있었고, 대체로 유쾌하게 진행되었다. 보통의 면담과 다르게 이러한 면담환경에서는 더 세세한 것들까지 이야기할 수 있었다. 더구나 암묵적 지식의 공통성은 비언어적인 암시에 대한 이해를 가능하게 해줬다. 그리고 참여자들과 공감하는 면담, 그들과 그들 산업에 대한 이해, 그들이 날마다 직면하는 도전에 대한 이해로 면담이 진행되어 그들도 면담을 즐기게 되었다.

자료분석에서 성찰적 접근을 하는 것은 연구자가 1차 코딩 동안 무의식적으로 이론적 코드(Glaser, 1978)의 적용을 피하도록 하고, 동시에 이론적 민감성을 개발하고 인식하도록 만든다(4장 참조).

1차 코딩은 종종 녹취록, 필드노트를 한 줄 한 줄(Glaser, 1978) 읽어가며 수행해야 한다. 또는 자료의 단편 조각들을 사용한다. 허버티(Huberty, 2008) 등은 여성의 운동애착에 영향을 미치는 요인에 대한 연구에서 생성된 포커스그룹 면담자료의 줄, 구(句), 문장을 하나하나 분석하는 방법을 설명하였다. 이렇게 압축된 접근은 연구자의 세밀한 자료 점검을 필요로 하므로 연구 초기단계에서 하도록 권유된다. 자료에 대한 질문은 근거이론의 오랜 전통으로, 글레이저(1978)와 차마즈(2014)가 초기 단계의 작업에서 사용할 자료 목록과 성격을 설명하고 있다.

우리는 위의 두 저자들과 약간 다르다. 이 두 저자의 질문은 근거이론의 반복적 성격보다 코딩규칙을 향하고 있다. 근거이론은 핵심연구방법을 통해 동시에 행해지는 자료생성 및 자료수집과 분석이 반복되는 특성을 가지고 있다. 그러므로 자료에 대해 우리가 제시한 아래 질문들은 코딩업무뿐만 아니라 다음 단계인 자료생성과 수집이 무엇인가에 대해서도 설명하도록 요구한다.

1. 초기분석에서 요소나 작용과정이 분명하게 드러나는가?
2. 현재까지 자료분석에서 나오지 않은 것은 무엇인가?
3. 응답보다 질문이 더 많은가? 만일 그렇다면 질문은 무엇인가?
4. 현장에서 누가 핵심적인 정보제공자인가?
5. 더 많은 자료를 얻기 위해 어디로 가야 하는가? 그 자료는 무엇으로 구성되어야 하는가?
6. 맥락적 영향이 작동하고 있는가?
7. 본래 연구질문, 질문의 실제영역, 분석단위는 일관성을 유지하고 있나?

스트라우스와 코빈(Strauss, 1987; Strauss and Corbin, 1990, 1998)은 명백하게 구조와 과정에 대한 스트라우스의 실천적인 관심을 반영하고 있으며, 코딩 패러다임(표 6.1)에 근거한 질문을 선호한다(Corbin, 1991). 코빈과 스트라우스의 가장 최근 개정판(2008)은 초기의 코딩작업내용을 간소화시켰고, 이것을 '패러다임'이라고 명명하였다. 이 패러다임은 연구자들이 자료분석을 할 때 3개 부분으로 나누어 생각하도록 만들었다.

1. 왜, 어디서, 어떻게 그리고 무엇이 발생하는지의 조건
2. 상호/작용과 감성
3. 상호/작용과 감성의 영향

이 틀은 신참연구자가 이전의 너무 지시적인 코딩 패러다임으로부터 벗어나도록 하여, 자료분석의 필연적인 결과만 생각하면서 경직된 접근을 하는 것을 벗어나도록 하는 데 목적이 있다. 경직된 접근을 하게 되면 결국 미리 생각한 틀 속에 자료를 강제로 맞추려는 성향을 보여줄 것이다. 글레이저(1992)는 아예 어떤 코딩 패러다임도 거부하였다. 이것은 유용한 보조도구가 아니라 자료를 강제로 연구자가 만든 이론적 틀에 맞추게 되어 자료를 왜곡한다고 생각하였다. 그는 이론이 자료로부터 귀납적으로 출현하도록 만들어야 한다고 생각했다.

1차 코딩은 범주가 나타나기 시작할 때까지 진행한다. 한 줄씩 하는 코딩은(줄 코딩) 맨 처음 분석단계에서는 가장 유용한 기술이다. 하지만 결국에는 연구자가 자료에 대한 개념적 통제(개념이 도출되면–역주)가 가능해지면 줄 코딩은 과잉이 된다. 자료분석을 위해 '개괄적인 접근(overview approach)'(Glaser, 1978: 58)으로 너무 빠르게 이동할 때는 조심해야 한다. 잘못하면 중요한 개념들을 놓칠 수 있다. 이러한 개념들은 1차 코딩이 생성한 자료를 지속적으로 밀도 있게 검토해야 파악할 수 있다. 스바라이니 등(2011)은 그들의 치과검진과 관련된 근거이론연구에서 여러 유형의 코딩을 어떻게 사용하는지에 대한 훌륭한 연구사례를 제공하고 있다. 특히 이들은 다른 유형의 코딩 사이를 어떻게 왕복하면서 분석수준을 높이는지, 그리고 어떻게 개별 핵심 근거이론 연구방법들을 사용하여 개념적 추상으로부터 결국 통합된 근거이론으로 발전시키는지를 보여주고 있다.

활동 6.1 1차 코딩

며칠 동안의 날짜를 정해 전국지와 지방지 신문을 검색하고 특정한 문제와 관련된 뉴스기사들을 수집하라. 위에 설명된 기법들을 사용하여, 각 기사를 코딩하라. 자료를 작은 단위로 나누어 작업하고, 코드를 생성하기 위해 지속적으로 비교하는 과정을 거쳐라. 이 코드는 기사에서 뚜렷하게 나타나는 핵심 이슈를 반영해야 한다. 이 과정을 통해 얼마나 많은 코드를 생성하였는가? 여기에서 이루어진 1차 코딩의 결과를 잘 간직하라. 이 장의 뒷부분에서 그리고 다음 장에서 이를 다시 사용할 것이다.

2차 코딩(Intermediate coding)

위에서 설명한 바와 같이 근거이론의 코딩과정은 달성한 다양한 수준의 개념적 분석을 반영하면서 자연스럽게 발전한다(그림 6.1). 그러므로 2차(중간) 코딩은 1차 코딩에 이어서 진행된다. 글레이저와 스트라우스(1967)는 범주와 이들의 내재적인 속성의 통합을 논의할 때, 2차 코딩을 가장 초기의 형태로 보여주었다. 글레이저(1978)에게 개방코딩은 '선택적 코딩(selective coding)'으로 이어진다. '선택적 코딩'의 초점은 이미 파악된 핵심변수들을 중심으로 코드를 생성하는 것이었다. 기존의 중요한 코드들이 분석을 인도하는 차마즈(2014)의 '초점 코딩(focused coding)'도 유사한 과정이다. 스트라우스와 코빈(1990: 96)은 '축 코딩(axial coding)'을 "범주 사이 그리고 범주 내의 요소를 연결시켜, 개방 코딩 다음에 자료를 새로운 방식으로 분석하는 과정"이라고 정의했다. 축 코딩은 개념분석의 수준을 향상시키는 것으로, 2차 코딩의 가장 발달된 형태이다. 이러한 정의는 범주를 개발하는 과정에서 유형과 관계를 불가피하게 파악하게 된다는 점을 인식하고 있다.

동시에 행해지는 자료 생성과 분석은 결과적으로 다량의 코드를 도출한다. 이러한 코드는 지속적으로 조직화되어야 하며, 이를 위해서는 계속 메모가 작성되어야 한다(제3장 참조). 관련된 코드들을 집단으로 묶으면 범주가 형성된다. 연구자는 이때부터 설명력을 지닌 개념적 패턴을 파악할 수 있게 된다. 근거이론범주들은 다차원적이며, 합해지면 더 넓은 개념을 설명할 수 있게 되는 하위범주들의 합이다. 보웬(2008)은 자메이카에서 빈곤해소 프로젝트에 관련된 집단들의 협동관계를 연구하면서, 이러한 형태의 개념적 질서에 대한 훌륭한 사례를 제공하였다. '함께 일하기'라는 범주 밑에 '자원을 필요한 곳과 결합시키기', '일을 끝내기', 그리고 '구체적인 결과를 보여주기'라는 하위범주가 있다.

범주와 하위범주는 자료에서 파악된 속성에 따라 구성되며, 그 속성은 개념적 심도와 설명력을 가질 수 있도록 충분히 설명되어야 한다. 스트라우스와 코빈(1998: 101)은 속성을 "범주의 특징으로, 범주를 묘사하여 범주를 정의하는 것이고 여기에 의미를 부여하는 것'이라고 정의한다. 범주와 하위범주의 속성은 그들이 작동하는 차원이나 속성이 보여주는 변이의 범위로서 설명된다. 속성의 차원들은 속성이 작동되는 조건들과 연결될 수 있다. 이 분석과정의 가장 간단한 예로, '개 산책시키기' 범주를 고려해보자. 이 범주의 속성은 '시간', '즐거움', 그리고 '에너지'일 것이다. 각각의 이러한 속성은 여러 차원으로 나뉜다. 예를 들어 '시간' 차원을 생각해보자. 참여자들이 개를 산책시키는 시간을 짧게 또는 길게 인식할 것이며, 어느 정도나 산책할 것인가에는 날씨도 영향을 미칠 것이다. 만일 비가 내리면 보통 짧은 시간 동안 개를 산책시킬 것이고, 맑은 날씨에는 긴 시간 동안 개를 산책시킬 것이다. 이론적 민감성을 향상시키기 위한 기법들(제4장 참조)은 범주와 하위범주의 차원과 속성을 충분히 발전시키는 데 커다란 도움을 줄 것이다.

2차 코딩의 핵심작업 중 하나는 범주를 서로 연결시키는 것이거나 통합시키는 것이다. 자료의 지속적인 비교를 통하여 범주 및 하위범주가 서로 비교되며, 동시에 연구자는 중간 수준의 개념들 사이의 관계를 조사하게 된다. 다시 말하면 자료를 조사하여 분석 틀에서의 갭과 허점을 파악하고, 이를 해결하기 위해 더 많은 자료수집, 자료생성, 분석을 수행하게 된다. 이런 유형의 코딩 결과는 개념적으로 높은 수준에서 범주통합이나 연결을 가능하게 하는 관계적 진술의 발전으로 나타난다(Strauss and Corbin, 1998). 이러한 진술은 또한 생성되는 근거이론에서 나타나는 과정이나 실천을 설명해준다. 여러분은 자신이 분석에 도움을 주는 메모에서 관계적 진술을 탐구하고 발전시키고 있다는 사실을 발견하게 될 것이다. 그 결과를 보고할 때, 관계적 진술은 암시적일 수도 있고 명시적일 수도 있다.

그림 6.1으로 돌아가 보면, 여러분은 2차 코딩을 통해 연구자의 분석적인 작업이 중간 수준의 개념영역으로 진입하고 있는 것을 볼 수 있다. 앞에서 말한바와 같이 범주의 발전은 많은 양의 낮은 수준의 개념적 코드의 생성을 토대로 이루어진다. 코드를 집단으로 묶어 범주로 발전시키고, 초기의 여러 범주는 강한 중간 수준의 개념적 범주의 하위범수로 추락시켜, 점차 근거이론의 토대를 만들어간다. 범주가 작동하는 조건을 고려하면서 차원과 속성을 규정하여 범주를 세련화하는 과정에서 여러분은 자료가 부족하다는 것을 빠르게 파악할 수 있을 것이다. 이 지점에서 이론적 표집(제5장 참조)이라는 핵심 근거이론방법은 범주발전과 통합의 분석적 작업 과정에서 자료에 대해 제기되는 질문에 응답하는 수단으로서 스스로 작동하게 된다. 여러분은 다음 장에서 논의되는 고급단계의 분석을 통해, 연구과정 내내 이론적인 포화가 성취될 때까지 이론적 표집을 계속할 것이다.

이론적 포화는 글레이저와 스트라우스(1967)가 범주에 적합한 자료를 위한 이론적 표집을 언제 멈출 것인지의 기준을 설명하기 위해 도입한 용어이다. 다음 장에서 논의하겠지만, 이론적 포화는 최종이론의 통합에 필수적인 요소이다. 스트라우스와 코빈(1990)은 특별한 범주에 적절한 최종적 자료생성이나 수집에서 새로운 코드가 더 이상 나오지 않을 때, 그리고 범주는 모든 하위범주들과 이들의 속성과 차원들이 명백하게 연결되고 통합되는 지점까지 개념적으로 잘 발전되었을 때, 이론적 포화에 도달하는 것으로 정의한다. 보다 최근에, 설명력과 질을 보장하는 방법으로서, 결과물의 범주에 대한 이론적 포화가 성취되었는지를 결정하는 방식이 제안되었다. 보웬(2008)은 개념적 범주들을 반영하는 면담의 비중이 높아지는 것 그리고 최종 범주에 동조하는 참여자수를 점검하는 참여자가 많아지는 것을 증거로 간주할 수 있다고 주장하였다. 이런 명제의 어느 것도 근거이론연구와 관련하여 모스로부터 지지받지 못하고 있다. 모스(1995)는 일찍 코드 빈도수를 이론적 포화의 지표로 간주하는 것이 잘못되었다고 주장했다. 그녀(1995: 148)가 진술한 바와 같이 "연구자는 포괄적이고 설득력 있는 이론을 구축하기 위한 충분한 자료를 가지고 있을 때 자료수집을 멈춘다. 이때 포화가 일어난 것이다."

결과를 정당화할 목적으로 연구자가 자신의 질적자료에 대한 분석을 참여자가 검토하고 평하도록 하는 것이 참여자 확인에 포함된다. 샌들로우스키(1993, 2002)는 참여자의 세계관과 세계이해는 고정적인 실체가 아니라 변화하는 것이며 일상적인 맥락에 의해 영향을 받으므로 신뢰하기 어렵다고 선언하면서 참여자 확인에 과도하게 의존하는 것은 문제라고 주장한다. 우리는 이 관점에 동의한다. 근거이론의 결과가 현상학적인 면담과정을 통해 생성되는 개인의 생생한 경험을 정확하게 표현하는 것은 아니다. 오히려 근거이론가는 특정한 조사분야와 관련하여 명백한, 과정에 대한 높은 수준의 개념적 이론화를 목적으로 하고 있다. 차마즈(2006)는 근거이론방법은 참여자 확인을 개념적 분석의 증명으로 사용하는 것을 불필요하게 만든다는 데 동의한다. 그렇지만 그녀는 실용적으로 '참여자 확인'을 기관이나 위원회에 제출하는 근거이론 연구계획에 포함시킬 수 있다고 제안한다. 왜냐하면 '참여자 확인'이라는 용어가 주류의 용어로서, 이론적 표집 전략이 범주포화를 위하여 현장에 들어가 추가로 자료를 수집하도록 요구할 때 현장에 다시 들어가는데 도움이 되기 때문이다.

활동 6.2 2차 코딩

여러분이 활동 6.1을 위해 마친 1차 코딩을 다시 찾아보자. 여러분의 분석을 2차 코딩 수준까지 이동하면서, 더 높은 수준의 범주를 드러낼 관계를 파악하기 위해 코드를 비교하라. 범주가 발전함에 따라, 가능한 관계를 파악하기 위해 다른 코드와 범주를 이들 범주와 비교하라. 여러분은 발전한 범주의 속성과 차원을 찾아낼 수 있는가? 만일 생각이 떠올랐다면, 여러분은 위 질문에 답하는 것을 도와줄 메모를 작성하고자 할 것이다.

핵심범주 인식하기

초기의 중요한 근거이론 교재들(Glaser, 1978; Strauss, 1987; Strauss and Corbin, 1990)에서의 가장 중요한 생각은 구성된 범주나 하위범주에서 드러난 과정을 포획하는 개념이나 핵심범주를 찾아내는 것이었다. 스트라우스와 코빈(1990: 116)은 핵심범주를 "모든 다른 범주들이 통합되는 중심현상'이라고 정의했다. 뒤에 나타난 연구들에서는(Charmaz, 2014; Clarke, 2005) 핵심범주를 선정한다는 것의 중요성은 약화되었고, 어떻게 범주와 하위범주들이 통합되어 실제적 조사영역의 추상적 근거이론을 형성하는가를 설명하는 더 광범위한 접근이 부각되었다.

글레이저는 개념적으로 추상적인 핵심범주를 발전시키는 것을 근거이론분석의 핵심으로 보았다. 글레이저에게 핵심범주란 일반화할 수 있는 것이다. "그것은 무언가를 잡아내고, 아주 중요한 영향력이 큰 종속변수일 수도 있고, 거부하기 어려우며, 자동적으로 쉽게 나타난다. 연구자들은 모든 곳에서 그들이 찾는 핵심범주를 보는 경향이 있다"(글레이저, 2007: 14). 글레이저는 초기에 핵심범주와 기본적인 사회과정의 관계에 대해 논의하면서, 사회과정을 본질상 이론적이라고 정의하면서 "사회생활의 유형화되고 체계적이고 균질적인 흐름"(1978: 100)이라고 정의하였다. 그는 또한 핵심범주가 기본적 사회과정이겠지만 항상 그렇지는 않다고 지적한다. 스트라우스와 코빈(1990) 그리고 차마즈(2014)는 이를 다시 주장하였다. 그러나 둘 다 특별한 현상으로서 핵심범주를 파악할 필요성에 대해서는 좀 더 유연하게 접근한다.

핵심범주의 선택은 연구자가 빈번하게 발생하는 변수들과 다른 모든 범주, 하위범주, 그리고 그들의 속성과 차원 간의 연결을 파악할 수 있을 때 나타난다. 핵심 근거이론방법의 정확한 사용은 이런 과정에서 연구자가 이론적인 표집의 구체적인 지시에 의해 1차 코딩과 2차 코딩 사이를 왕복하는 것을 의미한다.

일단 핵심범주가 선정되면, 이론적 표집은 이론적으로 핵심범주와 관련된 범주와 하위범주를 포화시키는 자료생성이나 자료수집으로 제한된다. 이러한 방식으로 연구자는 개념적 추상화의 전반적인 수준을 발전시키면서, 각각의 이론적인 요소들을 충분히 세련화하고 통합시켜 근거이론을 형성하게 된다. 이 단계에서 연구자는 자연스레 고급분석단계로 진전하게 된다. 이 부분은 다음 장에서 논의할 것이다.

분석을 위한 도구와 전략

컴퓨터 소프트웨어

제3장에서 우리는 근거이론연구에서 자료관리를 보조하는 컴퓨터 소프트웨어의 사용가능성을 소개하였다. 이제 근거이론가들이 코딩과정을 위해 컴퓨터 소프트웨어를 사용하는 것은 일반적인 현상이다(Bringer, Johnston and Brackenridge, 2004; Hutchison, Johnston and Breckon, 2010). 글레이저(2005: 38)가 컴퓨터 사용은 "아주 부담되는 긴 시간을 잡아먹는" 것으로 기술하였지만, 오늘날 대부분의 연구자들은 일상적으로 컴퓨터를 사용하고 그러한 문제를 경험할 가능성이 적다. 근거이론연구에서 분석 소프트웨어를 사용

하는 주된 장점은, 여러분이 어떻게 자료를 조직하고 접근하는가를 도와주는 데 있다. 특히 1차 코딩단계에서 더욱 그렇다. 우리는 여러분이 연구자료를 관리하는 데 컴퓨터 소프트웨의 잠재력을 충분히 사용하도록 장려한다. 가능하면 해당 소프트웨어의 사용에 숙달된 멘토를 찾아라. 그러나 이 단계에서 우리는 소프트웨어를 질적자료의 분석을 해결하기 위한 수단으로서보다 보조적 수단으로서 취급하는 것이 필요하다고 제시한다. 많은 연구자들(특히 초보자들)이 그렇듯이, 여러분도 컴퓨터화된 코딩과 직접 손으로 하는 매뉴얼 코딩의 조합이 가장 효과적이라는 점을 발견할 것이다. 흥미롭게도 살다나(2013)는 학생들에게 처음에는 매뉴얼 코딩을 하도록 요구한다. 반대로 숙련된 연구자들은 많은 양의 자료를 가지고 일을 해야 하는 1차 코딩 기간에 분석적인 소프트웨어에 더 의존할 것이다. 2차 코딩과 3차 코딩 기간의 자료에 대한 작업은 진전된 분석을 관리하기 위해 1차 코딩 때와 다른 기술의 사용이 필요할 수 있다. 상자 6.3에 안드리아 고라(Andrea Gorra)는 프라이버시 인식과 휴대폰 위치정보 사이의 관계에 대한 근거이론연구에서 어떻게 자료를 코딩하고 범주화하는 실천적인 문제를 관리하였는지를 흥미롭게 설명하고 있다. 이런 예를 제공하는 우리의 의도는 여러분이 가장 최적의 방법을 발견할 때까지 여러 방법을 시도해보라고 격려하는 것이다. 자료에 근거하는 이론의 생산을 보장하는 핵심 근거이론방법을 조심스럽게 적용하는 것이 가장 중요하다.

상자 6.3 근거이론 들여다보기

안드리아 고라의 컴퓨터 소프트웨어 사용

질적 분석 소프트웨어인 NVivo는 내가 상당한 면담자료를 조직하고, 재정리하고, 관리하는 데 도움을 주었다. 초기에 나는 NVivo 안에 자료를 입력하기 위해 워드파일로 면담 녹취록을 만들었다. 예를 들어 면담질문은 '주제 1'의 방식으로 할당되었다. NVivo에 녹취록을 입력할 때, 연구질문이 NVivo 익스플로러의 내용패널에 질문이 표시되는 것을 의미한다. 따라서 질문을 골랐을 때, 녹취록에서 해당 질문으로 건너 뛰는 것이 가능하였다. 그리고 면담에 대한 의미 있는 정보가 녹취록의 처음 두 문단으로 나타나게 하였다. NVivo에 면담을 입력하였을 때, 이 정보가 면담문서의 속성으로 자동적으로 나타나도록 할 수 있었다. 뿐만 아니라 다른 면담의 자료를 쉽게 파악하기 위해 NVivo에 다른 색을 입힐 수 있었다.

NVivo의 또 다른 중요한 특징은 이 소프트웨어가 입력된 모든 자료의 목록을 유지한다는 것이다. 이것은 코드와 메모에 자동적으로 날짜와 시간이 입력되는 것을 의미한다. 이러한 특징은 내가 글을 쓸 때, 코드의 발전을 추적할 수 있도록 만들어주었다.

그러나 면담을 코딩하기 위해 소프트웨어의 사용이 지닌 많은 이점에도 불구하고, 이 방법이 내 근거이론의 분석을 돕는 데 가장 유용한 접근이라는 것은 증명되지 않았다. 내가 NVivo를 사용해 첫 면담을 코딩하였을 때, 4개의 짧은 면담에 100개가 넘는 코드들이 할당되었다. 더구나, 몇 개의 코드와 범주들은 아마도 글레이저와 스트라우스가 말한 '자료에 강요된' 것이었다. 달리 말하면 어떤 코드들은 기존의 문헌들에서 나타난 주제들과 유사하였고, 명백하게 면담자들이 언급한 것은 아니었다. 나는 자료에서 의미를 도출하기 위한 코딩을 다른 방식으로 해야 한다는 점을 깨달았다.

설문자료 수집을 위해 몇 달이 지난 후에, 나는 면담분석을 위해 더 적절한 다른 접근을 채택하였다. 나는 이번에는 면담코드를 컴퓨터로 작성하지 않았다. 대신 각 녹취록의 종이복사본에 작업을 했다. 줄 코딩을 하고 종이 여백에 현상과 주제에 대해 적어 넣었다. 코딩을 미세하게 하지 않았고, 보다 추상적인 범주들이 출현하였다. 어떤 코드들은 면담자들의 진술과 매우 유사하였고, 다른 코드들은 더 추상적이거나 개념적이었다. 핵심단어와 구는 다른 색깔의 포스트잇에 기록하여 A2 사이즈 플립 차트 시트에 끼워놓았다. 포스트잇 기록은 종이에 논리적인 순서로 정렬되었다. 더 많은 면담이 코딩되면서 포스트잇이 붙은 종이는 포스트잇을 무작위로 붙여놓은 것처럼 보이지 않고, 특정한 범주로부터 자란 생각의 가지들이 있는 나무나 브레인스톰 지도로 보이기 시작하였다. 이러한 훈련과정에서 자료분석과 관련된 생각과 아이디어를 추적하기 위해 메모를 썼다.

성찰을 동반한 이런 코드 생성 체계는 모든 면담의 코딩에 적용되었다. 이 코딩훈련의 끝에 세 장의 A2 용지가 범주와 코드를 포함한 포스트잇으로 덮이게 되었다. 게다가 나는 모든 코드, 속성 그리고 차원뿐 아니라 촌평과 인용들을 분류하기 위해 마이크로소프트 워드의 매트릭스를 사용하였다. 이런 코드 목록은 더 많은 면담이 코딩되면서 계속 수정되었다. 코드들은 추가 녹취록에 적용되어 수정되거나 검증되었으나, 대체로 그대로 유지되었다. 이 시점에서 나는 NVivo 소프트웨어에 코드를 입력하였다. 이를 통해 면담을 검색하고, 자료를 재분류하고, 분석과정을 촉지하기 위해 코드를 계속 재정의하였다.

성찰적으로 살펴보니, NVivo 소프트웨는 이미 확정된 코드를 다룰 때 유용한 도구라는 것이 증명되었다. 그러나 나는 이 소프트웨어 사용이 일을 번잡하게 만들고, 새로운 코드를 발전시킬 때 창의성을 억압한다는 느낌이 들었다.

그림 6.2는 안드리아 고라가 박스 6.2의 사례에서 언급한 기법들을 그린 것이다.

도표

근거이론 연구과정에서 개념적 지형분석을 도표로 만들어 제시하는 일은 아주 중요하다. 어쨌든 성인들은 시각적, 청각적, 운동감각적 학습양식 중 하나를 더 선호하므로(Russell, 2006), 도표작성이 모든 사람에게 매력적인 것은 아니다. 초기의 중요한 근거이론가들의 도표에 대한 관심은 다양하다. 글레이저(1978)는 이론적인 코딩을 하는 동안에 나타나는 유형을 보여주는 도표작성으로 논의를 제한하였다. 반면에 스트라우스와 코빈(1990)은 연구 시작 단계에서부터 메모 작성과 함께 도표작성을 중요시하였다.

활동 6.3 선호하는 학습방식

여러분이 학습을 할 때, 의사소통을 위해 주로 사용하는 용어의 종류에 대해 생각해보자. 만일 여러분이 '내가 보는 방식'을 사용하는 사람에게 반응한다면, 여러분은 개념을 이해시키기 위해 이미지와 그림을 사용하는 것이 대체로 즐거울 것이다. '나는 당신이 말한 것을 이해한다'와 같이 말하는 사람은 이해할 수 있도록 그들의 방식으로 말하는 것을 좋아한다. 만일 여러분이 '말이 적고, 행동이 많은' 사람이라면 여러분은 무언가를 직접 해보는 경험을 통해 배우기를 즐길 것이다.

여러분의 선호하는 학습이 시각적, 청각적 또는 운동감각적 학습인지를 파악하라. 여러분 자신에게 근거이론연구를 수행하는 동안 자아에 대한 이런 통찰이 어떻게 도움이 될 것인지 생각해봐라. 여러분은 동시적으로 행해지는 자료생성이나 자료수집과 분석에서 가장 선호하는 학습방식으로 최대한의 것을 얻어내기 위해 어떤 전략을 사용할 것인가?

동시적으로 자료를 생성하고 수집하고 분석하는 동안 도표를 작성하게 되면, 바로 다양한 코드를 연결하는 지도를 그리도록 자극한다. 1차 코딩은 초보연구자들이 당황하게 느낄 수 있을 만큼 긴 리스트의 코드를 산출한다. 이런 초기 코딩 리스트를 조직하고 도표화하는 것은 아주 복잡하게 보이지만, 폭발할 것 같았던 복잡함이 어떻게 해서든 점차 질서를 찾아가게 된다. 만약 여러분이 분석을 진전시키면서 계속 도표화를 하게 된다면, 이들 도표들은 개념분석의 수준이 발전하면서 이를 반영하여 계속 변할 것이다(그림 6.1). 일반적으로 1차 코딩은 복잡하고 혼란스러운 도표를 산출하겠지만, 2차와 3차 코딩으로 진전함에 따라 도표도 훨씬 단순하고 정돈된 모습으로 진전할 것이다.

이 장의 앞에서 논의했던 가추법(abduction)을 기억하는가? 도표작성은 가추법의 논리를 작동시킬 때 사용할 수 있는 창의적인 도구이다. 여러분은 범주와 하위범주의 속성과 차원을 제시하는 도표를 작성할 수 있다. 도표작성 자체로도, 여러분의 이론적인 표집을 인도하는, 이론의 발전에서 나타나는 갭이나 허점을 찾아내는 데 도움을 준다. 또한 범주와 하위범주를 도표로 그려 이들 사이의 연결, 교차, 중복되는 지점을 파악하는 것도 중요하다. 특히 중복이 나타날 때는 시각적으로도 도표에 바로 나타나기 때문에 더욱 그렇다. 중복이 보이면, 중복을 해소하기 위해 심각하게 고민하면서 범주와 그 구성 부분들을 더욱 세련화하도록 노력할 것이다. 중간에서 상위수준의 개념적인 분석을 포함하는 도표는 참여자 면담이나 포커스그룹 면담의 시발점으로 유용하게 사용될 수 있다. 개방질문을 매개로 참여자에게 도표에 대한 설명을 하면서 피드백을 달라고 하면, 발전된 이론의 이론적 포화를 위한 자료생성에 집중할 수 있게 되다.

도표를 작성할 때 지켜야 할 유일한 규칙이 있다. 생산한 모든 기록을 보관하고 버리지 말라는 것이다. 처음 도표를 그린다고 겁먹지 말고 제한당하지 말고 당황하지 말라. 모든 사람이 예술가는 아니다. 도표로 여러분이 표현하고자 하는 것을 최대한 표현하면 된다.

만일 여러분이 운동감각적 학습을 좋아한다면, 소프트웨어를 이용해 도표를 그려봐라. 인스퍼레이션 9와 마인드 지니어스라는 소프트웨어에서는 계층적으로 조직한 코드 리스트를 만들기 위해 워드파일로 입력하거나 출력하는 것이 가능하다. 이 코드 리스트를 유연한

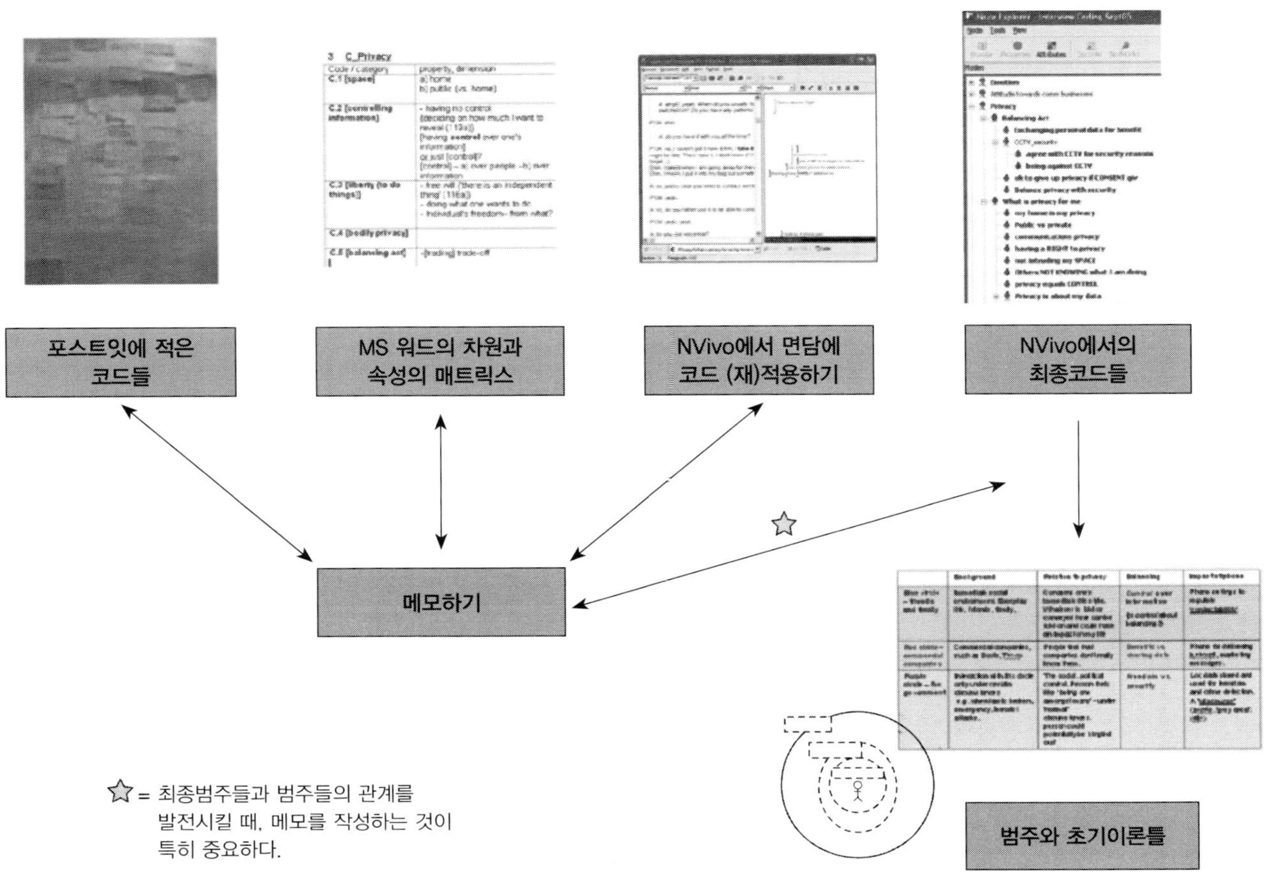
포스트잇에 적은 코드들
MS 워드의 차원과 속성의 매트릭스
NVivo에서 면담에 코드 (재)적용하기
NVivo에서의 최종코드들
메모하기
범주와 초기이론들
= 최종범주들과 범주들의 관계를 발전시킬 때, 메모를 작성하는 것이 특히 중요하다.

그림 6.2 코딩과정의 예

도표로 전환할 수 있으며, 이를 컴퓨터 스크린에 띄워놓고 작업할 수 있다. 최종 도표들을 확대하고 가능하면 비닐로 입혀 지도교수나 참여자들에게 보여주고 의견을 구하고 토론을 하면 통찰력과 창의적 분석을 더 얻을 수 있다.

버클리와 와링(Buckley and Waring, 2013)이 쓴 논문은 어떻게 연구과정에서 도표를 사용할 것인지에 대한 적절한 사례를 제공하고 있다. 이들 사례는 도표가 취할 수 있는 복합성의 다양한 유형과 수준을 보여준다. 특히 이들 저자들은 도표가 어떻게 분석과정을 촉진하며 연구의 최종 결과물을 표현하는 데 도움을 주는지를 보여주고 있다(제8장 참조). 윌리엄스와 키디(Williams and Keady, 2013)의 사례에서는 '중앙무대' 도표화라고 부르는 과정을 사용하고 있다. 이 방법은 구성주의적 관점에서 동시에 행해지는 자료생성과 분석이라는 핵심 근거이론방법을 지원하는 방법으로 사용되었다. 이들은 참여자들과 협동하여 스토리라인에 나타난 이해관계자들과 스토리라인 자체를 자세하게 표현하고자 하였다. 중앙무대도표는 자료생성과 분석을 반복하는 과정에서 호혜관계와 신뢰를 기반으로 참여자의 면담을 반복하는 데 사용된다.

메릴린 에널스(Personal Communication, April 2005)와 같은 숙련된 근거이론가들은 학생을 지도하는 동안, 예술가가 사용하는 큰 블록을 옆에 두고 학생들과 같이 개념들을 도표화하는 방법을 좋아한다. 전자 화이트보드는 그 위에 그린 도표들을 저장하여 언제든 다시 볼 수 있으므로 상당히 효과적인 도구이다. 플립차트(종이괘도) 또한 작업하기에 좋지만, 관리가능한 시각적인 기록으로 만들기 위해서는 사진으로 도표를 찍어야 한다. 개념들의 차이나 다양한 관계를 보여주기 위해 여러 가지 색을 사용하거나 두께를 달리하여 줄을 치거나 연결하면서 여러분의 창의적인 에너지를 분출해보라.

도표화하기 위해 무엇을 사용하든, 종이나 사진이나 도표를 파일로 만들어 이름을 붙이고 날짜를 기입하여 안전하게 저장하라. 또는 이들 자료를 A4 형식으로 만들어 프린트해서, 날짜순으로 파일 폴더에 끼워 넣는 방식도 있다. 아델 클라크(Personal Communication, May 2009)는 근거이론연구에서 효과적으로 학생을 지도하는 방법을 우리와 이야기하면서 우리에게 좋은 방법을 하나 알려주었다. 파일 폴더에 날짜순으로 끼워 넣은 다음에 한 장씩 넘겨보면 여러분의 근거이론이 발전하는 과정을 날짜순으로 파악할 수 있다. 이 방법은 두 가지 도움이 된다. 첫째, 연구자가 눈으로 분석이 발전하는 과정을 성취감을 느낄 수 있다. 둘째, 정확한 기록이 생성되어, 분석과 관련한 의사결정 과정을 추적할 수 있는 증거가 된다(제3장과 제9장 참조).

맥락적 조건 분석

구조적 또는 거시적인 조건에 대한 근거이론자료를 분석한다는 생각은 논란이 많다. 글레이저와 최초의 근거이론저서(1967)를 쓴 다음, 스트라우스(1987)가 근거이론에 대해 처음 쓴 책에서, 코딩패러다임에 밀접하게 연결된, 특히 맥락적 조건에 대한 코딩이라는 생각을 소개하였다. 이 두 저서 사이에 20년이라는 세월이 흘렀는데, 스트라우스는 실용주의와 상징적 상호작용론이라는 자신의 입장에서 근거이론 분석방법을 계속 고민하고 천착하여 왔다. 그리하여, "사람은 환경 속에서 행동하지만, 또한 사회적으로나 물질적으로 주변 환경의 일부분이다 … 주체, 인지, 지식, 그리고 이론 모두 환경 속에서 사람의 행동결과로서 나타나는 역동적인 과정으로 개념화되어야 한다"(Strubing, 2007: 595).

스트라우스와 코빈(1990)은 『질적연구의 기초』의 초판에서 그들이 조건 매트릭스라고 명명한 분석틀을 개발하였다. 조건 매트릭스와 이와 관련된 조건 경로는 "각자 서로 독립적이거나 또는 어떻게든 서로 연결될 필요가 있다고 많은 사람들에 의해 잘못 생각된, 거시와 미시라는 두 대조되는 영역이라는 엉터리 가정으로부터 연구자들을 보호하기 위하여 고안되었다"(Strauss, 1993: 64). 당시의 우세한 이분법적 사고방식에 대한 반작용은 중요한 구조적 조건을 파악하여 행동을 중심으로 하는 조건 매트릭스를 구축하도록 만들어주었다(Clarke, 2005). 조건 매트릭스는 다음의 수준들을 포함한다. (8) 국제적, (7) 국가적, (6) 지역사회, (5) 조직과 기관, (4) 하부조직과 하부기관, (3) 집단, 개인, 집합체, (2) 상호작용, (1) 현상에 적절한 행동. 코딩 패러다임과 조화를 이루어, 이러한 조건 매트릭스는 분석과정 동안 다양한 관점에서 자료에 대해 질문하도록 연구자를 안내한다. 조건 매트릭스의 다양한 판본이 있다. 어쨌든 우리는 상황 분석의 중심에 개인을 놓도록 수정한 판본(스트라우스와 코빈, 1998)은 행동을 분석의 중심에 놓는 스트라우스의 관심을 제대로 반영하지 못하고 있다는 클라크(2005)의 견해에 공감한다.

조건 매트릭스 개념을 시발점으로 하여, 근거이론을 포스트모던 방향으로 이끌고자 했던 클라크(2005)는 "상황 내의 모든 것은 그 상황에 어떻게든 존재하는 모든 다른 것들을 동시에 구성하고 영향을 미친다"(2005: 72)라는 말을 고려하여 자료분석을 다시 구성하고자 하였다. 상황분석연구의 연구설계는 핵심 근거이론방법을 사용하나, 그들을 3개의 다른 조건적 지도와 분석의 유형과 결합시킨다.

1. **상황적 지도:** 상황의 요소들을 결합시키고 그들의 관계를 분석하는 전략들
2. **사회적 세계/경기장**(경쟁하거나 협동하는 관계와 행동을 보여주는 장–역주) **지도:** 집합적인 참여, 관계, 행동장(場)의 지도학
3. **입장 지도:** 담론에서 결합되거나 결합되지 않은 입장을 단순하게 구획하는 전략들.(Clarke, 2005: 86)

실제적 연구영역의 맥락적 조건에 대한 자료의 분석은 연구자의 철학적이고 방법론적인 입장에 기반하여 이루어져야 한다. 근거이론 연구설계에서 스트라우스, 스트라우스와 코빈, 그리고 클라크가 추천하는 전략을 포함시키는 것도 인간의 실천과 담론의 문제와 관련하여 신중하게 고려될 필요가 있다(Mills, Chapman, Bonner and Francis, 2007). 여러분이 세상을 존재론적으로나 인식론적으로 어떻게 이해하는가(제4장 참조)가 명확하다면 코딩 패러다임/조건 매트릭스 또는 상황적인 분석 지도를 얼마나 어떻게 쓸 수 있을지에 대해서도 명확한 판단을 할 수 있을 것이다.

2차 자료의 코딩

우리는 앞서 근거이론의 분석과정은 자료유형이나 자료원천과 상관없이 똑같다고 말했다. 연구에서 2차 자료(secondary data)의 사용이 점점 증가함에 따라, 2차 자료를 근거이론분석의 자료원천으로 사용하는 방식을 논의할 필요가 있다. 2차 자료는 제5장에서 이미 '다른 목적으로 다른 사람에 의해 수집된 자료'라고 정의되었다(Boslaugh, 2007: 1). 2차 자료를 사용하는 이점은 저렴한 비용 그리고 쉽게 얻을 수 있다. 특히 영국자료서비스(UK Data Service)와 같은 특수한 자료보관소에 의해 자료를 구할 때는 더욱 그렇다(University of Essex and University of Manchester, 2012).

2차 자료도 핵심적인 근거이론방법을 사용하여 1차 자료와 똑같은 방식으로 분석된다. 글레이저(2008)는 2차 자료에서도 양적 그리고 질적 분석이 가능하다고 주장하며, 근거이론이 '개념적으로 시간, 장소, 사람의 추상화'이기 때문에 아카이브 자료의 속성 때문에 제기되었던 전통적인 2차 자료분석의 한계(Andrews, Higgins, Andrews and Lalor, 2012; Corti, Witzel and Bishop 2005)가 그렇게 큰 문제가 아니라고 본다.

레드먼-맥클라렌은 근거이론연구로 파파뉴기니 여성의 HIV 위험에 대한 새로운 이해를 생성하기 위해 2차 자료를 사용하였다. 취약층에 대한 연구질문에 답하기 위해 이런 종류의 자료를 수집하는 것은 연구자가 참여자에 미치는 영향이 크게 축소되기 때문에 여러 가지 이점이 있다(Bainbridge, Whiteside and McCalman, 2013). 초기의 윤리적 승인이 미래에 참여자의 자료를 미래에도 사용할 수 있도록 문서에 의해 승인된 것이라면, 2차 자료도 근거이론연구에 풍부한 자료를 제공할 수 있다. 상자 6.4에서 미쉘 레드먼-맥클라렌(Michelle Redman-MacLaren)은 2차 자료의 사용과 이어지는 포커스그룹에서 추가자료를 생성하도록 알려주는 역할과 관련된 어려운 문제를 제기하고 있다.

상자 6.4 근거이론 들여다보기

미쉘 레드먼-맥클라렌의 근거이론 생성을 위한 2차 자료의 사용

최근까지도 연구자들은 근거이론 생성을 위한 2차 자료 사용에 대한 논의를 별로 하지 않았다. 2차 자료(후향적 자료라고도 알려진)는 다른 연구자에 의해 수집되었지만, 다른 연구에서 특정 현상을 이해하기 위해 사용되는 자료이다. 나는 박사학위를 위해 파파뉴기니에서 HIV를 예방하기 위한 남성포경에 대한 수용성과 가능성을 조사한 뉴기니 여러 지역의 연구에서 생성된 자료를 사용하였다. 여기에는 양적 그리고 질적자료를 다 포함하고 있었다. 나는 이 연구에서 생성된 이해를 바탕으로, 박사논문을, 남성 포경수술이 HIV 예방을 포함하여 여성에 미치는 함의를 더 심층적으로 탐구하도록 설계하였다. 파파뉴기니에서 HIV는 이성간에 성적으로 전파되고, 여성들은 보통 HIV의 희생자 또는 HIV 전이에 대한 책임자로 묘사되었으므로, 이러한 접근이 꼭 필요하였다(Recman-Maclaren et al., 2013).

박사논문 연구의 첫 단계에서, 나는 풍부한 면담 및 포커스 그룹 녹취록이라는 2차 자료에서 이론적으로 표집하였고, 이를 통해 코드와 범주들을 파악하였다. 그리고 나서, 나는 출현하는 범주들에 대한 이해를 넓히기 위해 860명의 남성과 520명의 여성이 응답한 양적자료에 접근했다(Maclaren et al., 2013). 내 경험으로는 2차 자료로 작업하는 것은 항상 쉽지는 않았다. 이 기간 동안에 적은 메모에서 다음과 같이 썼다. "내가 녹취록을 읽으면서 자료를 코딩할 때, 내가 이야기의 반절만 가지고 있는 것처럼 느꼈다. 연구자와 참여자의 상호작용은 사라졌다. 여성이 한 이야기와 그 이야기를 끌어낸 맥락이 서로 단절된 것처럼 느껴졌다"(2013년 2월).

이런 문제점에도 불구하고, 2차 자료는 내가 파파뉴기니의 여성을 탐구할 코드와 범주들을 제공해주었다. 나는 2차 자료에서 '해석적 포커스그룹'에서 토론을 촉진할, 그리고 참여하는 여성을 위한 남성포경수술의 함의에 대한 새롭고 풍부한 지식을 생성할 자료 '덩어리'(부분)를 파악하였다. 포커스그룹에서 여성들은 자료 '덩어리'를 해석하고 토론하였고, 스토리보드 기법(특히 문맹율이 높은 곳에 적절한)을 사용하여 자신들의 이해하는 바를 그림으로 묘사하였다.

2차 자료와 1차 자료로부터의 이해를 엮어나가는 것은 변형된 근거이론이다. 2차 자료 분석으로 발전한 이해들은 1차 자료를 위한 성공적인 자료의 공동생성의 방향을 알려주었고, 변형된 근거이론의 발전을 가능하게 해주었고, 연구한 지역에서 건강증진행동으로 이어졌다.

(나와 공동 연구자인 파파뉴기니 사람 라첼 톰베의 2차 자료의 사용에 대한 토론을 보려면 다음을 클릭해봐라. http://youtu.be/Fg3OqF6fK38)

고급분석으로 전진

우리가 이 장의 결론을 내리기 전에, 다음 장에서 소개될 고급단계 분석으로 진전할 때 직면할 수 있는 몇 가지 이슈들을 잠시 논의할 필요가 있다. 그림 6.3은 근거이론연구에서 코딩단계를 나타낸다. 1차와 2차 코딩의 상호작용, 동시에 행해지는 자료 수집과 생성과 분석, 그리고 이론적 표집은 선형적인 연구설계와 반대로 반복적이다. 1차 코딩단계 동안 여러분의 활동은 다량의 자료를 생성할 것이고 코드와 범주는 급증할 것이다. 그 결과 이 지점에서 초보근거이론가들은 서술을 넘어서서 근거이론의 절정인 중간과 고수준의 개념으로 진전하는 데 어려움을 겪으면서 옴짝달싹하기 어렵게 될 것이다.

핵심 근거이론방법의 범위를 성찰하고 이를 여러분의 연구설계에 반영하는 것은 여러분의 분석을 계속 진전시켜나가는 데 도움이 될 것이다. 분석적인 추진력을 유지하기 위한 열쇠는 2차 코딩이 어떻게 연구자가 범주를 충분히 발전시켜 서로 연결하도록 도와주는지를 이해하는 것이다. 의식적으로 이론적 민감성을 올리도록 작업하고, 이론적으로 포화되었다고 선언하기 전에 비판적으로 그 범주들을 따져보고, 발전된 근거이론을 함축하고 있는 범주를 선정하게 되면, 여러분은 잠재적으로 서술적이고 주제적인 분석의 수렁에서 밖으로 나올 수 있을 것이다. 그렇게 되면, 여러분은 다음 장에서 논의되는 발전된 단계의 분석으로 이동할 수 있게 될 것이다.

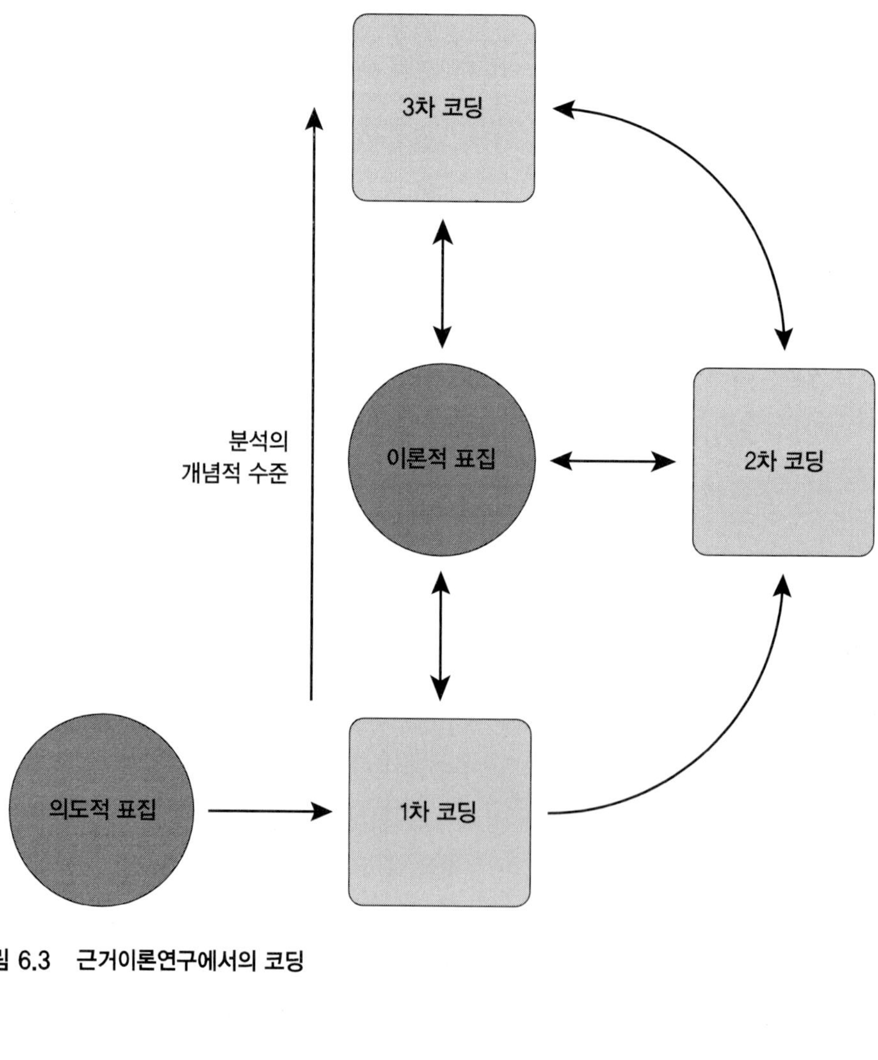

그림 6.3 근거이론연구에서의 코딩

결론

초보연구자들에게 분석은 아마도 근거이론에서 가장 어려운 부분일 것이다. 핵심 근거이론 방법을 적용할 때 성실히 수행해야 하지만, 이 연구에서의 접근법은 원래 유연하다. 이 장에서 우리는 다양한 방법론적인 입장과 관련시켜 자료분석방법을 검토하였으며, 여러분의 연구에서 이를 적용하기 위한 도구들과 전략들을 논의하였다. 다음 장에서 우리는 고급분석의 단계로 이동하여 여러분의 최종이론을 통합하기 위한 기법들을 탐구할 것이다.

비판적 사고를 위한 질문

1. 자료분석과 관련하여 글레이저와 스트라우스의 최초 저서(1967) 이후의 저술에서 나타나는 차이의 핵심은 무엇인가? 여러분의 철학적 그리고 방법론적 입장을 성찰하고, 이러한 작업들이 여러분의 근거이론 연구 설계에 어떻게 영향을 줄 것인가를 생각해봐라.
2. 만일 여러분의 개념분석 수준이 이 장에서 서술된 1차, 2차 코딩단계에 따라 개념분석 수준이 진전된다면, 이를 어떻게 파악할 수 있을지 서술해봐라.
3. 여러분이 근거이론 연구설계에서 맥락을 어떻게 고려할 것인지 설명하라.

근거이론연습

APPENDIX A에 제시된 '근거이론연습–사례'를 가지고 다음을 생각해봐라.

- 이 연구자는 연구초기단계에서 분석의 주요 개념들을 어떻게 고민하고 사용하였는가?
- 그녀의 지속적인 비교분석의 사용과 그것이 코드식별과 범주발전에 기여한 내용
- 1차와 2차 코딩 단계에서 사용된 접근법
- 각 범주의 속성과 차원을 표현하기 위해 사용한 방법
- 분석을 진전시키기 위해 연구자가 채용한 도구들

CHAPTER 07

이론적 통합

Theoretical integration

학습목표

1. 근거이론생성의 마지막 단계인 통합의 중요성을 토론할 수 있다.
2. 이론적 통합에 필수적인 요소를 서술할 수 있다.
3. 근거이론연구에서 3차 코딩의 기법을 설명할 수 있다.
4. 이론적 통합과 발표의 기제로서 스토리라인 기법을 활용할 수 있다.
5. 근거이론연구에서 설명력과 설명범위를 제고할 수 있는 전략으로서의 이론적 코딩을 파악하여 제시할 수 있다.

서론

지금까지 이 책의 목적은 여러분에게 이론 생성을 목적으로 연구를 수행할 때 필요한 핵심 근거이론방법을 사용할 수 있도록 안내하는 것이었다. 여러분은 지금까지 이론발전의 토대로서 자료를 생성, 수집, 분석하는 것을 배웠다. 본 장에서 우리는 이론적 통합의 중요성, 목적, 기제에 대해 논의할 것이다. 이 맥락에서 우리는 이론생산을 위한 3차(고급) 코딩 전략들을 제시할 것이다. 이러한 이론생산은 자료에 근거하며, 설명능력을 보여주어야 한다. 이들은 여러분 연구의 신뢰도를 확보하는 데 필수적인 것들이다.

이론에 대한 정의

이론적 통합의 과정과 개념을 탐구하기 전에 '이론'이 의미하는 바가 무엇인지를 생각해보자. 우리는 이론을 논리적으로 연결된 개념들의 세트로 구성된 설명틀로 정의한다. 많은 다른 정의들도 있는데 대부분 각자의 철학적 뿌리를 반영한다. 예를 들어 실증주의자들은 개념들 사이의 설명적 관계로서 정의하는 반면에 해석주의자들은 이론을 더 추상적이고 비결정적인 방식으로 본다(Charmaz, 2014). 글레이저와 스트라우스(1967)는 원래 이론을 설명능력이나 예측능력을 가진 어떤 것이라고 정의하였다. 우리는 예측이 일반화라는 목표를 반영하는 것이라는 실증주의자의 생각에 의문을 가지고 있지만, 근거이론에서 성취된 높은 추상수준은 설명력을 갖게 하는 것이 명백하다. 상호작용을 통하여, 포괄적 설명틀이 생성되면 이론의 통합성도 증가한다(Corbin and Strauss, 2008). 브라이언트(Bryant, 2009)는 원래의 근거이론은 추론적이거나 보편적인 설명력을 지닌 것으로 이해될 필요는 없으며, 오히려 맥락적으로 제한되어 있어, 개발될 여지가 있는 것(형식적 이론의 수준으로 발전할 수 있는 것, 제9장 참조)이라고 주장했다.

활동 7.1 '이론'이라는 개념

여러분은 이론이라는 단어를 들을 때 무슨 생각이 떠오르는가? 여러분이 전문가로 활동할 때 여러분의 활동을 이끄는 이론들을 생각해봐라. 또는 보편적으로 인정받는 이론들을 생각해봐라. 이러한 이론들은 여러분이 생각하는 근거이론과 그 속성이 어떻게 다를까?

여러분이 출판된 연구들을 살펴보면, 근거이론연구라고 주장하는 많은 연구들이 실제로는 이론을 생성하지 않았음을 알게 될 것이다. 제9장에서 더 깊이 탐구하겠지만, 우리가 이미 논의한 것처럼, 많은 근거이론연구들이 서술의 수준을 넘어서지 못하고 있다. 달리 말하면, 이런 연구들은 연구의 대상인 현상을 '설명'할 능력을 보여주지 못하고 있다. 우리는 이러한 실패가 대체로 3차 코딩과 이론적 통합이라는 중요한 단계에서 제대로 성공하지 못했기 때문이라고 생각한다. 분석의 이러한 마지막 단계는 지적으로나 정서적으로 많은 것을 요구한다. 여러분은 통합 또는 모든 것을 결합해 최종 이론을 산출하는 것이 여러분의 연구에서 가장 어려운 부분임을 발견할 것이다(Strauss, 1987). 최종단계의 어려움을 극복하는 것이 여러분의 전공이나 관련 분야에 지적으로 기여하는 독창적인 이론의 발전으로 보답한다는 점을 반드시 명심하고 있어야 한다.

모든 연구들이 이론의 생성을 목적으로 하는 것은 아니다. 그러나 서술적인 분석을 넘어서야, 현재 우리가 가지고 있는 세계에 대한 이해나 지식을 넘어서는 지적 발전으로 이어질 것이다(Corbin and Strauss, 2008). 근거이론은 단순히 범주들을 모아 이론으로 제시하는 것이 아니다(Glaser and Strauss, 1967). 여러분의 분석수준을 개념적으로 가능한 최고의 수준으로 향상시키기 위해서는 최고의 분석전략을 적용해 성공적으로 이론적 통합을 이룩해야 한다.

이론통합에 필수적인 요소들

이론적 통합은 언제 시작하나? 현실적으로 여러분의 이론구축은 첫 번째 자료와 함께 시작한다. 여러분의 이론적 민감성을 적용하여(제4장 참조), 비록 아직 배아단계이지만, 최초의 단계에서부터, 분석적 초점이 이론발전을 향해 작동해야 한다. 2차(중간) 코딩에서 범주들 사이에 관계가 나타남에 따라, 여러분의 연구는 "이론적 약속을 실현하기 시작한다" (LaRossa, 2005: 849). 점차 아래에 서술한 바와 같이 3차(고급) 코딩 기법들이 효과적으로 사용되어 이론적인 틀을 잘 통합시켜 최종근거이론으로 출현하는 시간이 올 것이다. 그림 7.1에 제시한 바와 같이 이 단계는 근거이론 생성의 마지막 단계이다.

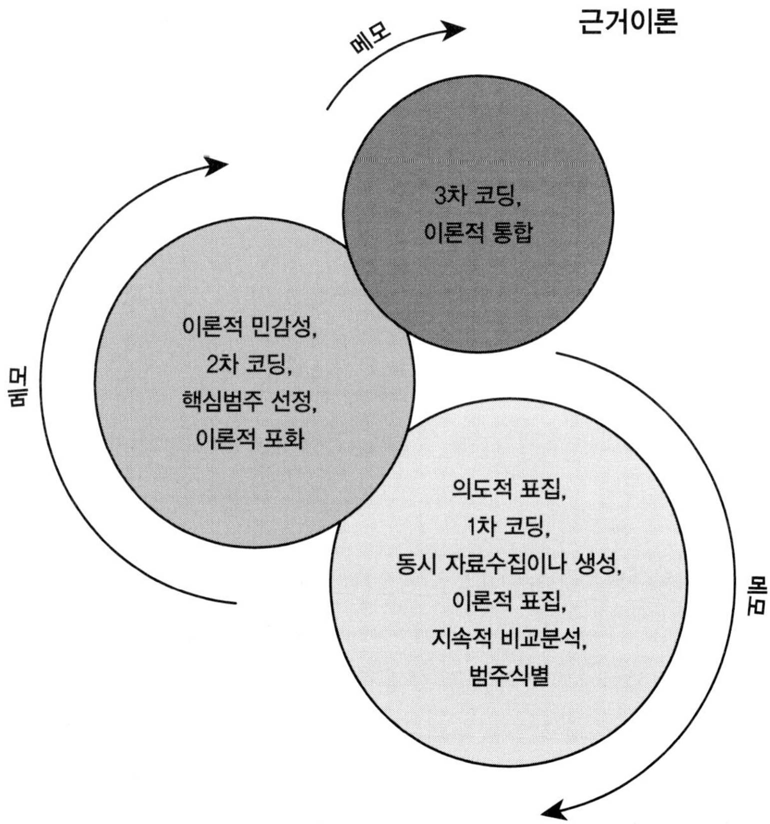

그림 7.1 3차 코딩과 이론적 통합

글레이저와 스트라우스(1967)는 마지막 이론개발로 인도하기 위해 필수적인 기준을 말하고 있지만, 이러한 기준을 구성하는 것이 무엇인지를 명확하게 제시하지 않았다. 우리는 근거이론의 통합을 위한 필수적인 3가지 요소를 제안한다.

1. 파악된 핵심범주
2. 주요 범주들의 이론적 포화
3. 분석적 메모들의 풍부한 축적

앞서 우리는 근거이론연구에서 핵심범주가 중요하다고 설명했다. 왜냐하면 모든 개념과 연결된 중심성 때문에 핵심 범주는 분석적 힘을 가지고 있으며, 조사 중인 현상을 설명할 수 있는 능력을 가지고 있다(Corbin and Strauss, 2008). 마지막 분석단계에서 핵심범주는 발전하고 있는 이론의 중추이다. 따라서 핵심범주가 잘못되면 이론 내의 개념 관계가 아주 취약하게 되며, 이론적 정교함도 사라진다. 여러분이 2차 코딩에서 핵심범주를 파악하게 되면, 고급분석단계로 쉽게 진입할 수 있다. 그러나 때로는 여러분이 핵심범주가 출현하기 전에 고급분석기법을 적용해야 하는 상황이 나타나기도 한다.

이론의 통합을 위한 두 번째 필수 요인은 주요 범주들의 포화이다. 이미 제6장에서 논의한 바대로 이론적 포화는 더 많은 자료를 수집해도 범주의 속성이나 차원에 더 추가할 것이 나타나지 않을 때 나타난다. 데이(Dey, 2007)는 포화된 범주를 이미 더 흡수할 수 없을 정도로 물을 흡수한 스펀지에 비유한다. 스펀지에 더 많은 물을 추가하여도 추가로 흡수할 수 없듯이, 범주의 차원과 속성들이 다 설명되었기 때문에 자료가 추가되어도 범주의 향상은 이루어지지 않는다. 이론적 포화를 제대로 하기 위해서는 이론적 표집 원리를 정확하게 적용하여 다양한 자료를 제대로 점검해야 한다(Glaser and Strauss, 1967). 데이(2007)는 포화를 위해 범주의 세련화를 희생해서는 안된다고 지적한다. 이런 상태가 정말 성취될 수 있는지에 대해 논란이 있지만, 포화는 추상적인 단어로 인식되어야 하며, 연구자가 납득할 수 있는 주제나 패턴이 나타나면 포화된 것으로 생각할 수 있다(Morse, 2007). 그러므로 포화는 "더 이상의 자료를 수집할 필요가 없다는 결정"으로 정의될 수 있다(Wiener, 2007: 306). 근거이론에서 최종이론이 형성될 때까지 분석이 계속되므로, 이론적 포화는 연구가 종료되어야 성취될 수 있을 것이다. 데이(2007)는 이론적인 포화에서 양적인 면보다 질적인 면을 강조한다. 우리들은 범주발전과 세련화의 균형이 가능하다고 생각한다. 이를 위해 3차 코딩과 이론발전 과정을 통해 핵심방법이 지속적으로 적용되어야 한다. 그렇게 해야 여러분의 최종 결과물이 자료와 연결되고 자료에 근거하게 된다.

제3장에서 우리는 근거이론에서 메모하기가 아주 중요하다고 강조했다. 메모는 단순히 분석적 통찰을 기록하기 위해서만 만드는 것이 아니고, 핵심 근거이론방법을 사용할 때 계속 참조되는 기능적 도구이다. 글레이저(1978: 83)는 메모하기를 '이론생성의 근본적 토대'

라고 적절하게 서술하였다. 특히 분석의 후기 단계에 메모하기를 열심히 하면 분석에 커다란 도움이 된다. 통합단계에서 근거이론의 최종적 형성을 위해 여러분은 메모를 열심히 정리할 것이다. 글레이저(2005)는 메모하기가 3차(이론적) 코딩 단계에서 결정적으로 중요하다고 하며, 메모정리의 중요성을 강조하였다. 코빈과 스트라우스(2008)는 메모의 검토와 정리를 통합의 핵심요소로 주장했다. 비록 이론적 통합이 축 코딩 단계에서 시작되겠지만, 그들은 후기분석단계에서 메모정리와 관련된 복잡한 문제들이 있다는 점을 인식하고 있다.

전통적으로 메모정리는 수작업으로 수행해오고 있고, 글레이저(2005: 39)는 이것이 '창조적인 개념'을 유지하는 유일한 방법이라고 주장한다. 반대로 코빈과 스트라우스(2008)는 컴퓨터가 분석이 진전되면서 발전하는 이론과 증가하는 메모를 관리하는 데 도움을 줄 수 있다고 주장했다. 후기 분석 단계에서조차도 메모를 다시 점검하고 정리하는 것은 언제나 더 많은 메모를 생성하게 된다. 이 단계에서 메모관리전략은 아주 중요하다.

여러분이 메모를 정리하는 목적은, 이전에는 불분명하였던 개념들을 통합하고 관계를 파악하여 통합의 과정을 촉진하기 위함이다(Corbin and Strauss, 2008). 메모는 여러분의 초기 분석 결과에서 나온 범주틀에 따라 조직되어야 한다. 차마즈(2014)는 이 과정에서 적극적으로 실험을 해보라고 권한다. 그녀의 이러한 충고는 범주에 따른 메모정리, 범주와 범주의 비교, 그리고 궁극적으로는 연구대상인 경험을 반영하는 논리적인 틀의 생성을 잘 하도록 하기 위함이다. 그녀는 여러분이 메모를 복사(프린트)하여 손으로 작업하고, 이론적 통합을 시작할 때 메모들을 직접 정리(정리 과정에서 생산된 메모들을 포함하여)할 것을 제안한다. 여러분은 분석과정에서 컴퓨터 자료관리 프로그램의 메모들을 정기적으로 재점검하게 될 것이다. 우리는 여러분이 연구에 핵심 근거이론방법을 적용할 때, 발전된 전략으로 자연스럽게 컴퓨터 자료관리 프로그램을 사용하게 되리라고 생각한다.

3차 코딩

앞장에서 근거이론의 1차(초기) 코딩과 2차(중간) 코딩을 살펴보았다. 1단계와 2단계의 코딩을 할 때, 핵심 근거이론방법을 적용하면 결국 3차(고급) 코딩까지 진전될 것이다. 표 7.1은 주요 근거이론가들이 제시하는 3차 코딩을 구성하는 전략을 포함한 코딩단계를 요약한 것이다.

3차 코딩은 이론통합의 핵심이다. 이 과정을 통해 자료는 궁극적으로 이론이 된다. 표 7.1에서 보면 스트라우스와 코빈(1990, 1998)은 처음에는 선택 코딩의 정의와 관련하여 고급분석과 이론통합을 논의하고 있다. 이 과정을 돕기 위한 수단으로 스토리라인 기법이 소개되었다. 이어서 발간된 책(Corbin and Strauss, 2008)에서는 선택 코딩에 대한 언급은 사라지고, 이론통합을 돕는 수단으로서 스토리라인에 별로 주목하고 있지 않다. 글레이저(1978, 2005)에게는 고급분석은 이론적 코딩 기법에 의존한다. 반면에 차마즈(2014)는, 대부분의 연구는 적절한 1차 코딩과 초점 코딩만으로도 완료될 것이라고 주장하면서도, 이론 코딩을 정확하게 사용하면 많은 이점이 있다고 설명하고 있다.

표 7.1 3차 코딩

	1차 코딩	2차 코딩	3차 코딩
글레이저와 스트라우스(1967)	코딩과 사건의 비교	범주와 속성 통합	이론 구체화
글레이저(1978)	개방 코딩	선택적 코딩	이론적 코딩
스트라우스와 코빈(1990, 1998)	개방 코딩	축 코딩	선택적 코딩
차마즈(2014)	1차 코딩	초점 코딩	이론적 코딩

이 책을 통해 계속 강조해온 바와 같이 근거이론과정은 직선이 아니다. 여러분의 진전은 왔다갔다 하며, 분석단계들은 계속 중복되어 나타날 것이다. 표 7.1에서 1차, 2차, 3차 코딩 사이에 점선이 이를 의미한다. 이론발전의 고급단계에서도 여러분은 철저한 이론적 표집을 해야 하고, 자료에 근거한 이론을 만들기 위해 다양한 지점에서 코딩활동을 해야 한다. 차마즈(2014)는 코딩하는 동안에 모호성을 감내해야 한다고 말한다. 또한 여러분의 분석이 이론을 향해 진전할 때 모호성은 더 커지며, 근거이론방법의 사용에 더 정확하게 초점을 맞추어야 한다는 점을 강조하고자 한다. 스토리라인 기법과 이론적 코딩 모두 고급분석과 이론적 코딩을 촉진하는 중요한 전략이라는 점을 알게 될 것이다. 우리는 앞장에서 근거이론의 생성을 위해, 이런 중요한 보조도구들을 확보하고, 적용을 확대하기 위한 시도로써, 이러한 기법들에 대해 서술하였다(Birks, Mills, Francis and Chapman, 2009). 아래 논의는 우리의 이전 작업 위에 구축되고 발전된 것이다.

스토리라인

스토리라인은 근거이론분석에 도움이 되는 방법으로 사회학적 접근방식으로부터 나온 것이다. 그러나 근거이론 최초 저서(Glaser and Strauss, 1967)에서 구체적인 방법으로 제시되지는 않았다. 스토리라인의 사용에 대한 적극적인 논의는 스트라우스와 코빈(1990)의 책에서 나타났다. 1990년 저술 전반에 대해, 그리고 특히 근거이론 기법으로서 스토리라인은 글레이저(1992)로부터 가혹한 비판을 받았다. 글레이저(1992)는 스토리라인에 대한 스트라우스와 코빈의 과도한 의존에 대해 비판적이었다. 글레이저는 스토리라인을 자료에 강요되는 틀로 생각하였기 때문이다. 근거이론에서는 자료가 스토리의 발전 방향을 인도하는 것이어야 하는데, 스토리라인은 이에 반대되는 접근을 한다고 생각하였다(글레이저, 1992). 이러한 비판 때문에 스트라우스와 코빈(1990)의 2번째 개정판(Strauss and Corbin, 1998)과 3번째 개정판(Corbin and Strauss, 2008)에서는 스토리라인에 대한 논의를 줄였다.

스토리라인이란 무엇인가?

연구에서 스토리(이야기)는 새로운 개념이 아니라 해석학적 방법론에서 흔히 사용되는 개념이다. 예를 들어 서사분석에서는 스토리가 자료의 원천이며, 민족지는 스토리텔링을 연구결과물을 보여주는 수단으로 사용하고 있다. 근거이론에서 스토리는 "분석에 기여하기 위해" 사용된다(Charmaz, 2014: 317). 스토리는 자료의 원천으로서 또는 연구결과물로서 양쪽 모두에서 사용될 것이다. 명백하게 말했든 그렇지 않든, 근거이론은 사실 스토리들이고, 몇몇 연구자들은 그들이 생산한 이론에서 스토리가 내재되어 있다고 인정한다. 에거로드, 그리스텐센, 슈워츠-닐슨, 아가드(Egerod, Christensen, Schwartz-Nielsen, and Ågård, 2011)는 중환자 간호에서 질병을 어떻게 서술적으로 구성하는지를 연구하기 위해 자료를 생성하기 위한 스토리를 수집하였다. 면담과 일기에서 나타난 스토리에서 더 나아가, 이 저자들은 질병서사를 이 연구의 자료로서 수집하였다. 유사하게 스몰랜더와 로시(Smolander and Rossi, 2008: 24)는 정보와 소통기술(Information and Communication Technology, ICT)에 기반한 건축의 발전에 대한 근거이론연구에서 '설명력을 지닌 스토리'를 제시했다.

이론적 통합의 기법으로서 사용하는 스토리라인과 달리 이들의 사례에서 스토리와 스토리텔링은 특정한 목적을 가지고 사용되었다. 스트라우스와 코빈(1990: 116)은 스토리를 "연구의 핵심현상에 대한 서술적 묘사"로 정의하고, 스토리라인은 "이야기의 개념화 … 핵심범주"라고 정의하였다. 이 두 용어의 차이는 중요하다. 보다 확장된 용어인 스토리라인은 내재적으로 통합성과 지속성을 함축하고 있다. 스토리라인은 근거이론에서 이중적 역할을 수행한다. 하나는 최종이론의 생산을 돕는 것이고, 다른 하나는 그 이론이 독자에게 잘 전달될 수 있도록 하는 것이다. 통합의 도구로서 스토리라인은 최종이론을 형성하고 구성하는 데 기여한다. 결과물을 전달하는 기제로서의 스토리라인은 이론에 생명을 불어넣는 역할을 한다. 스토리라인이 없으면 이론이 건조하고 재미가 없어진다. 따라서 근거이론가에게 스토리라인은 그것 자체로서 동시에 수단이며 목적이다.

대부분의 연구자들은 이론구축의 과정에 사용하거나 통합된 근거이론이라는 결과물을 제시할 때, 스토리라인이 지니는 이점을 충분히 활용하지 못하고 있다. 우리는 이러한 결과가 근거이론을 구축하고 전달하는 기제로서의 스토리라인에 제대로 관심을 기울이지 않아 나타나는 것이라고 믿는다. 핵심 근거이론방법으로서 스토리라인이 지니는 잠재력을 1세대 근거이론가나 2세대 근거이론가들이 제대로 활용하지 못하고 있다.

스토리라인 쓰기

여러분은 스토리라인을 통해서 이론을 쓰며, 이론을 구성하는 개념들 사이의 관계를 명확하게 설명한다. 스토리라인은 여러분의 이론에 대한 설명이며, 그것은 또한 연구하는 현상에 대한 설명을 제공한다. 이를 성취하기 위해 여러분은 분석과정에서 사용한 전략에 의존할 것이다. 앞장에서 말한 바와 같이, 메모와 도표는 여러분의 이론이 발전되면서 더 큰 중요성을 지니게 될 것이다. 여러분은 스토리라인에 대한 최초의 개요를 메모로 작성하여 안전하게 보관할 것이다. 코빈과 스트라우스(2008)는 여러분이 스토리라인에 대해 최초로 쓸 때 몇 줄의 문장으로 충분하며 이에 기반하여 점차 스토리라인을 구체화하는 과정을 거치는 것이라고 설명했다.

여러분이 스토리라인을 생산할 때, 정확하게 자료에 근거하여 만들어지기 위해서는 몇 가지 전략이 필요하다. 이러한 원칙들은 상자 7.1에 'TALES' 라는 머리글자를 사용한 단어로 기억할 수 있도록 정리하였다.

상자 7.1 스토리라인의 원칙-TALES

- **T** 이론(Theory)은 절차를 거쳐야 한다.
- **A** 변이를 허용(Allow)한다.
- **L** 갭을 줄인다(Limit).
- **E** 증거(Evidence)는 자료에 근거해야 한다.
- **S** 적절한 스타일(Style)을 사용한다.

이론 우선

우리는 이 책을 통해 근거이론연구의 결정적 특징은 최종결과물로서의 이론의 생성이라고 강조해왔다. 마지막 스토리라인을 작성할 때, 근본적 틀을 형성하는 이론적 구축물(범주들과 그 관계들)에 우선권이 주어져야 한다(Strauss, 1987). 저자가 스토리라인에 너무 집착하다가 이론으로부터 벗어나게 되면 안 된다. 이 책에서 계속 강조하였듯이, 만일 연구가 단순한 서술을 넘어서 높은 수준의 개념적 추상에 이르러야 근거이론이라고 할 수 있다. 높은 수준의 개념적 추상에 이르지 못하면 근거이론이 아니다. 최종적 결과물을 제시할 때 이론적 통합이 명확하게 나타나야 한다. 그래야 이론적 통합이 이루어졌다고 평가받을 수 있다.

분석을 반영하고 독자들에게 이해하기 쉽게 전달하기 위해 연구자의 최종이론을 스토리라인으로 번역하는 과정이 반드시 필요하다. 차마즈와 미첼(Charmza and Mitchell, 2001)은 분석에 대한 지나친 강한 강조가 결과물을 읽기 어렵게 만들 수 있다고 경고한다. 차마즈는 자료를 반영한 이론구축물을 더 재미있고, 상상력을 자극하며, 영감을 불어 넣는 근거이론으로 작성하는 것이 가능하다고 계속 주장하였다(Charmaz, 2000, 2006, 2014; Charmaz and Mitchell, 2001). 다음 장에서 논의하겠지만, 궁극적으로 저자들이 이론의 우선성을 지키기 위하여 반드시 창의성을 희생할 필요는 없다.

활동 7.2 이론의 우선성

근거이론연구로 인정되는 논문들이나, 앞에서 여러분이 사용한 논문들을 수집해봐라. 이런 논문들이 최종결과물을 제시하는 방식에서 여러분은 이론적 요소를 분명하게 구분해낼 수 있는가?

변이 허용

스토리라인을 작성할 때, 모든 자료를 다 고려하는 것은 가능하지도 않고 바람직하지도 않다. 이론적 표집의 원리에 따라서 광범위하고 다양한 자료원천으로부터 자료를 생성할 때 어느 정도의 변이는 반드시 나타날 것이다. 자료에서 나온 개념들은 관계적 진술을 매개로 연결되는데, 연구대상인 특정한 상황에서 나타나는 모든 개념들에게도 대체로 적용 가능하다(Corbin and Strauss, 2008). 고급분석기법으로서의 스토리라인의 사용은 분석의 개념적 수준을 제고하며, "개념적으로 추상적인 서사"(Holton, 2007: 285)의 형태로 이론생산에 기여할 수 있다.

전반적인 이론적 틀에 부적합하게 보이는 사례들이 나타날 때가 있다. 즉, 여러분이 기대하는 것에 반하는 상황이나 여러분이 참여자로부터 들은 내용이 다른 참여자들이 말한 내용과 다른 경우, 즉 '부정적인 사례'(Morse, 2007)가 나타나는 경우를 경험하게 될 것이다. 차마즈(2006)는 부정적인 사례들이 자료에서 나올 때, 이론을 더욱 세련되게 발전시킬 필요성을 제시하는 것이라고 주장했다. 변이를 통합시키는 것이 스토리라인에 반하는 것이 아니다. 오히려 그러한 변이는 스토리라인으로 표현되는 이론발전에 심도와 차원을 높여주는 것이다. 특이한 캐릭터가 소설을 더 풍부하게 해주는 것과 마찬가지이다. 스트라우스와 코빈(1998)은 최종이론에 변이를 잘 통합시키면 오히려 최종이론의 설명범위나 설명력이 더 커진다고 주장했다.

갭 줄이기

스토리라인의 한 가지 이점은 이론발전과정에서 나타나는 갭을 파악할 수 있게 해주는 능력이다. 통합은 스토리라인 발전을 촉진하며 스토리라인 발전에 의해 성취된다. 어떤 서술이든 스토리는 논리적인 구조, 일관성, 그리고 흐름을 가지고 있다. 근거이론에서 구멍, 갭, 불일치는 스토리라인을 구축하는 동안에 뚜렷하게 드러난다. 몇 장을 찢어내면 소설이 불완전해지듯, 근거이론연구에서도 스토리라인은 이러한 취약점들을 드러나게 만든다.

여러분의 연구에서 분석과정을 주의깊게 관찰하면, 분석이 진전되면서 이론발전에서의 한계와 갭들이 드러나는 것을 확인할 수 있다. 여러분이 부지런하게 작업을 했음에도 불구하고, 스토리라인을 써보면 이론에서의 갭이 나타난다는 점을 발견할 수 있을 것이다. 그런 경우, 이론을 완성하기 위한 이론적 표집을 위해 다시 자료로 돌아가거나 또는 현장으로 돌아갈 필요가 생길 수 있다(Corbin and Strauss, 2008). 스토리라인에서 분명하게 나타난 갭을 메우기 위해 시적 자유(상상의 자유-역주)를 사용하고픈 유혹을 피하라. 예를 들어 차마즈(2014: 314)는 근거이론의 글쓰기에서 창조성을 "상상해서 소설로 쓰는 것은 아니다."라고 주장했다.

자료에 기반한 증거

근거이론방법으로서 스토리라인의 사용은 이론통합에서 가장 커다란 영향을 미친다. 앞서 논의한 바와 같이 이론발전은 근거이론연구의 가장 초기단계로부터 시작한다. 그래서 여러분 또한 자료와 처음 대면했을 때부터 스토리라인의 발전에 대해 의식해야 한다. 그래야 스토리라인이 여러분의 연구대상영역에서 참여자의 경험에 충분히 근거할 수 있게 된다.

그러나 스토리라인의 형태는 연구의 단계마다 다를 수 있다는 점에 주목하라. 초기 자료생성단계에서는 여러분이 자료와 자료를 비교하고 자료와 생성하는 범주와 비교하기 때문에(Glaser, 1978), 스토리라인이 싹트기 시작하는 정도이다. 지속적으로 자료에 근거해서 이론을 발전시키고 다시 점검하는 과정이 중요하다. 연구의 가장 초기 단계에서부터 스토리라인의 발전에 민감해야 할 필요는 있지만, 스토리라인은 자료로부터 벗어나서 구축되어서는 안된다. 다른 말로 하면, 분석에 부과되는 스토리라인의 생산은 피하라는 뜻이다.

자료에 존재하는 스토리는 분석과정과 절차를 정확하게 적용하면 저절로 드러나게 될 것이다(Glaser, 1992). 다시 말하자면, 의미를 잘못 해석할 위험이나 관계에 대한 자료에 기반하지 않은 추정을 감소시키는 분석적 절차의 정확한 사용에 주의를 집중해야 한다. 그러지 않으면 스토리라인의 정당성이 훼손될 것이다.

상자 7.2에서 로리 골드스미스(Laurie Goldsmith, 2007)는 이론통합을 위한 도구로서의 스토리라인 기법을 어떻게 사용하였는지를 보여주고 있다. 분석단계를 거치면서 반복적으로 이론적 포화를 성취하고 핵심범주를 파악하기 위해 어떻게 스토리라인 기법을 사용하였는지를 잘 살펴봐라.

상자 7.2 근거이론 들여다보기

로리 골드스미스의 스토리라인 활용

의료서비스에 대한 접근권에 대한 근거이론을 생성하기 위해, 내가 해야 했던 일 중 가장 어려웠던 것은 중심범주를 파악하고 거기에 집중하는 것이었다. 나는 이 중심범주가 내 연구의 모든 것과 연계된 핵심범주로서 내가 수집한 다양한 원천으로부터 나온 다양한 자료가 최대한 일관성있게 작동하도록 기여할 것이라는 점을 알고 있었다. 중심범주를 파악하는 것은, "무엇이 여기에서 벌어지고 있는가"(Strauss and Corbin, 1998: 148; Glaser 1978)를 파악하는 일이며, 자료에 몰입하며 자료에 기반하고 스스로의 능력을 믿고 선입견에서 벗어나는 것이 필요하다. 자료에서 핵심 스토리를 추출하는 시도[스트라우스와 코빈(1998: 148)은 이 기법을 '스토리라인 쓰기'라고 명명했다]는 결국 나를 궁극적인 중심 범주인 "균형을 성취하기"로 이끌었다.

스토리라인 기법을 사용하는 일이 쉽거나 또는 바로 결과를 산출한다고 말하는 것이 아니다. 오히려 그 반대이다. 스토리라인 쓰기(내 자료의 스토리라인)는 많은 시간, 고뇌, 정신작업을 요구한다. 내가 적합한 스토리라인을 발견할 때까지 여러 개의 스토리라인을 시도했어야 했다.

내가 사용한 첫 번째 시도는 분명히 핵심범주라고 생각되는 범주들을 찾아내서 이들을 스토리라인의 토대로 사용하는 것이었다. 의사-환자의 관계와 '좋은 의사'가 핵심범주라는 것이 확실했다. 그러나 이들 범주를 중심범주로 사용하는 것은 의료체계 바깥에서 벌어지는 과정이나 범주들을 포착할 수 없었다. 근거이론이 되기 위해서는 이러한 과정을 포착해야 한다는 것을 나는 알고 있었다. 나는 내 스토리라인이 의료체계 바깥의 이슈들의 중요성도 통합해야 한다는 점을 알고 있었다. 왜냐하면 나는 참여자들의 이야기로부터 의료서비스에 접근하고 사용하는 과정도 아주 중요하다는 점을 들어서 알고 있었기 때문이다.

나의 두 번째 시도는 의료과정과 체계과정이라는 두 개의 평행적 과정을 상정하는 것이었다. 두 번째 시도는 초기의 문제들을 다루고 있었지만, 내 자료로부터 들었던 이야기들을 적절하게 포착하지 못하고 있어서 결국 포기했다.

그래서 나는 반복하여 최초의 자료로 돌아가 다음과 같은 질문들에 답하려고 노력했다. "이 사람들이 씨름하고 있는 주된 이슈나 문제가 무엇인가? 나와 자꾸 부딪히는 것은 무엇인가? 직접 말하지는 않았지만 전달되는 것은 무엇인가?"(Strauss and Corbin, 1998: 148). 특정한 면담내용을 한 100번째쯤 읽었을 때, 나는 '낭떠러지에서의 삶'으로서 질병경험이 지니는 불안정성을 서술한 한 참여자의 면담에 사로잡혔다. 끝에 서있거나 떨어지는 것을 연상케하는 이런 이미지는 내 연구의 참여자들이 의료서비스에 접근하는 것을 '균형을 성취하는 과정'으로 보고 있다는 점을 깨닫게 해주었다(의료체계 밖에서 있는 것과 의료체계를 사용하는 것 사이에 균형을 맞춘다는 뜻-역주). 이러한 깨달음은 한바탕 새로운 메모를 작성하게 하였고, 새로운 코딩을 하게 만들었다.

의료서비스 접근을 균형의 성취라고 생각하는 것은 새로운 범주였다. 이것은 바로 균형찾기, 균형유지하기, 균형 전복이라는 다른 새 범주로 연결되었다. 다행스럽게도 내 자료에 관한 새로운 생각의 대부분은 코딩을 처음부터 모두 다시 해야 하는 것이 아니라 내 자료로부터 나온 이전의 생각을 새롭게 고찰해서 나왔다.

나는 각 개인이 나에게 말했던 인생 이야기에서 내가 새롭게 생성한 이론이 제시하는 과정과 일치하는 부분이 있는지를 다시 검토하였다. 또한 부정적 사례들을 찾아서 이를 통해 중요 범주에 대한 정의와 이론을 재검토하고자 하였다. 예를 들어 아직 완쾌되지 않은 허리손상이 있는 참여자가 균형단계를 찾는 과정에 있고 또한 동시에 균형단계를 유지하려고 할 때(나의 직관과 스토리라인으로는 불가능한 묘기이다) 나는 이를 단서로 균형에 대한 나의 생각을 더욱 세련화하도록 노력하였다.

나는 내 자료를 충분히 드러내도록 스토리가 발전할 때까지, 이런 저런 선택코딩을 계속하였다. 충분히 스토리가 발전하도록 했다는 것은 내 이론이 "개념적으로 치밀해졌고"(Strauss, 1987: 17), 내가 이론적 포화에 이르렀다는 자신감을 가지게 해주었다.

여러분은 골드스미스의 설명에서 스토리라인 기법의 사용원칙과 적용방법을 찾아낼 수 있었나? 이론의 우선성을 강조하는 것이 분명하게 드러났고, 부정적인 사례들을 통하여 또한 참여자들에 적합한 이슈들을 찾아 다양한 변이를 허용하는 것도 잘 나타난다. 스토리라인을 형성할 때 나타난 갭을 제거하기 위해 새로운 범주들을 생성하는 과정도 설명하였다. 더 나아가, 그녀의 원초적인 자료로 돌아가 과정을 반복하면서 이론을 구축하여 이론이 근거에 기반하는 과정도 보여주고 있다.

적절한 스타일

여러분의 완성된 스토리라인은 어떻게 생겨야 할까? 논리적으로 연결된 일련의 개념들을 근거이론으로 제시하는 것은 기술적으로는 정확하다. 그러나 이들을 서사에 잘 결합시키는 것이 이들의 통합성과 이해가능성을 높여준다(Dey, 2007). 여러분의 스토리라인은 이상적으로 "투명하고, 이해가능하고 … 충분히 그럴듯"해야 한다(LaRossa, 2005: 850). 데이(2007)는 스토리라인을 큰 그림을 보여주는 연구의 개괄이나 요약으로 간주하지만, 우리는 스토리라인이 사실상 여러분의 근거이론을 포괄적으로 제시하는 것이라고 생각한다. 제8장에서 우리는 최종근거이론을 발표하는 데 사용되는 구체적인 방법들을 탐구할 것이다. 이러한 맥락에서 또 논의되겠지만, 최종적 표현의 스타일과 형식은 몇 가지 요소에 의해 결정될 것이다. 여러분이 선택하든 아니면 습관적으로 해온 방식이든, 근거이론을 최종적으로 발전된 스토리라인으로서 발표하거나 또는 단순히 연구결과를 요약하는 기제로서 발표하거나, 이 장에서 설명한 원칙들이 적용된다.

활동 7.3 스토리라인 기법의 활용

앞에서 했던 코딩연습으로 다시 돌아가보자. 여러분이 2차 코딩 단계에서 발전시킨 개념들을 택하여, 여러분이 본 것에 대한 스토리라인을 작성해봐라. 기술적 정확성에 대해 너무 걱정하지 말고 시도해봐라. 지금까지의 분석에 기초해 스토리라인을 써봐라. 이 연습을 하면서 상자 7.1에 요약된 원칙들을 따르라.

이론적 코딩

이론적 코딩은 "이론적 방향으로 여러분의 분석적 이야기"를 이동시킬 목적으로 근거이론 분석의 후기단계에 이루어진다(Charmaz, 2014: 150). 이론적 코드들은 이론으로서의 잠재력을 높이고, 스토리라인의 설명력을 높이기 위한 틀을 제공하는 고급추상화 작업이다. 차마즈(2014)는 이 단계가 최종 산출물의 명확성과 정확성을 향상시킨다는 것을 인정하면서도, 대부분의 프로젝트가 꼭 이론적 코딩을 할 필요는 없다고 믿는다. 글레이저와 홀튼(Glaser and Holton, 2013: 8)은 이론적 코딩이 이론발전에 필수적인 단계가 아니라고 주장하지만, 그들은 최종 산출물이 "출현하는 이론적 코드에 의해 통합되고 형성될 때, 더 그럴듯하고, 더 적절하고, 더 향상된다."라고 인정한다. 우리는 이 입장을 지지하며, 이론적 코딩이 없다면 다른 연구와 근거이론연구를 구분하는 설명능력을 보여주는 데 한계가 있을 것이라고 생각한다.

이론적 코드들은 전통적으로 글레이저(1978)와 연관되어 있다. 그는 초기에 '코딩그룹'이라고 알려진 18개의 사회학적인 구축물을 설명하였다. 그는 후에 더 많은 것을 발견하였고, 리스트가 더 늘어날 수 있다고 인정하였다(Glaser, 2005). 특별히 이론적 코딩이나 코딩그룹이라고 언급하지는 않았지만, 스트라우스와 코빈(2008)은 2차 코딩 단계에서 코딩 패러다임을 유사한 의미로 사용하였다(제6장 참조). 켈레(2007b)는 이 패러다임이 초기의 코딩그룹의 핵심요소들을 반영하며, 특히 신참연구자에게 더 쉽게 사용할 수 있다고 설명하였다.

이론적 코딩의 수행

이론적 코딩의 중요성에도 불구하고 근거이론연구자들이 이론적 코딩을 매우 어려워한다(Glaser, 2005, 2013). 여러분이 어떻게 이론적 코딩을 사용하는가는 여러분이 2차 코딩에 접근하는 방식에 의해서 결정될 것이다. 만일 고급분석단계까지 이론에서의 개념들의 관계를 파악하는 과정이 늦춰진다면, 여러분의 이론적 코딩에 대한 의존은 더욱 커질 것이다. 그러나 앞장에서 논의한 바와 같이 이런 개념적 관계들은 여러분이 1차 코딩에서 2차 코딩으로 진전할 때 이미 명확하게 드러날 것이다. 핵심 근거이론방법을 정확하게 적용하였다면, 초기의 통합 틀이 자료로부터 스스로 도출될 것이다(Glaser and Strauss, 1967). 그러나 이론적 코딩은 항상 명확하지 않지만 자료 안에 항상 존재하고 있다(Glaser, 2013). 스토리라인을 생성할 때, 여러분은 연구결과의 추상적인 설명을 산출하기 위해서 가장 높은 수준에서의 이론적 민감성을 암묵적으로 적용할 것이다.

근거이론에서 이론적 코드는 근거이론의 다른 개념들과 마찬가지로 "자체적으로 이루어진 적절성"을 보여주어야 한다(Glaser, 2013: 14). 즉, 그들은 사전에 개념화되거나 또는 분석되도록 강요되지 않아야 한다. 자신의 이론발전이 끝날 때까지 근거이론가는 외부 이론의 적용을 피해야 한다는 점이 오랫동안 주장되어 왔으며(Glaser and Strauss, 1967), 최근에 글레이저(2013)와 차마즈(2014)에 의해 이 점이 다시 강조되었다. 외부의 이론적 코드가 귀납적으로 구축된 근거이론을 순응하도록 강요하는 선입견적 틀을 의미한다면, 우리는 이러한 진술에 동의한다. 이런 이유로 우리는 현존하는 이론적 코드를 스토리라인 밖에 놓는다. 스토리라인 자체 내에서도, 연구자의 해석에 기초한 서술과 설명은 분석결과물로만 제한된다. 그러므로 어떤 개념들이 자료에서 생성되었는지, 그리고 어떤 것이 설명력을 더하기 위해 외부로부터 삽입되었는지를 혼동할 가능성은 없다. 컷클리프(2000: 1482)는 이론적 코드가 "연구되고 있는 인간의 상호작용과 사회과정에 대한 완전하고 풍부한 이해를 제공하는" 기능을 한다고 믿는다. 우리는 그런 이론적 개념들이 스토리라인을 통해 확산될 때 그러한 이해를 더 효과적으로 성취할 수 있다고 생각한다. 그런 다음, 연구자는 더 광범위한 학문적 지식의 맥락에서 자신의 이론을 위치지울 수 있다.

이론적 코딩을 둘러싼 대부분의 혼란은 문헌에서 이해되고 논의되는 것과 일치하지 않기 때문에 생긴다. 더 나아가 초기의 이론적 코딩그룹은 사회학적 이론에서 도출되어 다른 학문에는 상당히 낯선 개념들이었기 때문이다. 어쨌든 글레이저(2005)는 다른 학문에서 발전한 이론적 코드도 사용될 수 있다고 제안한다. 또한 그는 복수의 이론적 코드가 이론발전에 적용될 수 있으며, 그렇다면 혼합적 접근도 가능할 것이라고 보았다. 우리는 여러분의 학문적 분야에서 도출된 이론적 틀의 사용을 강하게 추천한다. 그렇게 하는 것이 여러분의 근거이론을 설명하고 여러분의 전문적인 영역에서 공헌할 지식에 대해 논의하는 데 더 적절하다. 현실적으로 이러한 지식들이 여러분이 가장 익숙한 이론적 구축물이기 때문이다. 글레이저(2013)는 연구자가 가능하면 여러 학문에서 더 많은 이론적 코드를 배워야 한다고 충고한다. 하지만 우리는 여러분이 다양한 지식으로 확장하여야 하는 것은 좋지만, 여러분이 알고 있는 것 중에 '적합'한 것을 사용해야 한다고 제안한다. 다른 학자의 이론을 여러분의 스토리라인에 적용하면서, 여러분은 현재 이론들을 확대하고, 지지하고, 검증할 수 있으며, 그렇게 함으로써 여러분 자신의 가치를 설명하고 강화할 수 있다. 글레이저(2005)가 지적한 바와 같이 이론적 코드를 이렇게 사용하는 것은, 지식과정을 호혜적으로 만들며, 지식토대를 확장한다는 공통의 목표에 기여할 수 있게 된다. 상자 7.3에서 니콜라스 랄프(Nicholas Ralph)는 이론적 코딩의 사용에 대해 논의하면서, 근거이론발전에서 이론적 코딩의 역할에 대한 흥미로운 관점을 제시하고 있다. 그의 전공 영역에서 출발하여 이를 넘어선 이론적 코딩 틀을 사용하는 그의 방식에 주목하라.

상자 7.3 근거이론 들여다보기

니콜라스 랄프의 근거이론에서 이론적 코딩의 역할

핵심방법으로서 이론적 코딩은 핵심 근거이론방법 중 불편하게도 항상 '가운데 아이' 형태로 자리하고 있었다. 왜냐하면 연구에서 이론적 코딩은 첫 번째로 탄생한 아이(실질 코드와 범주들)와 막내(구체적이며 설명력을 지닌 근거이론)의 가교역할을 하기 때문이다. 이론적 코딩의 불편한 위치는 이름이 미친 영향도 크고, '이론적 코딩'이 함축하는 바에도 불구하고 나타난다. 이론적 코딩은 대부분이 알다시피 코딩 과정도 아니고, 연구결과물을 지지하기 위한 이론(문헌)의 단순한 통합도 아니다. 코딩연습이나 문헌의 단순한 통합으로 접근하게 되면, 결과물을 증명하기 위해 이론을 강요하거나, 또는 단순히 문헌을 자의적으로 삽입하는 결과로 나타날 수 있다.

글레이저(1978)에 따르면 이론적 코딩은 가정들을 이론으로 통합할 때 실질적 코드들이 어떻게 서로 연관되어 있는지를 개념화하는 방법이다. 이론적 코딩은 실질적 코딩 과정 이후에 하게 된다. 이전에 하게 되면 자료에서 관계가 형성되기 전에 개념화하게 되어 강요하게 되고 추정하게 된다. 이런 이유로 스토리라인은 연구자가 외부 개념이나 패턴의 영향으로부터 벗어나 자료 속에서 관계를 설명하게 하기 때문에 이론적 코딩을 단순화하는 데 도움을 준다. 그렇지 않으면 이론적 코딩의 미성숙한 사용으로 외부 개념의 영향을 받게 된다.

자신의 발견을 정당화하기 위한 스토리라인과 삽입된 문헌들에서 멈추면, 연구자가 이론적 코딩을 전혀 사용하지 못하거나 경험적 것에서 이론적 것으로 도약할 수도 없다. 많은 근거이론가들은 그들의 역할이 무엇보다도 가설로도 불리는, 이론의 생산자라는 것을 잊어버린 듯하다. 그러므로 자료와의 관계에 근거한 근거이론을 산출하기 위해, 이론적 코딩을 거쳐 발견물과 이 발견물을 가설화하여 설명하는 것과의 차이를 분명하게 해야 한다.

이론적 코드가 자료를 전체로서 개념화하기 때문에, 이론적 코딩은 경험적 자료를 이론화하고 가설화하도록 전환하는 기능을 제공한다. 또한 이론적 코드는 진실된 근거이론을 산출하기 위해 핵심범주, 범주들, 그리고 속성들로 대표되는 자료를 연결시킨다. 그러므로 이론적 코드활용은 연구자가 단순한 결과보고보다 높은 수준에서, 자료에 연관된 모델의 토대 위에 이론화하도록 하기 때문에, 본질적으로 '근거에' 기반한 것이다. 나의 경험으로 보면, 이론적 코딩은 '작은 것에의 안주'의 범주에서 '호주 간호교육의 맥도널드화' 이론으로 이동하게 해주었다. 의심할 여지없이 논쟁적이지만, 맥도널드화 이론은 무엇이 진행되고 있는지에 대한 가설을 세우도록 허용하였고, 그렇게 하여 특정 학문에 제한된 자료를 넘어서 보다 넓은 설명력을 지닌 것으로 이동할 수 있게 되었다.

그러므로 이론적 코딩 없이 근거이론을 생산할 수 없다는 것이 나의 입장이다. 이론적 코드를 발견하는 것이 아마 힘들겠지만, 그렇게 하여야 다른 사람들이 인식할 수 있도록 틈을 메꿔 접착해 완전한 그림으로 만들어준다. 진실된 이론적 코드는 경험적인 것과 이론적인(이론화/가설화) 것을 연결시켜 준다. 동시에 핵심범주, 범주들, 속성들을 가로지르는 관계를 개념화하고, 그 연결을 설명하는 방법을 제공하여, 모든 자료를 고려할 수 있도록 해준다. 그러므로 이론적 코딩은(제대로 이해되지 못하고 어색한 가운데 아이로 알려지고 있지만) 핵심 근거이론방법의 산출물이 경험적인 것과 이론적인 것을 연결하는 '유전적' 연속으로 제시되도록 허용한다.

여러분이 만든 이론에 대해 여러분이 '충분히 받아들일 수 있다고' 생각하고, 여러분의 자료에서 나타나는 상황을 명확하게 설명할 수 있다고 생각하는 단계에 이르렀을 때의 이론적 코딩을 생각해보라. 위의 사례에서 랄프는 스토리라인 생성 이후에 이론적 코딩을 사용한다고 썼는데, 이는 우리의 접근법과 일치한다. 근거이론은 반복하고 되풀이하는 과정으로 진행되는데, 어떤 이론적 코딩 틀이 적절한지는 여러분이 스토리라인을 구축하면서 또는 스토리라인을 구축할 결과로서 뚜렷하게 드러날 것이다. 글레이저(2013)는 문헌탐구를 통해 이론적 코드들을 찾아내는 것은 즐거운 일이며, 설명력을 제고하여 여러분의 이론에 깊이, 넓이, 범위를 확장해주는 이론적 코드들을 발견하는 것도 흥분되는 일이라고 설명했다. 여러분은 다양한 학문영역에서 이론적 코드들을 선택해 조합하거나, 또는 여러분의 작업에 적절하도록 논의를 통해 포괄적 틀을 찾아내는 것도 가능할 것이다. 어떤 식으로 이론적 코드를 생성했든, 이론적 코딩을 효과적인 활용하려면 최종 이론의 발표에서 서술 방식으로 표현하거나 시각적인 모델로(또는 둘 다를 사용해) 제시해야 한다.

활동 7.4 이론적 코딩

여러분이 활동 7.3에서 쓴 스토리라인을 살펴보자. 여러분의 지식을 토대로 스토리라인의 설명력을 제고하기 위해 어떤 이론적 틀이 도움이 될지 생각해봐라. 예를 들어 천재지변에서의 회복을 보도한 뉴스기사들에서 비통함, 상실, 적응을 설명하는 이론적 코드들이 나타날 것이다. 록밴드 방문의 영향을 논의하는 스토리는 대중히스테리와 군중심리에 대한 이론을 환기시킬 것이다. 여러분의 분석을 설명하기 위한 잠재적인 이론적 코드를 찾을 때, 여러분의 전공영역을 넘어서 더 넓게 생각하라.

상자 7.4에서 조니 살다나(Johnny Saldaña)는 근거이론의 원리를 가르치기 위해 게임을 사용하는 방법을 논의하고 있다. 이 사례에서 근거이론연구에서 사용되는 코딩의 단계들 그리고 여러 접근법을 비유를 사용하여 게임으로 할 수 있도록 했다. 이 논의는 이론통합으로 이어지는 전 과정을 개괄하여 살펴볼 수 있도록 해준다.

상자 7.4 근거이론 들여다보기

조니 살다나의 근거이론 원칙을 가르치는 게임

'리오 카니발'은 극장예술가인 아우구스토 보알(Augusto Boal)에 의해 개발된 게임으로 동작과 소리를 연습시키는 것인데, 우연하게도 근거이론 발전을 위한 과정을 유추할 수 있게 해준다. 나는 근거이론이 어떻게 작동하는지를 보여주기 위해, 연구방법 워크숍에서 이 게임을 사용했다.

첫째, 참여자들을 3명으로 구성된 소집단으로 나눈다. 각 소집단에 속한 한 사람은 의미없는 소리('우' 또는 '와'와 같은)와 함께 쉽게 흉내 내면서 따라하고 반복할 수 있는 간단한 동작(손을 흔들거나 목을 돌리는 등)을 만든다. 그러면 다른 두 명도 각자 동작과 소리를 자기식대로 조합하여 소집단 내의 파트너들에게 이를 그대로 반복하도록 한다.

(비유: 소그룹의 각 참여자를 자료로 간주하라. 그들의 독특한 동작은 과정코드이며, 그들의 독특한 소리는 참여자 코드로 간주하라. 미리 공유하는 것은 개방 코드의 한 형태로 볼 수 있다.)

소그룹의 각 구성원들이 동작과 소리를 공유한 후, 그들이 동시에 각자의 독특한 소리와 동작을 반복적으로 행한다. 개인적인 협상과 비언어적 의사소통 과정을 거쳐, 소집단 내의 세 '변종', 또는 그들의 개인적인 동작과 소리를 종합하여, 결국 아주 똑같은 동작과 소리로 반복하는 집단으로 진화한다. 소집단에서의 최종적 순서는 한 사람의 동작과 다른 사람의 소리로 조합되어 형성된 것일 수도 있고, 또는 두 사람의 동작과 한사람의 소리로 통합된 새로운 것 일 수도 있고, 또 다른 것일 수도 있다.

(비유: 초기범주를 발전시키기 위한 초점 코딩으로서 위의 과정을 생각해보자. 개인의 마음에 떠오르는 생각들을 분석적인 메모로 볼 수 있다.)

이제 새롭게 통합된 동작과 소리를 내는 각각의 소집단은, 독특한 동작과 소리를 내는 다른 집단과 합치게 된다. '변화과 합성' 과정은 계속되어 같은 동작과 소리를 내는 사람이 여섯, 아홉, 열둘, 그리고 더 많은 사람들로 계속 증가하게 된다. 가끔 한 동작이 너무 따라 하기 쉬워서 지배적인 동작으로 될 것이고, 한 소리가 너무 커서 지배적인 소리로 들릴 것이고, 아마도 대부분의 구성원들이 특정한 동작과 소리의 합성을 따르게 되어 지배적으로 될 것이고, 소수는 결국 다수를 따르게 되고, 어떤 동작/소리의 합성은 인기가 있어 지배적인 것이 될 것이다.

(비유: 위의 과정을 근거이론의 축 코딩과 선택 코딩으로 생각해봐라.)

모든 참여자들이 동작과 소리를 계속 발전시키면서 결국 원을 그리며 서서 모인다. 목표나 최종 산출물(이상적으로)은 모든 사람이 정확하게 똑같은 동작과 소리를 내는 것이다.

(비유: 위의 과정은 이론적 코딩을 상징하며, 이론적 통합으로 이어진다.)

똑같은 동작과 소리를 내면 그룹은 멈춰서 과정을 성찰한다. 나는 게임 각 단계가 근거이론의 분석단계와 어떻게 유사한지를 설명하였다. 우리가 어떻게 '핵심범주'에 이르렀고 마지막 동작이나 소리의 조합이 의미하는 바가 무엇인지를 게임을 하면서 이해하는 동안, 우리의 생각과정(분석적 메모)을 공유한다. 이것을 근거이론이라고 할 수 있다.

결론

근거이론 도출은 연구자인 여러분과 자료 간의 상호작용의 결과이다. 앞장에서 서술한 바와 같이 동시에 행해지는 자료의 수집과 생성과 분석을 통해서 근거이론의 토대가 구축된다. 연구의 최종 결과물의 질은 개념적 작업을 통해 통합된 근거이론의 수준으로 발전시키는 여러분의 능력에 달려 있다. 이 장에서 논의된 스토리라인과 이론적 코딩의 기법들은 분석과 이론 사이에 가교역할을 할 것이다. 다음 장에서 우리는 최종 근거이론을 발표하기 위한 다양한 방법과 기제를 설명할 것이다.

비판적 사고를 위한 질문

1. 이 장에서 논의된 바와 같이 이론적 통합은 근거이론연구의 가장 어려운 단계이다. 왜 여러분은 그렇게 생각하는가? 여러분은 지식발전의 기존 모델들이 3차 코딩 원리를 이해하려는 연구자의 능력에 얼마나 영향을 미친다고 생각하는가?
2. 다른 연구방법론에서 나타나는 스토리와 스토리텔링의 사용방법과 비교하여 그 차이를 동료에게 설명해주도록 요구된다면, 여러분은 근거이론의 스토리라인을 어떻게 설명할 것인지를 생각해봐라.
3. 이론적 통합에서 암묵적인 이론적 코드의 개념과 역할을 생각해봐라. 활동 7.3에서 여러분이 생성한 스토리라인의 어느 부분을 기억하는가? 무엇이 이런 코드의 자료원천인가?

근거이론연습

APPENDIX A에 제시된 '근거이론연습-사례'를 가지고 다음을 생각해봐라.

- 이 연구자는 어떻게 이론적 통합과정에 접근하는가?
- 이 연구에서 사용된 고급분석의 기제
- 통합을 성취하고 최종이론의 발표를 촉진하기 위한 스토리라인에 이 연구자가 의존하는 정도
- 근거이론의 설명력을 제고하기 위한 특정 학문의 이론적 코딩의 활용

CHAPTER 08

근거이론 연구결과의 발표

Presenting a grounded theory

학습목표

1. 근거이론 연구결과를 발표하는 원칙을 설명할 수 있다.
2. 근거이론 연구결과를 보고할 때 선택할 수 있는 옵션들을 제시할 수 있다.
3. 근거이론 연구결과를 발표할 때 도움이 되는 시각적 모델을 사용할 수 있다.
4. 근거이론 연구결과의 효과를 극대화하기 위한 전략들을 실천할 수 있다.

서론

이 장에서는 근거이론 연구결과를 확산시키기 위한 실천적인 내용들을 다루고, 근거이론 연구결과를 발표하기 위한 기본원칙을 제시하고 설명할 것이다. 또한 대학원 논문이나 박사논문, 보고서, 학술논문, 그리고 학술적 발표를 위해 연구결과를 어떻게 분석하고 제시할 것인가의 여러 가지 옵션들을 설명할 것이다. 덧붙여 상황지도를 포함한 여러 가지 시각적 모델을 사용하는 방법도 설명할 것이다. 마지막으로 여러분의 근거이론 연구결과로부터 나타난 결론과 권고사항의 효과를 극대화하기 위한 전략을 제시할 것이다.

근거이론연구에서 글쓰기

근거이론을 사용하여 연구한 보고서나 논문을 작성할 때는 바로 연구시작 단계부터 글을 쓰게 된다. 다양한 수준의 분석적, 개념적 내용들을 계속 메모하고, 여러분 자신의 이론을 도출하기 위한 이야기의 줄거리를 작성하려면, 일단 뒤로 물러나서 근거이론으로 도출된 내용을 살펴보아야 한다. 앞장에서 이야기한 바와 같이, 근거이론적 결과물을 다양한 논문이나 보고서의 토대로 활용하기 위해서는 메모를 살펴보면서 논문이나 보고서의 줄거리를 먼저 작성하여야 한다. 그런 다음 보고서나 논문으로 완성하여 연구결과를 널리 확산시킬 수 있다.

이 장을 쓰려고 계획할 때, 글쓰기에 대하여 그리고 질적연구 일반에 대하여 먼저 설명할 필요가 있다는 생각이 들었다. 월코트(Wolcott, 1990)는 두 종류의 연구자(읽기를 선호하는 연구자와 쓰기를 선호하는 연구자)를 언급한 적이 있다. 근거이론에 기반한 연구디자인은 자료를 읽고 기존 이론을 검증하는 연구자보다 새로운 이론을 만들어내기 위해 글을 쓰는 것을 좋아하는 연구자에게 더 잘 맞는다. 글쓰기와 생각하기는 근거이론을 구축하는 과정에서 밀접하게 서로 연결되어 작동한다. 설리번(Sullivan)은 이를 다음과 같이 비유했다. "손을 계속 앞뒤로 움직이는 것이 수영이듯이, 글쓰기가 바로 생각의 표현이다"(2009, para 1). 연구의 마지막에 정리하는 것이 글쓰기라는 생각에 반대하여, 리차드슨과 센 피에르(Richardson and Adams St Pierre, 2005)는 글쓰기를 계속 질문하는 과정으로 간주했다. 근거이론 연구자가 매일 살아가며 질문하는 것이다. 글쓰기는 근거이론분석이 진전됨에 따라 점점 닳아버릴 바퀴에 윤활유를 치는 것과 유사하다. 충분히 메모가 쌓여서 그 바퀴가 더 부드럽게 돌고 잘 움직이게 되면, 연구자가 동시에 행해지는 자료의 생성 및 수집과 분석과정에서 현장과 자료 사이를 보다 부드럽게 왔다 갔다 할 수 있다. 글쓰기는 생각을 표현한 것이다. 개념적으로 추상화되어 잘 연결되는 통합된 근거이론 결과물을 통해 이론적인 사례들을 고찰하고, 분석을 진행하는 것이 글쓰기다. 스탠리(Stanley, 2008)는 글 쓰는 과정을 통해서 배워야한다고 믿고 있다. 근거이론 연구자들에게는 글쓰기가 자료를 생성하고 수집하고 읽고 코딩하는 것만큼 가치있는 연구과정이다. 글레이저(Glaser, 1978)도 글쓰기를 통해 연구자와 자료의 관계가 발전한다고 생각하여 이러한 접근을 장려하였다. 글을 많이 써보면 분석도 발전할 뿐만 아니라 연구자의 능력도 제고된다. 물론 글을 쓴다는 것은 마음 속 깊이 느끼는 수많은 생각을 꺼내 잘 정리해야 하는 고통스러운 과정이기도 하다(Smith, Wolcott 재인용, 1990).

어쨌든, 글쓰기의 목적이 연구가 아니라 소통이 되는 단계가 온다. 이와 관련하여 월코트(1990: 13)는 다음과 같이 함축적인 충고를 한다. 루이스 캐럴(Lewis Carroll)의『앨리스의 원더랜드』에서 차용한 글쓰기 팁으로, "글쓰기가 마지막에 이르면 멈춰라"이다. 완전하기란 정말 어렵다. 여러분이 자료에 흠뻑 빠져 있어 '이제 그만'이라고 말하기가 가끔은 매우 어렵다. 여러분은 더 잘 하고 싶겠지만, 지도교수나 멘토나 동료들에게 쓴 것을 보여주고 자문을 받아라. 그리고 여러분의 근거이론의 결과물이 최선을 다한 것이며 이제 발표를 해도 된다고 과감하게 받아들여야 한다. 그렇지 않으면 끝이 없다. 스트라우스와 코빈(Strauss and Corbin, 1990: 236)은 '이제 순리대로 맡기는 논리'에 대해 쓴 적이 있다. 여러분의 분석이 계속 진전되지만 충분히 스스로 받아들일만 하다고 생각되면, 이제 미래의 비판과 개선에 맡겨도 된다.

발표의 원칙

근거이론결과물을 발표할 때, 고려해야 할 4가지 원칙이 있다.

1. 청중이 누구인지를 파악하라.
2. 어느 정도의 상세한 분석 수준이 필요한지를 결정하라.
3. 적절한 글쓰기 스타일을 선택하라.
4. 여러분의 근거이론을 통째로 발표하라.

청중 파악하기

새로운 작가들에게 항시 제공되는 충고 중의 하나는 글을 쓰기 전에 청중이 누구인지를 먼저 파악하라는 것이다. 청중이 달라지면 발표 방식도 그에 맞추어야 한다. 그들이 해당 분야에 대하여 얼마나 잘 알고 있는지, 근거이론에 의한 연구설계의 다양한 측면을 얼마나 잘 이해하고 있는지, 소통을 할 때 어떤 언어를 선호하는지, 그들이 해당 연구의 결과와 제안사항을 얼마나 읽고 듣고자 하는 열정을 가지고 있는지 등을 고려해야 한다. 이 중에서 가장 중요한 것은 청중이 근거이론에 대해 얼마나 열정을 가지고 참여하고자 하는지이다. 정책입안자와 교수의 열정과 동기는 크게 다르다. 전자는 직접 실행할 수 있는 제안사항에 관심을 가질 것이고, 후자는 방법론적인 일관성과 전체 연구의 엄밀성에 더 관심을 가질 것이다. 물론 둘 다 중요하다. 그러나 근거이론적 연구는 청중의 성향에 민감하며 또한 잘 맞출 수 있기 때문에 이들 개개인의 관심사항에 맞게 연구결과를 제시하기 위해서는 각각의 청중에 맞는 방식으로 글을 써야 한다(Strauss and Corbin, 1990). 각각의 청중이 무엇을 중시하는가를 파악하기 위해서는 그들이 알고자 하는 것이 무엇인가를 먼저 파악해야 한다. 그리고 발표문의 내용과 강조점을 이에 맞춰야 한다. 만약 발표의 목적이 여러분이 찾아낸 제안사항을 실행하는 사람들에게 전달하는 것이라면, 그들이 '맞아. 우리가 이렇게 할 수 있어'라는 반응을 이끌어내기 위해서는 어떻게 해야 그들에게 맞는 근거이론 패키지로 포장할 수 있을까? 만약 석사나 박사논문의 통과를 위한 것이라면, 어떻게 결과를 제시하여야 여러분의 근거이론이 엄밀하고 논리적이며 통과될 만한 가치있는 것으로 받아들여질 수 있을까?

코빈과 스트라우스는 특정한 청중에게 근거이론의 결과를 맞추어 제시하는 데 필요한 몇 가지 유용한 충고를 제안하고 있다. 청중을 세 종류(동료, 현장 실무자, 일반인)로 나누었고, 이들에게 발표할 때 고려해야 할 핵심 사항을 정리하였다(2008: 290-1). 표 8.1은 이를 다시 정리한 것이다. 각 대상에 알맞은 발표의 방식과 분석의 수준을 포함시켰고, 동료는 논문게재 심사자 그리고 학위논문 심사자로 나누었고, 정책입안자가 중요하기 때문에 이들을 일반인에 포함하여 언급하였다. 글쓰기의 각 항목에서 체크의 개수는 많을수록 더 중요하게 간주된다는 뜻이다.

요구되는 세부적인 분석수준의 결정

근거이론의 연구결과를 발표하기로 계획을 세웠을 때, 먼저 세부적인 분석수준을 어느 정도까지 할 것인가를 결정하여야 한다. 근거이론에서 세부적인 분석수준이란 결과발표에 포함하는 핵심범주, 일반범주 및 가능한 하위범주, 그리고 그 속성과 차원들을 이르는 말이다. 세부적인 분석수준은 청중의 수준이나 발표의 종류에 따라 다르게 정해질 수 있다. 다른 근거이론가들(Charmaz, 2006; Corbin and Strauss, 2008: Strauss and Corbin, 1990)과 마찬가지로 이 책의 저자들도 최종 결과물의 개별적이고, 분석적인 요소들을 어느 정도까지 자세하게 포함하는 것이 적절한지를 결정할 때 세심한 주의가 필요하다고 생각한다. 아주 자세한 세부적인 분석까지 필요한 경우는 학위논문을 작성할 때이다. 이 경우 심사위원들이 여러분이 근거이론방법을 사용하는 데 전문적인 능력을 갖추고 있는지를 확인하기 때문이다. 세부적인 분석을 포함한다는 것이 필수적인 근거이론 방법을 새로운 '이상한 용어'로 대체하여 쓰는 것을 의미하지는 않는다(Stern, 2007: 122). 그렇게 시적인 표현으로 전환해봐야 더욱 혼동스러울 뿐이다. 심사위원들을 혼동시키지 말고, 관련된 중요한 문헌들을 인용하며, 있는 그대로 투명하게 쓰는 것이 좋다.

표 8.1 발표수준을 청중수준에 맞추기

	결과의 확산을 위한 발표방식	세부적인 분석 수준	방법론적 발전을 위한 함의	연구결과의 관련 이론과 문헌의 맥락 검토	지역 실천에의 함의	전반적 개선에의 함의
정책입안자를 포함한 일반인	구두발표, 소식지, 보고서	√		√	√√√	√√√
현장 실무자	구두발표, 소식지, 보고서, 학술지 논문	√		√	√√√	√√√
논문게재 심사자	학술지 논문	√	√√√	√√√	√	√
학위논문 심사자	석사/박사 논문	√√√	√√√	√√√	√√	√√

샌들로우스키(Sandelowski, 2007)는 단어들의 의미가 다시 설명하지 않아도 연구결과의 보고서에서 스스로 드러나야 한다고 했다. 특히 샌들로우스키는 발표문의 다양한 부분에서 복잡한 명칭을 붙이는 이른바 '심한 근거 이론병'(2007: 129)에 걸린 연구자들을 언급하고 있다. 샌들로우스키의 생각에 따르면 '근거 이론병'에 걸리면 오히려 연구결과를 명료하지 못하게 만들고 독자들이 잠재적인 유용성을 제대로 파악하지 못하게 만든다. 표 8.1로 다시 돌아가 보면, 학위논문을 제외하고는 근거이론의 연구결과를 발표할 때 저수준의 세부적인 분석으로도 충분함을 알 수 있다. 학술논문이나 보고서를 쓸 때, 스토리라인의 추상적인 형태로(Dey, 2007) 근거이론의 '약간의 논리'(Glaser, 1978: 129)만 포함시켜도 근거이론의 한 측면을 심도있게 탐색하고 논의하는 것이 충분히 가능하다. 구두로 발표하거나 소식지의 기사로 발표할 때는, 시간이나 공간의 제약으로 근거이론의 종합적 설명을 제공하는 것으로 끝나게 될 것이며, 논의를 세부 사항으로 진전시키기 어렵다. 그럼에도 불구하고 이러한 방식으로 확산시키는 것도 중요하다. 왜냐하면 지역적 실천에의 함의니 전반적인 정책적 함의를 확산시킬 필요가 있기 때문이다. 이러한 청중들이 나중에 실천적인 변화를 도모할 때, 여러분의 연구결과를 더욱 자세하게 찾아볼 것이라는 희망을 가지고 있다.

앞에서 언급한 샌들로우스키(2007)가 쓴 편집의 글이 2세대 근거이론가들에 의해 자신들의 근거이론 심포지움에 대한 보고서에서 논의된 바 있다(Morse et al., 2009). 이들 연구자들은 근거이론의 결과를 발표할 때 개념들을 코드나 범주라고 불러야 할지 말아야 할지 어쩔 줄 모르는 것 같다. 이들이 이 문제를 논의하고 또 다른 비판들이 제기되었을 때, 코빈(Corbin)은 글레이저와 스트라우스가 서사적인 스타일로 쓴 뛰어난 단행본을 언급했다. 스턴(Stern)은 분석과정과 근거이론의 조직화를 명료하게 하기 위해 표지를 붙이는 것이 유용하다고 열정적으로 변호하였다. 차마즈(Sharmaz, 2006: 173)가 일찍 언급하였듯이 "근거이론이 서사에 잘 녹아들어갔는지 또는 팍 튀어 보이는지는 여러분의 과제로, 여러분이 이를 어떻게 활용하느냐에 달려 있다."

적합한 글쓰기 스타일의 선택

근거이론의 결과를 발표할 때 어떠한 방식으로 쓸 것인가는 청중이 누구이고 이들에 맞는 세부적인 분석수준을 어떻게 할 것인지와 관련되어 있다. 일반적으로 평이한 용어를 사용하여 전반적인 연구결과를 설명하는 것이 잘 받아들여진다. 플러머(Plummer, 2009)는 왜 연구자들이 필자로서 때로는 매우 어려운 용어를 사용하여 독자들을 어지럽게 하는지에 대해 자신의 생각을 말한 적이 있다.

> 생각이 복잡하기 때문에 설명도 더욱 복잡해질 수 있다. 또는 어려운 과거의 작업을 번역하느라 그럴 수도 있다. 그러나 이보다는 잘난 척 하기 위해 그런 경우가 더 많다고 생각한다. 즉, 더 과학적이고 심층적이고 심각하고 진정으로 심오한 것으로 보이고 싶기 때문이다. 그래서 어려운 언어로 포장하여 말하고자 하는 것을 더 어렵게 하고, 애매하게 하고, 숨기는 것이다.(2009: para 5)

어쨌든 근거이론의 연구결과를 작성하기로 결정했으면, 여러분은 의도하지 않았겠지만, 결국 여러분의 연구결과를 알 수 없는 용어로 표현하는 일은 하지 말아야 한다. 차마즈가 신규 근거이론연구자들에게 주는 위대한 선물은 질적인 연구결과를 발표할 때 다양한 글쓰기 스타일을 사용할 수 있다는 점과 글쓰기 스타일이 중요하다는 점을 보여주는 글들(Charmaz, 1991, 2000, 2005, 2006, 2014; Charmaz and Mitchell, 1996; Mitchell and Charmaz, 1996)을 썼다는 것이다. 차마즈는 근거이론을 제시할 때 글쓰기의 특정한 스타일을 성취하는 과정을 이해시키기 위해 가공하는 것(rendering)이라는 용어로 가끔 설명한다. 가공한다는 것은 핵심적 조사영역에서 무슨 일이 벌어지는지를 연구자가 분석하여 독자에게 제공할 때 독자가 이해하기 쉽도록 가공하거나 번역한다는 뜻이다. 따라서 글을 어떤 방식으로 가공하였다는 의미는 청중을 고려하였고 연구결과를 특정한 방식으로 확산시켜 무엇을 성취할 것인가를 이미 고려하였다는 의미이다. 차마즈(2014: 317)는 '설명의 논리와 이론적 경험의 논리를 균형맞추는 것'을 통해서 이러한 다양한 결과를 성취하기 위한 여러 기법을 논의하고 있다. 그녀가 제시하는 많은 전략들은 독자들을 글 속으로 끌어들이면서 참여자의 체험을 느끼도록 하는 것과 관련되어 있다. 글쓰기가 쉽게 받아들여지게 만드는 그녀의 전략을 예로 들면, '예상 밖의 정의와 주장'을 사용하고, "이야기 전개를 빠르게 하고 이어지는 핵심에 집중하게 하는 수사학적 질문들"을 활용하는 것이다(2014: 316-7).

근거이론결과를 제시할 때 적절한 글쓰기 스타일을 선택하는 것은 여러분의 결과를 더 많은 사람이 읽게 만드는 데 기여한다. 글쓰기 스타일을 잘못 고르면 독자가 제한될 것이다. 그래서 라로사(LaRossa)는 다음과 같이 말했다.

> 신문기사나 소설이 한 쪽으로 기울어져 있듯이, 연구보고도 기울어져 있다. 그러한 편향이 그 논문이나 책이 잘 읽힐지 또는 안 읽힐지의 차이를 만들어낸다. 또는 기억될지 기억되지 못할지의 차이도 만들어낸다.(LaRossa, 2005: 851)

기억할 만한 결과를 생성한다면 해당 영역에서 그 결과물이 변화를 촉진할 수도 있을 것이다. 연구가 단순한 연구과정을 넘어서 사람들의 삶에 영향을 미친다는 점을 기억하라.

근거이론을 통째로 발표하기

근거이론의 내재적인 장점은 각 요소들이 통합되어 있다는 점이다. 이 때문에, 각 부분들을 심도있게 설명하기 전에 전체적인 이론을 소개하는 것이지만, 여러분의 근거이론의 결과물은 반드시 통째로 제시해야 한다. 여기에서 생기는 문제는 간결하면서도 피상적이지 않아야 한다는 점이다. 어쨌든 잘 통합된 근거이론으로서 논리성, 일관성, 지식에의 기여를 잘 보여주도록 흥미롭고 간결하게 전달해야 한다.

근거이론을 제시할 때, 글레이저(1978)는 깔대기 방식으로 하라고 제시했다. 즉, 전체 윤곽으로서 근거이론의 핵심범주를 설명하고 나서 구체적인 부분들을 심도있게 설명하는 것으로 진행하라고 했다. 그러나 특정 부분들을 설명할 때 일부 자료를 증거로서 제시하며 개념적인 수준에서 설명해야 한다. 스트라우스와 코빈(2008: 247)은 자료들을 포함하여 근거이론을 발표하기 전에 다음 질문을 해보도록 제시했다. "최대한 실제적인 이해를 성취하기 위해 또는 분석적 논의의 명확성을 최대화하기 위해 이렇게 세세한 부분까지 포함시킬 필요가 있을까?"

근거이론의 결과물을 기존이론이나 문헌들로부터 독립적으로 발표한 다음에 기존이론이나 문헌들과 연계하여 논의할 것을 우리는 추천한다. 앞장에서 논의한 것처럼 스토리라인을 이용하여 할 수 있다. 이어서 이론적 코드를 사용하게 되면 근거이론을 더 강화할 수 있으며, 설명범위를 향상시킬 수 있다. 어떠한 방식으로 보고하든, 기존 지식에 대한 기여와 적합성을 설명하기 위해 기존 문헌들의 맥락에서 스토리라인의 핵심을 설명하고 논의할 수 있다.

가능한 보고서

석사논문과 박사논문

대학원에서 공부하게 되면 석사나 박사나 다른 학위를 취득하기 위해 논문의 형태로 보고서를 써서 제출하여야 한다. 석사논문이나 박사논문은 차이가 분명하지 않으며, 심사를 위해 제출한 연구보고서와 형식이 유사하다. 어떤 나라에서 학위를 취득하는지, 어떤 전공을 하고 있는지에 따라서 학술논문이나 학위논문이나 졸업논문이나 보고서라는 용어를 쓴다. 학위논문(thesis)은 논증된 주장이라는 뜻으로 학생이 독자적으로 연구를 수행할 수 있음을 보여주는 것이며 이는 연구보고서의 가장 중요한 특징이다.

어떤 용어를 사용하든, 대학원생으로서 근거이론연구를 보고하는 데 가장 중요한 것은 일관되고 논리적이고 실질적인 논증을 제시하는 것이다. 궁극적으로 여러분이 근거이론방법을 어떻게 사용하여 자료로부터 이론을 생성하는가를 보여주어야 한다. 대부분의 학위논문들은 연구의 실제적 영역을 이해했고, 광범위한 이론적 지식을 가지고 있으며, 특히 방법론적 원리와 과정 그리고 구체적 방법을 사용했다는 것을 보여주는, 비슷한 구조를 따른다. 클레어(Clare, 2003)가 연구에 기반한 학위논문의 생산은 미스터리로 가려져 있다고 말했는데 우리도 그렇게 생각한다. 그녀는 만약 학위논문이 각각 특정한 목적을 달성하기 위한 연계된 에세이들의 집합물이라면 미스터리가 아닐 수도 있다고 생각한다. 우리는 그녀가 추천한 내용을 조금 바꿔 근거이론연구를 발표하는 데 적절한 구조를 표 8.2로 정리하였다.

표 8.2에서 제시한 구조는 상황에 맞게 바꿀 수 있으며, 이를 통해 여러분의 독특한 연구 상황을 반영하여야 한다. 예를 들어 여러분은 방법론과 방법을 두 개의 장으로 나누어 제시할 수 있다. 어쨌든 출발점으로 이 표를 사용할 수 있다. 또한 이 표는 연구를 시작할 때부터 계속 참조할 수 있는 유용한 틀로 이용할 수 있다.

클레어(2003)가 책의 장들을 에세이의 집합으로 설명하는 것은 학위논문을 출판할 때 좋은 지침이 된다. 우리가 출판으로 학위논문을 완성한다고 말하는 것은 연구가 전통적인 방식으로 이루어지고 장이나 장의 일부가 연구의 진전에 따라 출판되는 과정을 거친다는 것을 뜻한다. 이전에 출판된 논문들을 단순히 서로 관련되어 있다고, 합쳐서 학위논문으로 제출할 수 있다는 뜻은 아니다(그냥 논문들을 합쳐서 학위논문으로 제출하는 것은 '고무줄로 묶은' 학위논문이라고 불린다).

프랜시스, 밀즈, 채프맨, 버크스(Francis, Mills, Chapman and Birks, 2009)는 전체나 부분적으로 출판한 다음에 학위논문을 완성하는 것이 지니는 여러 가지 이점을 설명하고 있다. 일찍부터 연구결과를 널리 알리고, 글쓰는 능력과 자신감을 증가시키며, 전문가로서의 이력을 추가하는 이점이 있다. 더 나아가 위 저자들에 따르면 논문심사과정에서의 심사평이 박사논문을 개선하는 데 도움을 주고 궁극적으로 프로젝트의 완성도를 높여준다. 근거이론연구에서 자료수집과 분석이 동시에 이루어지고 이론이 발전할 때까지 지속되므로, 생성된 이론이나 결과와 관련된 논문을 쓰는 것은 연구의 최종단계나 그 이후에 이루어질 수 있다. 그럼에도 불구하고 배경과 연구설계가 관련된 부분을 논문으로 일찍 출판하는 것은, 아래에서 논의하는 것처럼, 여러 잠재력을 지니고 있다. 학위논문을 출판하라는 요구사항이나 선택범위나 정책이 학교마다 다르다. 대부분의 대학이 이에 대해 독자적인 규정을 가지고 있으며, 학위논문을 학술지 논문에 제출한 다음, 또는 학술지 논문 초고형태로 학위논문을 제출하도록 하거나 학위논문 제출 이전에 출판을 하도록 요구하기도 한다.

표 8.2 학위논문의 바람직한 구조

장	논의 주제	내용
1	서론	연구를 하게 된 이유 설명 연구의 의미 설명 연구질문, 목적, 분석단위 규정 철학적, 방법론적 입장 설명 논문의 구조 제시
2	배경	넓은 맥락에서 연구의 위치 설정
3	방법론/방법	철학적 입장 수립 방법론적 근거 논의 연구접근방식의 근거 방어 사용할 구체적 방법 설명 연구과정에 대한 평가
4	연구결과	연구결과물(스토리라인) 제시 이론의 정교화
5	논의	기존 이론/지식의 맥락에서 연구결과물의 의미 논의 이론의 적합성과 기여를 설명
6	결론	파악된 연구의 한계 생성된 이론에 대한 평가 연구결과의 적용 검토 및 추천 잠재적인 추가연구영역 논의

보고서

보고서는 대체로 개별 기관이 요구하는 요구사항을 충족시키기 위해서 만든 연구요약물이다. 이 기관은 여러분의 연구에 관심을 지닌 기관일 수도 있고, 연구재단이거나, 또는 윤리위원회나 심사위원회와 같은 통제기관일 수도 있다. 아래에 기술한 바와 같이 때로는 논문의 구술발표를 위해 보고서를 제출하도록 요구하기도 한다.

여러분의 보고서를 요구하는 기관이 보고서의 구조와 내용 그리고 초점을 미리 정해서 제시하는 경우도 있다. 그러한 지침이 없는 경우에도, 해당 기관이나 위원회의 성격이 어느 정도 방향성을 지시한다. 예를 들어 연구재단은 예산을 얼마나 잘 사용하였는지를 검증하기 위해 지출내용과 이와 관련된 증빙서류를 제시하라고 요구할 수 있다. 이 경우 이미 실행한 것이든 앞으로 계획된 것이든, 발표나 논문출판을 통해 여러분의 연구결과의 영향이 얼마나 확산되었는지에도 중점을 둬서 써야 한다. 반대로 심사위원회나 윤리위원회는 연구과정에서 나타나는 참여자의 복지나 윤리적인 이슈에, 그리고 수집되거나 생성된 자료의 비밀보장성과 안정성에 관심을 가지고 있다. 지원하는 기관들로부터 특정한 연구영역에 적합한 피드백을 받는 것을 두려워하지 말라. 그러한 피드백을 포함한 여러분의 경험은 미래의 학생들, 참여자, 그리고 다른 관련자들에게 도움이 될 것이다.

학술지 논문

여러분의 근거이론연구를 가장 효과적으로 확산시키는 수단은 전문학술지에 논문으로 게재하는 것이다. 위에서 설명한 근거이론 발표원칙들은 논문에도 적용된다. 각 학술지마다 조금씩 다르므로 이를 고려하여야 한다. 여러분의 독자는 학술지에 따라 다르며, 논문의 길이와 스타일도 학술지마다 다르다. 이러한 요소들은 여러분이 행하는 분석의 상세한 정도나, 이론을 전체적으로 어느 정도나 종합적으로 제시해야 하는지에 영향을 미친다. 학술지의 지침들은 여러분이 최종 출판용 논문을 어느 정도까지 통제하여 작성할 것인가에 영향을 미치기 때문에 논문출판을 위해 학술지를 고를 때 신중하게 검토해야 한다.

초고의 길이를 학술지가 요구하는대로 맞추는 것이 어려울 수도 있다. 초고의 단어수를 줄이기 위해 말 그대로 인용하는 내용들을 잘 선택하고 축소시키는 것이 좋은 전략이다. 가끔 신참 근거이론가들은 자신의 주장을 증명하기 위해 부분적이고 간결한 자료만 사용하는 것이 생각보다 힘들다는 것을 발견하게 될 것이다(Margaret Kearney, personal communication, February 2010). 어쨌든, 긴 인용문들은 연구자의 분석으로부터 독자의 집중력을 분산시키므로, "스토리의 유용성이 명백하게 드러나는 것만 포함시키고" (Sandelowski, 2004: 1377) 그렇지 못한 것은 제거하여 독자들이 항시 분석에 집중할 수 있게 해야 한다.

여러분은 아마도 이미 여러분의 전공영역에서 관련 논문을 게재하는 학술지를 알고 있을 것이고, 여러분의 주제에 가장 적합한 학술지일 가능성이 크다. 여러분의 전공을 넘어서 다른 학술지들을 찾아보는 것을 두려워하지 말라. 일부 학술지들은 광범위한 주제를 다루고 있어 여러분의 연구가 더 널리 확산되는 데 도움을 줄 수 있을 것이다. 초고에 심사평을 자세히 제공하는 학술지들도 찾아보라. 여러분의 연구의 질을 고려하여 심사에서 통과될 수 있는 학술지에 투고하라. 논문의 신뢰성을 높이려면 영향력 지수(impact factor)가 높은 학술지를 골라라. 여러분의 논문을 널리 확산시키는 것에 초점을 맞추고자 한다면, 누구나 접근할 수 있는 온라인 학술지에 기고하여 잠재적인 독자층을 확대하라.

마지막으로, 최종이론을 제시하는 데 논문출판으로 한정시키지 말라. 여러분의 연구경험을 논의하는 리뷰논문이나 방법론적 보고서도 보다 광범위한 학술공동체에 기여할 수 있다. 자료수집과 분석 과정에서 나타난 이슈들을 점검해보라. 아마 여러분이 연구를 수행하는 과정에서 도구나 전략이나 기법들을 발전시켰을 것이다. 어떠한 방식으로 여러

활동 8.1 근거이론 출판하기

여러분의 전공에 맞는 학술지의 웹사이트에 들어가봐라. 이러한 학술지와 친근하지 않다면, 여러분의 전공과 학술지(journal)라는 단어를 입력하여 인터넷으로 검색해봐라. 출판을 위한 요구사항이 무엇인지 점검하라. 이러한 지침이 얼마나 세세하게 지시하고 있는가? 학술지의 영향력 지수가 제공되고 있는가? 온라인으로 내용이 제공되고 있는가? 누가 접근할 수 있는가? 근거이론설계에 의존한 연구들과 관련된 지침들은 (있다면)어떤 내용을 담고 있는가?

분이 핵심 근거이론방법의 진화에 기여할 수 있을 것인가? 다른 연구자들이 근거이론으로 연구를 시작할 때 도움이 되는 것과 여러분이 근거이론 연구설계로부터 얻은 것은 무엇인가? 더 나아가, 여러분이 수행한 배경적 연구들도 해당 분야에서 지식을 확장하는 데 도움을 줄 수 있다. 여러분이 연구과정에서 수집한 자료들이, 때로는 이론의 발전에 따라 이론과 아무런 관련이 없다는 점이 밝혀질 수도 있다. 그러한 자료도 또 다른 논문을 위한 뛰어난 기반이 되어 여러분의 연구활동을 확대하고 프로필을 강화하는 데 도움이 될 수 있다.

구술 발표

대부분의 학위후보자들은 어느 단계에서 구두로 발표를 해야 한다. 연구를 수행하는 능력을 비교적 일찍 보여주도록 요구되어, 후보자 세미나나 콜로키움에서 발표를 해야 하는 경우가 있다. 학위 논문 심사과정의 후반에 구두로 논문을 방어해야 하는 경우도 있다. 많은 연구 세미나들은 학생들이 다양한 단계에서 자신들의 프로젝트를 발표하여 동료나 지도교수로부터 피드백을 받을 기회를 제공하는데, 이때도 대체로 구두로 발표한다. 연구가 종료되고 연구결과를 확산시킬 때도 여러분은 학술대회나 공개포럼에서 구두로 발표하며, 관심있는 학자들이 참여하여 여러분이 연구를 진행한 구체적인 내용이나 경험담을 듣고 질문과 코멘트를 하기도 한다.

근거이론연구자로서 구두발표를 잘 하는 기술을 발전시켜야 한다. 구두발표에 도움을 주는 수많은 자원들이 있으며, 경험은 필요한 기술을 발전시키는 데 중요한 요소이다. 그럼에도 불구하고, 우리는 근거이론연구의 발표에 적합한 중요한 사항들을 제시하겠다. 여러분의 연구를 구두로 발표할 때, 우리가 제2장에서 연구계획서 작성과 관련하여 논의했던 이슈들이 다시 나타난다. 다른 연구방법에 더 익숙한 연구자들은 핵심 근거이론방법의 내재적인 원리를 이해하는 데 어려움을 겪을 수 있다. 우리는 연구계획서 작성과 관련하여 제시하였던 전략을 여기에서도 사용할 것을 권장한다. 가장 중요한 것은 여러분의 연구설계로서 근거이론을 사용하는 것에 자신감을 가지는 것이다. 동시에 행해지는 자료수집과 분석의 원리와 이론적 표집의 원칙을 이해하고 이를 표현하라. 여러분 연구의 취약점에 대한 피드백 수용을 두려워하지 말라. 연구가 진전되면서 이 문제를 해결하는 방법을 찾아라.

연구가 끝난 후 여러분이 연구 결과를 발표하는 방법은 앞에서 논의한 발표의 원리에 영향을 받을 것이다. 다시 말하지만, 여러분은 청중을 고려하여 여러분의 발표 스타일과 내용을 정해야 한다. 여러분이 근거이론을 발표할 때 특별한 주의가 필요하다. 앞에서 논의한 바와 같이, 스토리라인을 사용하면 근거이론을 보다 흥미롭게 받아들이게 할 수 있다. 특히 구두로 발표할 때는 더욱 그렇다. 생생한 사례를 보여주고 잘 묘사된 스토리를 사용하면 청중들이 발표를 더욱 의미있게 더 잘 기억할 수 있게 된다(Corbin & Strauss, 2008). 어느 정도까지 이러한 것들을 사용할 것인지는 여러분이 발표에 부여하는 목적에 달려있다. 그렇지만 발표는 언제나 진실로 여러분의 연구를 반영하고 있어야 한다는 점을 반드시 기억하라.

활동 8.2 근거이론의 구두발표

여러분이 근거이론연구를 구두로 발표하기 위해 준비해야 할 것들을 상상해봐라. 구두발표를 목적으로 얼마나 그 내용과 구조를 변화시킬 수 있는가?

- 잠재적인 연구비 제공 기관에 제출하는 연구계획서에서는?
- 연구를 수행하는 데 필요한 능력을 여러분이 갖추고 있다는 증거를 위원회에 제시할 때는?
- 대학의 논문심사위원회에서 학위를 받기 위해 여러분의 논문을 최종적으로 방어할 때는?
- 국제적인 연구방법론 학술대회에서는?
- 특정한 전문영역에서 실천능력을 개선하기 위해 전문가들이 모여 행하는 학술대회에서는?

도해적 모델만들기

제6장에서 우리는 근거이론에서 도표를 사용하는 방법을 논의하였다. 근거이론에서 도표와 모델의 차이는 다음과 같다. 도표는 분석의 전략이며, 모델은 발표의 전략이다. 더 일반적으로 말하자면, 모델은 진짜는 아니지만 진짜를 추상적으로 표현하는 것이다(Pearson, Baughan & Fitzgerald, 2005). 비행기 모델을 생각해보자. 우리가 실제로 타고 국가에서

국가로 이동하는 보다 큰 비행물체의 추상적인 표현이다. 비행기 모델은 사람을 태우고 날 수 없으므로 진짜는 아니지만, 우리가 비행기 모델을 보고 실제 비행기의 상당한 부분들을 이해할 수 있다. 유사하게, 도해적 모델만들기는 근거이론의 부분들을 시각적으로 재현하는 데 사용된다. 이 때문에, 모델에 대한 설명은 이전에 구축된 개요나 스토리라인을 추상적 형태로 제시하면서 이루어진다.

도해적 모델을 그릴 때, 독자들이 여러분의 작업을 평가하면서 다양한 학습유형이나 스타일이 반영된다는 점을 기억하는 것이 중요하다. 학습유형이나 스타일에 따라 여러분의 모델을 쉽게 이해하거나 또는 전혀 이해할 수 없는 것으로 평가할 것이다(Birks et al., 2009). 스트라우스와 코빈(1998)에 따르면 근거이론의 시각적 재현은 가능한 한 최소한의 표지, 선, 화살을 사용하고, 대신 추상화, 논리, 흐름에 집중하여야 한다. 만약 여러분이 제시하는 근거이론의 핵심범주가 기본적 사회과정이라면, 흐름을 의미있게 보여주는 도형과 위치선정이 필요하다.

도해적 모델의 사용은 근거이론결과를 발표하는 비교적 새로운 전략이다. 1세대와 2세대 근거이론가들은 분석방법으로 도표를 주로 사용하였다. 그러나 근거이론가들은 그들의 연구결과를 축약하여 시각적으로 보여주기 위해 모델을 점점 더 많이 사용하고 있다. 좋은 사례를 들어보면 홀, 그리피스, 맥키나(Hall, Griffiths and McKenna, 2013)의 근거이론 모델인 『안전한 길을 함께 찾아가기Navigating a Safe Path Together』, 그리고 드러리, 프랜시스, 채프맨(Drury, Francis & Chapman, 2008)의 근거이론모델인 『간호사 되기Becoming a Registered Nurse』를 들 수 있다. 드러리 등의 근거이론은 간호사되기의 3단계 과정을 뚜렷하게 제시하고 있다(첫발 떼기, 계속 진전하기, 흐름에 맡기며 앞으로 전진하기). 동반된 도해적 모델(그림 8.1)은 단순한 도형을 사용하되 색깔을 다르게 칠해 각 단계를 표현하고 있다. 이 그림의 각 부분은 시각적 효과를 가지고 있으며, 해당 논문에서 연구자의 스토리라인을 추상화한 결과를 같이 제시해 설명력을 강화하고 있다.

상황분석을 이용하는 근거이론분석도 연구결과물을 제시하는 상황적, 사회적, 위치적

활동 8.3 도표와 모델을 구별하기

앞의 활동에서 사용한 논문들을 참조하라. 그들 중에 근거이론모델을 제시하고자 한 논문들을 찾아봐라. 해당 그림이 저자의 실제적인 근거이론의 모델을 표현하고 있는가? 아니면 실질적으로는 분석적 도표인가? 스토리라인은 부분들이 어떻게 서로 어울리는지를 설명하고 있고, 그림은 이를 간결하게 추상화하고 있다고 볼 수 있는가?

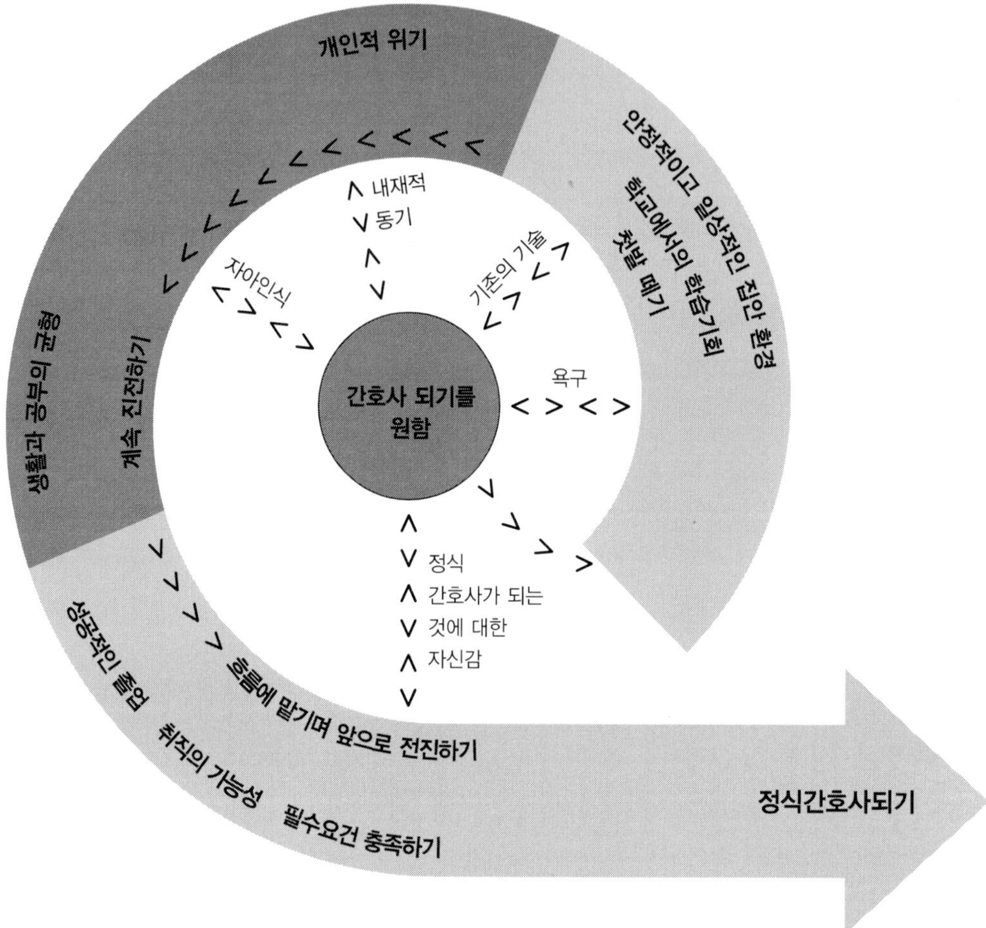

그림 8.1 간호사되기

Source: Drury, V., Francis, K. and Chapman, Y. (2008). 'Mature learners becoming registered nurses: A grounded theory model', *Australian Journal of Advanced Nursing*, 26(2): 39–45. Reprinted with permission of the AJAN.

지도들의 형태로 도해적 모델을 만들어 제시한다. 하지만 상황분석방법을 근거이론에 완전히 통합하고자 하는 이들 연구자들의 포스트모던 입장을 고려하면, 그러한 시각적 재현의 목적이 '최종' 결과로서 제시하는 것이 아니라 과정 중의 작업으로서 이루어지는 것이라는 점을 기억하는 것이 중요하다. 이 경우 모든 형태의 상황적 지도작성은 분석의 기법이면서도 동시에 결과를 재현하는 것이기도 하다. 상자 8.1에서 페레즈와 카넬라(Perez & Cannella, 2010; Perez, 2009)는 허리케인 카트리나 이후의 뉴올리언즈의 어린이, 학교, 공공교육에 대한 연구에서 상황분석지도를 작성했던 자신들의 경험을 연결하여 설명하고 있다.

상자 8.1 근거이론 들여다보기

상황분석의 활용에 대한 페레즈와 카넬라의 논의

활동을 표현하는 지도를 구축하기 위해 상황분석을 사용하면, 무언가 구속되거나 영속되는 느낌을 준다. 우리는 이러한 방법론을 포스트모던 도구로서 사용하고자 하였기 때문에 지도가 그렇게 느끼게 만드는 것을 피하고자 하였다. 우리는 성찰적 과정에서 뉴올리언즈의 작업으로부터 도출된 지도들을 축약으로서 사용하고자 하였다. 연구의 '결론'에서조차 성찰적 과정은 지속되는 것으로 생각되었다. 다른 말로 표현하면, 우리는 지도들을 최종결과물로서 사용하려는 의도는 없었고, 오히려 지속적으로 유동적이고 변화하는 담론의 재현으로서 사용하고자 하였다.

'도구로서의 연구자'가 지도작성과정의 필수적인 부분이기 때문에, 뉴올리언즈에서 2년 동안 살면서(모임에 참석하고, 자원봉사하고, 풀뿌리조직에 참여하고, 일상생활의 일부가 되는), 우리의 신체도 지도작성과정에 깊숙이 침잠되었다.

우리의 '혼란스러운 지도들'은 상황 속에서, 상황을 둘러싸고 상황에 영향을 미치는 모든 측면들을 통합시키게 하였다. 이러한 지도가 상황에서 중요한 초점이 아니었으나 상황에 심각한 영향을 미치는 주제들을 논의하고 표현할 수 있도록 유연하게 작동하기 때문에 우리 연구에서 아주 중요하게 다루어졌다.

'질서있는 지도들'은 혼란스러운 지도에서 나온 주제들을 더 넓은 시야에서 볼 수 있게 해준다. 담론들을 보다 세심하게 관찰하도록 하여 우리가 다양한 정보흐름을 이해할 수 있게 해준다. 우리는 담론에서 더욱 분명해진 권력구조를 표현하기 위해, 질서있는 지도에서 중요한 제목이나 부분들의 일부를 다시 작성하는 것이 필요하다는 것을 발견하였다.

우리의 '사회적 세계/경기장 지도'는 우리의 연구 맥락에 맞게 조절하기 위해 '사회적 영역/권력 경기장 지도'라고 이름을 바꿨다. 이 지도는 권력의 영역에서 작동하는 조직, 사람, 집단들이 드러내도록 도와준다. 또한 권력의 경기장에서 상호작용하고, 특정한 조직, 사람, 집단을 주변화시키는 방식을 드러내는 데 도움을 준다.

우리의 '위치적 지도'는 처음에는 2차원적으로 만들었지만 점차 3차원적으로 변화시켰다. 이 지도는 지도표면에 나타나는 상황의 위치들을 표시하고 있다(담론에서 주도적으로 또는 주변적으로 나타나는 양쪽의 위치). 3차원적 측면은 대화에서 드러나지 않은 위치들의 표시를 가능하게 해준다. 또는 이들은 상황에 존재하고 영향을 미치지만, 분석된 담론에서는 나타나지 않은 부분들이라고 말할 수 있다.

전체적으로 지도작성과 관련된 우리의 경험은 자료를 다루는 하나의 방식을 가능하게 해주었다. 이러한 작업은 예술가가 자신들의 작업을 소통하고 구성하는 다양한 방법과 도구를 사용하는 것과 비슷하다. 우리는 특히 포스트모던 도구로서 상황분석을 사용하게 되었다. 우리의 지도들은 담론의 구체적인 재현으로 간주되지는 않지만, 권력을 노출시켜 분석과 논의를 종합하도록 기여한다.

영향을 최대화하기

학교에서 일하는 근거이론가들은 학교나 정부나 연구재단에 자신들의 연구가 지닌 영향력을 보고해야 한다는 것을 잘 알고 있다. 무엇이 영향력을 구성하는가(Mills, 2014), 어떻게 이를 측정할 것인가에 대해 많은 논의가 진행되고 있다. 모스(Morse, 2006)나 여러 학자들은(Cheek, Garnham & Quan, 2006; Lather, 2004; Sandelowski, 2004) 과학적 증거의 측정(제10장 참조)을 새롭게 생각해야 한다고 주장한다. 치크(Cheek, 2002)는 학문이 대학에서 연구자에게 어떤 의미를 지니는가 그리고 학문의 개념을 다룬 논문에서 보이어(Boyer)의 저술을 인용하고 있다. 학문을 학자들의 '모든 것을 담는' 용어로 사용하기보다는, 결과물의 생산과 발표를 고려할 때 유용한 4가지 영역을 연결시키는 보이어의 틀로 세분하여 시용하고 있다. 4가지 영역에는 발견의 학문영역, 통합의 학문영역, 적용의 학문영역, 교습의 학문영역이 있다. 근거이론가들도 다른 학자들과 마찬가지로, 자신들의 결과물과 이와 관련된 실천에서 영향을 최대화하기 위하여 각각의 학문영역에 개입할 윤리적 의무가 있다. 발견은 연구과정에서 첫걸음이다. 발견이 전공 지식에 통합되지 않는다면, 어떤 것을 장려하거나 적용하는 것도 불가능해지며, 해당 영역의 이론적 진보도 없어 다음 세대에게 가르칠 것도 없다. 차마즈(2005, 2012, 2014)는 핵심근거이론이 세상을 더 나아지게 개선할 수 있는 잠재력을 가지고 있다고 단호하게 믿고 있으나, 이러한 변화는 결과물이 영향을 미칠 수 있도록 제시되어야 가능한 일이다(Sandelowski, 2004).

직접 실천되거나 또는 미래의 응용을 위해 가르치기 위한 목적으로 근거이론을 확산시키려면 관심을 끄는 것이 아주 중요하다. 스턴(Stern, 2007: 121)은 독자의 관심을 끌어들이는 '나를 읽어줘 제목(read-me title)'을 발전시키는 것이 중요하다며 이에 대한 충고를 하고 있다. 데이터베이스에서 검색하여 수많은 목록을 읽어 제목을 골라내기 때문에 '나를 읽어줘 제목'은 보다 쉽게 눈길을 끌 수 있다. 보다 매력적이게 보이도록 잠재적인 논문에 제목을 붙이는 과정에서 여러분의 내재적 코드 몇 개를 생각해보자. 실제적인 연구분야에 더하여, 여러분의 글의 키워드나 제목에 '근거이론'이라는 단어를 포함시켜라. 그래야 독자들이 이 논문이 근거이론 연구설계를 사용한 논문인 줄 알 수 있다.

연구 말미에서 가장 어려운 일 중의 하나는 충분한 제안사항을 쓰는 것이다. 그러한 글을 쓰는 것이 어렵기도 하고 또한 연구자들은 이 단계에서 지쳐있는 경우가 많기 때문에 제안사항을 쓰는 것은 힘든 일이다. 우리는 이러한 어려움을 극복하기 위해, 미리 제안사항의 목록을 작성하여 분석과정에서 필요할 때 미리 미리 작성하라고 권고한다. 이러한 제안사항은 머리에 떠 올랐을 때 바로 쓰는 것이 가장 쉽다는 것을 발견하게 될 것이다. 글레이저(1978)는 전공영역에서 실천가능한 몇 가지 제안사항을 근거이론 보고서에 포함시키는 것을 유용하다고 제시하고 있다. 윌슨, 허치슨, 홀즈머(Wilson, Hutchinson & Holzemer, 2002)는 HIV 치료에서 집착과 증상관리에 대한 근거이론연구에서 기존의 이론과 문헌의 맥락에서 어떻게 연구자가 분명하고 유용한 제안사항을 정리할 수 있는지에 대해 훌륭한 사례를 제공하고 있다. 이들의 제안사항에는 건강전문가 활동에의 강한 집중, 실천의 변화가 가져올 가능한 결과들을 포함하고 있다.

결론

통합성과 가치를 지닌 개인적인 학문능력을 발전시키는 것과 잠재적 독자층이 더 잘 접근할 수 있는 방식으로 근거이론결과물을 발표하는 것은 지식의 확산에 아주 중요하다. 이 장에서 설명한 발표의 원리들을 사용하면 여러분의 근거이론이 더 큰 영향을 미치며 확산되는 데 도움을 준다. 여러분의 연구가 응용에서 지닌 궁극적인 가치는 연구의 질이 결정할 것이다. 다음 장에서는 근거이론의 평가와 적용을 논의하면서 이 개념을 다룰 것이다.

비판적 사고를 위한 질문

1. 연구물을 읽는 독자로서 자신의 경험을 생각해봐라. 어떤 수단으로(예를 들어 학술대회, 논문출판 등) 연구결과물에 가장 쉽게 접근할 수 있는가? 이것이 여러분의 근거이론연구에 함축하는 바는 무엇인가?
2. 어떤 방식으로 근거이론의 영향을 측정하는 것이 가능한가? 여러분의 연구가 지닌 영향력을 외부기관에 어떻게 보고할 것인가?
3. 근거이론을 발표하는 원칙들을 고쳐봐라. 여러분은 이러한 원칙을 여러분의 출판/발표 스케줄에 어떻게 반영할 것인가?

근거이론연습

APPENDIX A에 제시된 '근거이론연습-사례'를 가지고 다음을 생각해봐라.

- 이 사례에서 연구가 보고되고 발표된 수단
- 이 연구자의 서사적 발표와 도해적 모델만들기의 상대적 의존 정도

CHAPTER 09

근거이론의 평가와 활용

Evaluation and application of grounded theory

학습목표

1. 연구의 수행과 발표에 있어서 질과 엄밀성을 평가하는 논의들을 검토한다.
2. 근거이론연구를 평가하는 기존의 기준과 새롭게 발전한 기준을 정리할 수 있다.
3. 질 높은 근거이론연구의 특징을 설명할 수 있다.
4. 여러분이나 다른 사람들이 생성한 근거이론을 평가하는 데 기준을 유연하게 적용할 수 있다.
5. 근거이론연구를 활용하기 위한 전략을 세울 수 있다.
6. 형식적 근거이론의 개념을 설명하고 이의 실제적 근거이론과의 관계를 논의할 수 있다.

서론

이 책을 통하여 우리는 핵심 근거이론방법들을 설명하였고 질 높은 근거이론을 생성하기 위하여 이들을 어떻게 사용하는가를 논의하였다. 이 장에서 우리는 연구에 대한 일반적인 평가방법과 과정을 설명하고 근거이론을 평가하는 구체적인 기준을 검토하겠다. 이 장에서 논의하는 개념들이 기존연구를 평가하는 데 유용하다는 점을 파악하겠지만, 우리는 여러분이 이 장을 이용하여 여러분의 근거이론연구의 과정과 결과물을 평가해보도록 권장한다. 근거이론의 가치가 여러분의 전공영역에서 확립되어 있다면, 우리는 또한 여러분의 전공영역에 근거이론을 적용해볼 것을 권장한다. 최종적으로, 형식적인 수준에서의 근거이론 생성을 통하여 어떻게 근거이론의 적용범위가 확대되는가를 생각해보고자 한다.

연구평가를 위한 최근의 논의들

대부분의 경우, 연구의 평가는 보고서의 발표나 출판된 논문을 토대로 이루어진다. 보통의 교재들은 출판된 연구를 평가하기 위한 지침을 제시하고 있으며, 주로 방법론적 전략과 기법이 연구과정에서 제대로 적용되었는지를 중심으로 지침을 제시하고 있다. 특히 양적인 자료를 수집하는 연구에 대한 평가에서는 더욱 그렇다. 전통적인 과학적 방법에서 요구되는 기존의 객관성은 주로 양적자료를 분석단위로 하는 연구를 중심으로 구축되었고, 평가방법에서도 비슷한 구조적 틀을 가지고 있다. 실증주의적 패러다임에 의존하는 연구자들이 양적연구에 기반하여 객관성의 가치를 강조하면서, 질적자료를 사용하는 연구들의 가치를 낮게 평가하는 경향을 보여주고 있다. 질적자료에 기초한 연구를 어떻게 평가할 수 있는지 그리고 어떻게 평가하여야 하는지에 대한 논의는 지난 수십 년 간 격렬하게 진행되었다. 여기에서 이러한 논의를 요약하여 반복할 필요는 없다. 하지만 근거이론의 대부분은 질적인 자료를 다루고 있기 때문에, 현재 이와 관련하여 연구의 평가와 관련된 흐름과 논쟁이 어떻게 이루어지고 있는지를 간단하게 살펴보는 것은 의미가 있다.

실증주의의 핵심적 전제는 엄밀하게 통제되는 방법과 과정을 통해서 생산된 연구결과만을 정확하다고 간주하는 것이다. 연구결과를 타당하고(즉, 연구의 변수를 정확하게 반영하고) 신뢰할(계속 정확하게 현실을 반영했을 가능성이 높은) 수 있게 만드는 척도가 통제와 관련된 핵심 이슈이다. 통제를 위한 다양한 척도가 얼마나 엄밀하게 적용되었는지가 우리가 그 연구결과를 얼마나 믿을 수 있는지를 결정한다. 이러한 개념들은 어떤 증거를 얼마나 믿을 수 있는지의 위계적 구조(제10장 참조)에 따라 증거를 평가하는 지침을 제공하는 증거의 수준 표(levels of evidence tables)에 반영되어 있다. 증거의 수준 표는, 연구에서 인식된 신뢰성이 중요하게 간주되는 학문에서는 널리 사용되고 있다. 예를 들어 증거에 기초한 의학이나 보건학에서는 현장에서 연구로부터 파생된 치료나 중재를 하고자 할 때 그 치료나 중재의 가치를 결정하기 위해 증거의 수준 표를 사용한다. 체계적인 문헌고찰과 무작위적 통제실험이 이 위계구조에서 항시 가장 높은 자리를 차지하고 있다(CEBM, 2009; Joanna Briggs Institute, 2013; National Health and Medical Research Council, 2009).

양적인 방법들이 타당도과 신뢰도를 심각하게 고려하기 때문에 우월하다고 생각하는 것은 질적자료의 취급에서는 엄밀성이 떨어진다는 뜻을 함축하고 있다. 질적연구가 엄밀하지 못하다는 인식은, 질적연구에서는 구체적인 과정적 규칙들이나 미리 정립된 과정과 기준이 부족하다고 보거나(Goulding, 2002), 특히 포스트모던 접근이 단순히 과학적 규칙을 지키지 않는다고 보는 견해에 기인하고 있다(Rolfe, 2006a). 그 결과 질적자료를 사용하는 연구를 양적자료를 사용하는 연구와 비교하는 일방적인 평가가 이루어져, 특정 질적연구가 양적연구에 비하여 어떤 것이 부족하다고 비판받고 질적연구자들은 이에 대해 사과하는 경향이 나타나고 있다. 서로 패러다임 자체가 달라서 나타난 결과인데(Sandelowski, 2008), 똑같은 기준으로 평가하는 잘못을 저지르고 있다. 롤프(Rolfe, 2006b)는 연구의 질을 평가할 때, 질적연구 전통과 양적연구 전통으로 이분법적으로 구분하는 것은 생산적이지 못하다고 주장한다. 궁극적으로 과정이 자료의 적절성과 가치를 결정하는 근거이론연구에서는 더욱 그렇다.

활동 9.1 양적연구와 질적연구 구분하기

라이언-니콜스와 윌(Ryan-Nicholls and Will, 2009)은 양적연구방법들과 질적연구방법들이 서로 배타적이 아니라고 여러 연구자들이 믿고 있다고 주장하였다. 그들은 양적연구방법의 특징이 이미 질적연구방법에 포함되어 있으며, 질적연구방법의 특징이 이미 양적연구방법에 포함되어 있다고 생각한다. 이들이 말하는 뜻은 무엇이라고 생각하는가? 여러분은 양적연구에 포함되어 있는 질적연구의 특징들을 찾아낼 수 있나? 이러한 구분(또는 실제로는 차이가 없다고 생각하는 것)이 근거이론 연구에 얼마나 적절한가?

이 책을 통하여 여러분의 철학적 입장 그리고 이에 대한 여러분 연구의 존재론적, 인식론적 토대와의 관계를 정확히 인시하는 것이 중요하다고 여러 번 강조했다. 이러한 주장은 질적연구가 양적연구와 다르다고 생각하는 전통에서 나온 것이라고 생각하겠지만, 두 전통의 차이는 그렇게 뚜렷한 것은 아니다(Rolfe, 2006b). 여러분이 양적 또는 질적자료를 사용하든, 또는 둘 다를 사용하든, 연구자의 철학적 입장이 연구자의 세계관이나 연구에 심각한 영향을 미친다는 점을 잘 인식하여 여러분의 연구의 질을 제고하는 것이 더욱 중요하다.

근거이론연구 평가하기

위의 논의들은 연구(특히 질적 요소를 지닌 연구)의 평가를 둘러싼 논쟁이 아직 매우 치열하게 진행되고 있다는 사실을 잘 보여준다. 연구의 질에 대한 관심이 근거이론방법의 발전을 자극한 원동력이었다는 사실을 주목할 필요가 있다. 글레이저와 스트라우스(1967)가 첫 번째 근거이론 책을 출간하고, 이후에 스트라우스와 코빈(1990)이 근거이론 책을 내면서, 실증주의적 모델에 맞지 않는 연구접근도 생존할 수 있도록 엄밀한 과정을 제시하고자 하였다(Fielding, 2005; Wasserman et al., 2009).

근거이론의 평가를 논의하면서 우리는 이러한 연구방식에 대한 공정한 접근을 주장하고 있다. 여러분 자료의 질 그리고 자료수집과 생성과 분석에 핵심 근거이론방법을 어떻게 적용하였는지가 여러분의 연구가 질이 높은 연구가 될 수 있는지를 결정한다는 점을 다시 한 번 상기시키고자 한다. 여러분이 타인이 생성한 근거이론의 가치와 질을 평가하고자 할 때나 타인들이 여러분이 생성한 근거이론을 평가할 때, 이를 위한 몇 가지 구체적인 기준들이 있다. 다음 부분에서 여러분이 근거이론의 가치를 평가하는 데 도움이 되는 3가지 접근법을 논의하고자 한다(일단 보이는 대로 평가하기, 고전적 기준을 따르는 평가, 종합적인 평가). 근거이론을 학술적 작업의 일환으로 평가하는지 또는 실천적인 활용도를 평가하는지(이 장의 후반부에 논의하겠지만)와 상관없이 이 지침이 여러분이 근거이론연구를 평가하는 데 도움을 줄 것이다. 여러분이 이 지침을 엄격하게 순서대로 적용할 필요는 없다. 이들이 얼마나 유용한가는 연구의 구체적인 성격과 의도에 달려 있다(Corbin and Strauss, 2008). 여러분의 구체적인 목적에 맞추어 근거이론을 비판적으로 평가하는 데 필요한 것을 아래의 논의에서 찾아보라.

일단 보이는 대로 평가하기

평가에 대한 보다 형식적인 접근을 논의하기 전에, 근거이론을 표면적인 타당성을 토대로 평가하는 방법을 살펴보는 것이 필요하다. 여러분의 경험으로부터, 연구나 문헌들을 읽고 고찰할 때, 어떤 이유에서 이를 하는가가 여러분의 접근방식을 결정한다는 것을 느끼고 있을 것이다. 어떤 문헌들은 개요를 대충 읽으면서 살펴보고, 어떤 문헌들은 자세히 읽으면서 꼼꼼하게 평가한다. 근거이론 평가에서도 마찬가지이다. 일단 보이는 대로 평가하는 것은 종종 형식적인 평가를 하기 전에 하는 것으로, 아래에 설명한 것과 같은 방식으로 평가한다. 또는 기존 연구에 대한 평가를 가볍게 하면서 추가로 시간을 투입하여 더 자세하게 살펴볼 필요가 있는지를 판단하는 데 사용한다. 일단 보이는 대로 평가하는 방법을 어떻게 사용하든, 이 방법은 여러분의 연구이든 타인의 연구이든, 특정한 근거이론연구의 질에 대한 전반적인 느낌을 알 수 있기 때문에 유용하다.

심사위원이 심사한 연구들도, 물론 그렇지 않은 논문보다 신뢰할만하겠지만, 논문으로 출판되었기 때문에 출판되지 않은 것보다 더 신뢰할만하다고 생각해서는 안된다. 출판하려는 논문이 너무 많기 때문에, 글쓰기와 표현의 전반적인 평가에서 질이 높지 못한 논문도 통과되는 경우가 많다. 논문의 세부사항을 제대로 검토하지 못한다는 것은 연구를 수행하는 데 있어서도 같은 실수를 할 수 있다는 것을 보여준다. 제2장에서 논의한 바와 같이, 근거이론연구로 간주되는 많은 출판 논문들이 실제로는 근거이론연구라고 말하기가 힘들다. 연구자가 근거이론방법을 사용했을지라도 현상을 기술하는 것을 넘어서 분석으로 이어지지 못하는 경우도 많다.

활동 9.2 근거이론에서 일단 보이는 대로 평가하기

근거이론연구라고 주장되는 문헌들을 검색해봐라. 아니면 이미 여러분이 수집한 논문들을 살펴봐라. 각 연구의 가치에 대한 여러분의 초기판단은 무엇인가? 전반적인 스타일과 흐름이 질을 담보한 작업으로 보이는가? 표면적으로 살펴보면, 진술한 연구목적이 근거이론연구에 적절한가? 연구자들이 최종 이론틀을 제시하거나 또는 최소한 이론을 생성할 의도를 밝히고 있는가? 현상에 대한 설명이 해당 연구의 핵심 목표인가? 아니면 연구자가 연구목적을 단순히 설명하는 것 또는 탐구하는 것으로 진술하고 있는가?

고전적 기준에 따르는 평가

글레이저와 스트라우스(1967)가 근거이론을 목표로 한 연구가 엄밀성이 부족한 것으로 인식되는 문제를 다루고자 했다는 것은 그 책에서 근거이론의 평가를 위한 구체적인 기준을 제시한 것에서도 드러난다. 이 중요한 책에서 이들은 자료로부터 바로 생성된 이론의 신뢰성을 기존의 기준으로 평가하는 것에 문제를 제기하였다. 홀튼(Holton, 2007: 267)은 근거이론을 "여러 연구의 지형에서 자체의 독특한 패러다임을 가지고 있다"고 주장하였다. 이러한 사실을 인식하여 지난 수십 년간 근거이론가들의 작업과 함께 평가기준도 진화하여 왔다. 근거이론을 평가하는 데 가장 자주 사용되는 접근방법은 표 9.1에 요약하여 제시되었다.

표 9.1 근거이론연구를 평가하기 위한 고전적 기준

글레이저와 스트라우스(1967)	글레이저(1978)	스트라우스와 코빈(1990)	차마즈(2014)
일치성	일치성	자료의 질	신뢰성
이해가능성	작동성	연구과정	독창성
보편성	적절성	경험에 근거하기	공명성
통제성	수정가능성		유용성
	글레이저(1992)	**스트라우스와 코빈(1998)**	
	일치성	자료의 질	
	작동성	이론의 질	
	적절성	연구과정	
	수정가능성	경험에 근거하기	
	절약성		
	시야		
		코빈과 스트라우스(2008)	
		10개의 기본 기준들	
		13개의 부가 기준들	

글레이저와 스트라우스(1967)은 최초의 책에서 평가를 보다 일반적인 용어로 설명하였다. 신뢰성 평가를 강조하면서, 책 전반을 통하여 주장하고 있듯이, 자료에 정확하게 근거한 이론을 생산하기 위해 전략, 기법, 방법들을 엄밀하게 적용할 것을 강조하고 있다. 독자들을 끌어들일 수 있는, 결론을 증명할 논리적 증거들 그리고 자료와의 관계를 제시하는, 명확하고 통합된 이론을 믿을만한 근거이론의 핵심요소로 보았다. 그러나 글레이저와 스트라우스(1967)는 근거이론연구자들이, 기존의 출판기준을 따라 평가한다면, 비판적인 평가를 넘어설 근거이론을 제시하는 것이 얼마나 어려운지를 인식하고 있었다. 이들은 출판된 연구물의 정확한 평가를 가능하게 하기 위해서는 연구자와 독자가 모두 적절한 판단을 해야 할 책임을 가지고 있다고 믿었다.

글레이저와 스트라우스(1967)은 표 9.1에서 제시된 기준을 근거이론의 활용의 맥락에서 논의하였다. 근거이론의 실천적 활용성이 근거이론 가치의 궁극적인 지표이므로, 이러한 방식으로 평가하는 것은 적합하다. 이들 저자들은 근거이론이 생성한 이론이 이것이 의도하는 활용영역에 일치하여야 하며, 해당 영역에서 일하는 사람들에게 이해가능해야 하며, 활용에서 유연하게 적용할 수 있도록 보편성을 가지고 있어야 하며, 사용자가 이를 적절하게 통제하며 사용할 수 있어야 한다고 설명했다. 글레이저(1978)는 또한 근거이론은 자료에 일치하여야 하며, 이론은 반드시 설명력과 예측력을 가지고 작동해야 하며, 그래서 적절성을 보여주어야 한다고 말했다. 위의 세 기준은 글레이저와 스트라우스(1967)의 첫 장에서도 제시되었지만 글레이저(1978)만큼 자세하게 설명하지는 않았다. 수정가능성의 기준은 글레이저(1978)에서 추가되었는데, 뒤에 나타날 수 있는 변이들을 수용하여 수정되면서 지속적으로 적절한 이론으로 남을 가능성을 평가하는 것이다. 상자 9.1에서 포스터 페이(Foster Fei)(2007)는 자신의 연구수행에서 질을 확보하기 위해 이 기준들을 어떻게 사용하였는가를 논의하고 있다. 이 사례는 제3장에서 논의한 바와 같이, 근거이론과정에서 질 평가의 개념을 의식하고 있는 것이 얼마나 중요한지를 잘 보여주고 있다.

상자 9.1 근거이론 들여다보기

포스터 페이의 고전적 근거이론 평가기준의 적용

나의 관심분야는 교실에서의 학습과 교육관리였는데 점차 사무실에서의 관리학습으로 진화하였다. 이러한 변화는 교실에서 가르치는 많은 관리이론이 현장과 유리되었다는 나의 관찰로부터 시작하였다. 다른 연구자들과 마찬가지로, 나도 현장연구를 시작하기 전에 수많은 관련 문헌들로 압도되었고, 또한 사회과학의 다양한 연구방법론으로 혼란스러웠다. 당시에 나는 몇몇 방법론들은 현장의 참여자들을 연구하는 데 별다른 적절성을 가지지 못한 것으로 생각하여 연구에 도움이 되지 않을 것이라는 걱정을 하고 있었다. 그래서 연구초기단계에서부터 나는 내 실제 연구영역과 연구방법론이 어떻게 상호 적절성을 유지할 수 있을까를 심각하게 고민하였다. 교실에서 배운 몇몇 관리이론들이 현장 실무자에게 전혀 도움이 되지 않는다는 사실을 알게 되어, 기존문헌들을 무시하고 방법론적으로 적절성을 유지할 수 있는 길을 찾고자 노력하였다. 이러한 상황에서 근거이론을 접하게 되었고, 근거이론이 나의 과거와 현재의 연구방식과 내용적으로나 방법론적으로나 공존가능한 것으로 판단되었다. 그래서 나는 세미나에 참석하고 문헌들을 읽으면서 연구도 진행하였다. 그리고 전통적인 근거이론연구를 하기로 결정하였고, 전체 방법론으로 근거이론 연구방법들을 채용하여 실행하였다.

근거이론방법론도 여러 가지가 있고 각각에 대한 비판들이 있다는 점을 알고 있었다. 나는 의식적으로 전통적 근거이론방법을 엄밀하게 적용하는 방식을 선택하였고, 그래서 그 교리와 절차를 고수하였다. 또한 내 연구결과를 평가하고자 하는 사람들이 내 연구가 고전적 평가기준, 즉 적절성, 일치성, 작동성, 수정가능성의 기준을 잘 맞추고 있다고 평가하는지가 나에게는 중요하였다. 나는 어떤 구체적인 초점을 가지지 않고 연구를 시작하였다. 단지 사무실의 관리학습이라는 주제에 흥미를 가지고 있었다. 연구문제와 질문에 참여자들의 주요 관심 그리고 어떻게 이들이 계속 해결되는지를 반영하고자 노력하였다. 일치성은 핵심 범주('자원공급변화'와 이의 범주와 차원들)가 자료의 패턴을 정확하게 드러내고 있는가를 의미한다. 참여자의 주요 관심은 일을 배울 때 변화를 시도하면서 나타나는 도전을 어떻게 다룰 것인가 였다. 두 다국적 회사의 영국 지부에서의 매니저들이 직면한 도전과 해결책들의 목록을 정리하였고, 이를 기존 문헌들과 비교하여, 보다 추상화된 수준으로 개념화하였다. 그렇게 함으로써 그들의 주요 관심을 계속 해결하는 상황을 충분히 설명하는 핵심 범주, 범주들, 차원들, 이론적 논의들의 작동가능성을 획득하고자 하였다. 자료수집과 분석의 반복적 과정을 거치며, 생성되는 개념과 이론을 새로운 자료와 비교하면서, 좀 더 추상화되고 개념화되는 방향으로 계속 수정함으로써, 수정가능성도 증명하였다. 이러한 요소들에 내가 주목한 이유는, 최종이론에서 이들이 모두 내포되도록 만들어, 글레이저(1978)가 제시한 전통적 기준에 의한 평가를 통과할 수 있도록 하기 위해서였다.

스트라우스와 코빈(1990)은 그들의 초기 책에서 종합적인 평가틀에 대한 포괄적인 논의를 하고 있다. 이들은 자료의 질, 연구과정, 최종이론의 경험에 근거하기를 평가의 핵심요소로 파악하면서, 후자의 두 기준을 위해 더 구체적인 하위기준들을 제시하고 있다. 이 논의는 초기의 근거이론 평가의 4가지 필수 기준을 다시 제시한 글레이저(1992)로부터 비판을 받았다. 글레이저도 초기 저작에서 좀 더 일반적으로 이야기했었지만, 1992년도 저서에서는 설명력의 내용을 보다 구체적인 기준으로 평가하기 위해 절약성과 시야라는 개념을 추가하였다.

스트라우스와 코빈은 『질적연구의 기초Basics of Qualitative Research』의 개정판(1998)에서 평가와 관련한 초판의 내용을 확대개편하였다. 이론 자체를 판단하는 기준을 추가하였고, 경험에 근거하기의 논의에 장시간의 검증을 할 필요성을 포함시켰다. 개정판을 수정한 세 번째 책(Corbin and Strauss, 2008)에서 코빈이 제시한 평가에 대한 논의는 스트라우스가 주도했던 이전의 두 판본에서의 내용과 상당히 달라졌다. 훨씬 높은 강도로 연구 질의 개념에 대하여 검토를 하였다. 특히 연구자에게 필요한 자질과 연구과정을 더 세밀하게 논의하였다. 근거이론연구를 평가하기 위한 새로운 기준들이 제시되었고, 초판과 개정판에서 제시되었던 기준들은 통합되어 부가 기준으로 제시되었다. 기본기준과 부가기준 사이에 어떠한 차이가 있는지 명확하지 않지만, 기본기준은 이론적 결과물(부분들의 종합)을 평가하는 데 사용되고, 부가기준은 과정과 구조의 문제(각 부분들 자체)를 평가하는 데 유용한 것으로 생각된다.

차마즈(2014)는 맥락과 목적에 따라 평가기준을 적용하는 것이 중요하다고 다시 한 번 강조하였다. 그녀는 평가과정을 4개의 기준으로 나누어 좀 더 단순화시켰다. 4개의 기준에는 논리가 타당한지 개념적 근거들이 확실한지를 평가하는 신뢰성, 연구가 중요한 의미를 지니고 있는지 등을 평가하는 독창성, 생성된 이론이 해당 주제와 관련된 모든 사람들에게 시야를 넓혀주고 의미를 제공할 필요성을 잘 반영하고 있는지를 평가하는 공명성, 지식의 발전과 실천적인 활용과 관련된 유용성이 있다. 차마즈(2014)는 신뢰성과 독창성이 공명성과 유용성을 낳는다고 보았다. 차마즈가 지적하였듯이, 궁극적으로 최종이론의 발표와 질을 향상시키려는 노력을 하면 평가의 결과가 좋아진다.

종합적 평가

앞부분을 읽으면서 여러분은 전통적 근거이론가들이 근거이론의 활용가능성을 강조하거나 또는 이러한 결과를 도출하는 과정을 중요시하고 있음을 알게 되었을 것이다. 종합적 평가는 이를 넘어서서 근거이론연구의 질에 중요하다고 제3장에서 제시한 요소들을 포함하고 있다(그림 9.1). 여러분이 이러한 기준들을 적용하는 데 도움을 주기 위해, 구체적인 영역들과 관련된 질문들을 표 9.2에서 정리하였다. 여러분이 평가하는 연구의 성격이나 여러분의 평가목적에 맞추어서 이러한 질문들을 수정하여 사용할 수 있다. 근거이론 생성을 목적으로 한 연구는, 예를 들어 다양한 연구설계의 맥락에서 근거이론방법을 사용하는 연구보다, 표 9.2에서 제기한 질문에 더 긍정적으로 반응해야 할 의무를 가지고 있다.

활동 9.3 근거이론의 종합적 평가

활동 9.2에서 여러분이 검토한 문헌으로 돌아가보자. 표 9.2에서 제시한 기준을 사용하여 이 논문을 종합적으로 검토해봐라. 여러분의 평가가 무엇을 밝혔는가? 이 평가를 앞에서 제시한 일단 보이는 대로 평가하기에 따른 평가와 비교해보자. 종합적 평가기준을 적용한 것은 예비적 평가와는 어떻게 다른가?

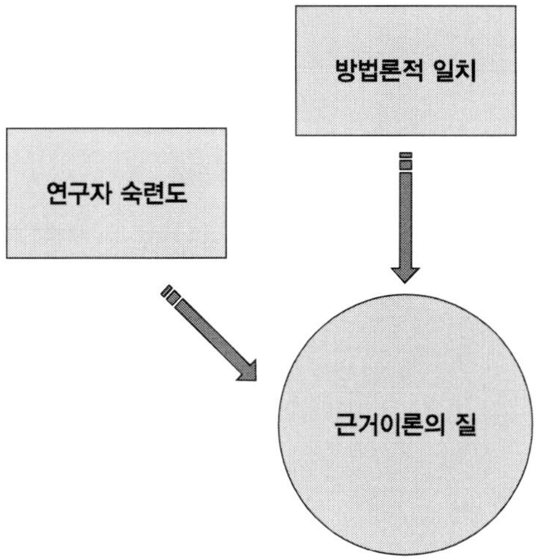

그림 9.1 근거이론 연구수행에서 질에 영향을 미치는 요소

표 9.2 근거이론평가의 기준

영역	기준	예/아니오
연구자 숙련도	연구자가 학술적 글쓰기에 합당한 기술을 보여주고 있는가?	
	연구자가 근거이론방법에 익숙하다는 증거가 있는가?	
	연구자가 적합한 방법론을 제대로 인용하여 잘 설명하고 있는가?	
	연구설계와 연구과정의 한계가 제대로 파악되어 적절하게 다루어지고 있는가?	
방법론적 일치성	연구자가 자신의 철학적 입장을 잘 통합시키고 있는가?	
	근거이론이 진술한 연구목적에 적합한 연구전략인가?	
	연구결과가 진술한 연구목적을 달성하고 있는가?	
	근거이론이 연구의 최종결과로서 제시되고 있는가?	
	철학적, 방법론적 불일치가 파악되어 적절하게 다루어지고 있는가?	
과정의 엄밀성	연구자가 연구를 위해 계속 메모를 하여 사용했다는 증거가 있는가?	
	연구자가 어떻게 의사결정기록을 유지하였는지 그 방법을 제시하고 있는가?	
	자료원천을 관리하기 위한 과정이 설명되어 있는가?	
	기술된 연구의 맥락에서 연구자가 핵심 근거이론방법들을 적절하게 사용하였다는 증거가 있는가?	
	연구자가 자료와 추상화의 논리적 연결을 잘 제시하였는가?	
	이론이 자료에 근거하고 있다는 증거가 있는가?	
	최종이론이 신뢰할만한가?	
	잠재적 활용가능성이 조사되고 검토되었는가?	

타인의 작업을 평가한다는 것은 근거이론의 잠재적인 활용가능성을 판단하기 위해서도 꼭 필요한 일이며, 연구자로서의 여러분의 기술을 발전시키기 위해서도 중요한 연습이 된다. 타인의 작업을 평가하는 데 생산적으로 비판적이어야 하며, 여러분이 생산한 근거이론이 지닌 가치와 활용가능성을 높이기 위해서도 여러분의 작업을 성찰적으로 평가하는 것이 필수적이다. 연구보고서, 박사학위논문, 석사학위논문은 대체로 완성한 근거이론에 대한 평가를 담고 있지만, 학술지의 논문에서는 길이가 짧기 때문에 대부분 자아비판을 담고 있는 경우가 많지 않다. 어쨌든, 평가 이슈를 중점적으로 다룬 연구방법에 대한 논문들을 볼 수 있을 것이다. 그러한 예가 치오비티와 피란(Chiovitti and Piran, 2003)의 논문이다. 이들은 정신간호사들이 환자를 다룬다는 것에 어떠한 의미를 부여하는가를 연구하면서 스스로의 연구에 대하여 엄밀성이 어느 정도나 되는지를 평가하였다. 평가기준을 투명하게 적용하여 이들은 자신들의 책임성과 자신들의 연구의 신뢰성을 높여주고 있다. 여러분의 연구에서도 이 정도의 투명성을 가지고 스스로를 평가해봐라. 여러분 자신에 대한 첫 번째 비판자가 되어, 여러분 연구의 한계를 다루어봐라. 이를 통해 여러분의 연구결과의 신뢰성을 높이고, 여러분에 대한 타인의 존경심을 끌어내고, 스스로에 대해 자부심을 가질 연구결과를 산출하라.

근거이론의 활용

근거이론이 지식 자체를 위한 지식을 생산하는 경우는 거의 없다. 근거이론방법을 사용하여 생산한 이론들은 현상에 대한 이해를 제공하려고 만들어진 것이며, 이는 다시 해당 영역에서의 실천에 도움을 준다. 근거이론의 활용을 생각할 때, 여러분이 생산한 것이든 타인이 작업한 것이든, 그 이론이 신뢰할만하다는 것을 확인할 필요가 있다. 여러분의 상황에 적절한지를 판단하고 그에 맞추어 수정하여야 하며, 지속가능한 변화를 위한 계획을 세우고 실천하여야 한다(그림 9.2).

이 장의 앞 부분에서 우리는 근거이론의 평가기준을 논의하였고, 출판논문의 가치와 질을 확립하기 위한 지침을 제시하였다. 여러분이 특정한 목적으로 특정한 근거이론을 평가할 때와 연구일반을 평가할 때는 평가의 방법과 초점이 서로 다를 것이다. 글레이저와 스트라우스(1967)는 처음부터 좋은 근거이론이란 특수상황에 민감하게 만들어진 것이라고 하면서, 동시에 정적인 또는 변화하는 환경에 맞게 재구성될 수 있도록 유연하여야 한다고 주장했다. 글레이저(2007)는 근거이론에서의 범주는 개별 맥락에서 벗어나 추상화된 것이며, 따라서 현실에서 활용할 때 맥락에 맞게 수정되어야 한다고 보았다. 이러한 유연성을

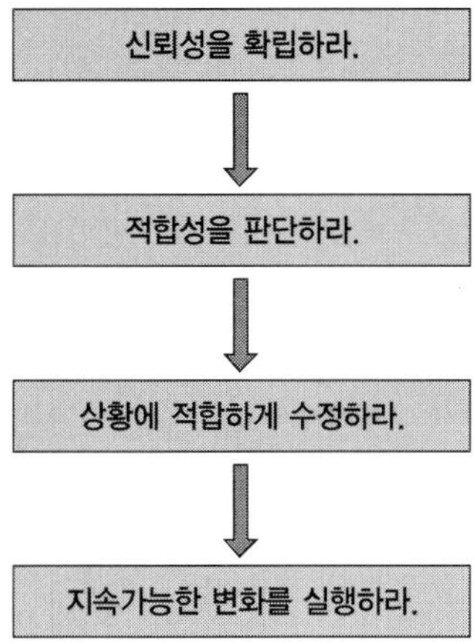

그림 9.2 근거이론의 활용

광범위한 적용성을 지니는 일반성과 혼동해서는 안된다. 일반적 적용성이란 형식적 근거이론의 특징으로 이 장의 뒤에서 논의할 것이다.

근거이론이 전체로서 활용되어야 할 필요는 없다. 이러한 연구의 이론화 작업으로부터 자극된 통찰력은 새로운 생각을 촉발하고, 변화를 촉진하고, 생각을 개혁할 수 있다. 어떤 연구의 결과를 여러분이 얼마나 활용할 수 있는가는 그 결과의 어떤 요소들이 여러분의 특수한 상황에 얼마나 적합하고 어떤 의미를 지니는지를 파악해야 결정할 수 있다. 여러분이 초기에 특정 근거이론을 평가하면서 더 신뢰할만하다고 생각하는 측면들을 잘 알게 되면, 그 측면들을 여러분의 상황에 적용할 때 더욱 편하게 느낄 것이다. 근거이론을 적용할 때의 실현가능성에 대해서는 거의 논의되지 않았다(물론 아래에서 논의하는 바와 같이, 글레이저(2007)가 형식적 근거이론의 활용잠재력을 파악하여 설명하였다). 글레이저와 스트라우스(1967)가 쓴 처음 책의 한 장은 근거이론의 활용에 대하여 썼지만, 앞에서 언급한 바와 같이 이 장은 활용의 관점에서 이론의 요소를 평가하는 데 초점을 맞추고 있다. 이러한 강조는 평가와 활용의 관계를 다시 살펴보게 한다. 활용할 의도 없이 근거이론을 평가하는 것이 가능하지만(수업과목에서 연습삼아 평가하는 것 등), 평가없이 활용하는 것은 잘못된 일이다.

여러분이 사용하려고 하는 근거이론이 신뢰할만하고, 여러분이 활용하려고 의도한 영역에 적절하며, 여러분의 특수한 목적에 맞게 수정할 수 있다는 것이 받아들여졌다면, 실질적으로 활용하기 위한 실천적 전략을 발전시킬 필요가 있다. 여러분이 근거이론연구의 결과를 활용하려고 시도할 때, 증거기반변화(evidence-based change)를 실행하려고 할 때 일반적으로 나타나는 이슈와 같은 이슈에 직면하게 될 것이다. 여러분이 의도한 활용이 정책변화의 형태이든, 실천적 변화이든, 지식의 발전이든(Corbin and Strauss, 2008), 여러분은 틀림없이 도전에 직면하게 될 것이다. 상자 9.2는 지속가능한 변화를 계획할 때 여러분에게 도움이 되는 질문을 정리한 것이다. 각각의 맥락은 다르지만, 증거를 번역하여 현실에 적용하고자 할 때, 필연적으로 나타나는 장애물과 도전을 헤쳐나가는 데 이 질문들이 도움이 될 것이다.

상자 9.2 지속가능한 변화를 실천하기

근거이론을 활용하려고 할 때, 다음 질문들을 고려하라.

1. 이 근거이론연구의 결과를 활용하여 성취하고자 하는 변화가 정말 필요한 것인가?
2. 이 연구결과를 적용하려 할 때 직면하는 도전들은 무엇인가?
3. 연구의 추천사항을 성공적으로 수행하는 데 도움을 주는 필수자원들은 존재하는가?
4. 이들 연구결과의 활용이 효과적이고 지속적으로 이루어지기 위하여 고안할 수 있는 구체적인 전략들은 무엇인가?
5. 연구결과를 활용하여 희망한 결과를 성취했다는 것을 어떻게 알 수 있는가?

범위의 확대: 실제적 이론 vs 형식적 이론

이 책이 초보근거이론가를 위한 것이어서, 여러분의 근거이론 연구경험은 분명하게 규정된 집단에서 특정한 현상과 관련된 연구를 계획하고 수행해본 경험이 전부일 것이다. 그러한 연구는 분명하게 규정된 상황의 구체적인 현상을 이해할 목적으로 수행되었기 때문에 실제적(substantive) 연구라고 부른다(Glaser and Strauss, 1967). 예를 들면, 여러분이 특정 의료집단의 전공에의 적응과정을 설명하면서, "의료계에서 인턴이 전문의가 되기 위한 집중적 사회화"라는 이론을 발전시킬 것이라고 가정해보자. 여러분이 문헌을 조사하여 찾아낸 대부분의 근거이론은 실제적 근거이론일 것이다. 이와 반면, 형식적 근거이론은 보다 높은 수준의 개념적 추상화로 발전시키는 것이다. 이러한 유형의 이론은 높은 수준의 개념적 추상화와 일반화로 다수의 실제영역에도 적용될 수 있다(Charmaz, 2014).

키어니(Kearney, 2007)는 글레이저와 스트라우스에 의해 생성된 여러 개의 형식적 근거이론을 파악하여 제시하였고, 다른 학자들에 의해 생성된 형식적 근거이론들도 설명하고 있다. 물론 그녀는 현대적 용어로 형식적 근거이론을 정의할 때 좀 더 넓은 의미로 사용하였다. 글레이저(2007)는 스트라우스와 그가 함께 한 작업 중에서 오직 하나의 형식적 근거이론만을 인정하고 있다. 그것은 1971년에 출판된 『지위의 경로Status Passage』이다. 글레이저와 스트라우스(1965)의 병원에서의 죽음에 대한 연구에서 파생한 '인식 맥락'이라는 개념이 잠재적인 형식적 근거이론의 예로 자주 언급되고 있다. 이 개념은 형식이론으로까지 발전하지 못했고 또한 그렇게 제시되지도 않았다(Kearney, 2007). 글레이저와 스트라우스(1965)의 연구는 인식맥락이 형식적 근거이론의 수준까지 발전할 수 있는 잠재력을 길게 논의하고 있다. 인식맥락은 병원을 넘어서 매춘, 사기, 스파이, 중고차매매의 영역에서도 논의되고 있다. 인식맥락을 생성한 연구 밖에서 인식맥락을 언급하는 것은, 이러한 연구가 보다 광범위하게 적용가능한 잠재력을 가지고 있다는 사실을 통찰력 있게 파악하고, 방법을 세밀하게 적용하였다는 것을 보여주는 것이다. 이것은 또한 덜 형식적인 수단을 사용해서 형식적 이론을 현장에서 생성해낸 예로 볼 수 있을 것이다.

활동 9.4 형식적 근거이론

여러분은 아마 엘리자베스 쿠블러-로스(Kubler-Ross, 1973)의 죽음의 단계 이론을 알고 있을 것이다. 이 이론은 처음 이를 생성한 실제적 영역을 넘어 다양한 영역에 적용되고 있다. 도서관과 문헌들을 검색해서 이 이론이 어떻게 쿠블러-로스와 여러 학자의 작업을 통해서 실제적 이론에서 형식적 이론으로 향상되었는지를 파악해봐라. 출판문헌에서 명백하게 드러난 이 이론의 다양한 적용을 조사해봐라. 다른 학자들로부터 비판을 받았다는 점도 주목하라. 나중에 나타난 모순적인 작업들이 형식적 근거이론으로서 쿠블러-로스의 원래연구의 지위와 신뢰도에 어떠한 영향을 미쳤는가?

활용이 의도된 영역에 적합한 자료로부터 추출한 것이라면 실제적 이론과 형식적 이론 모두 더 큰 가치를 가지게 된다(Glaser and Straussss, 1967; Mullen, 2006). 글레이저와 스트라우스(1967)는 연구자들이 너무 자주 단 하나의 연구로 해당 실제 영역을 넘어서는 적용성을 가지고 있다고 주장한다고 비판했다. 여러분이 병원 인턴에 대한 이론을 수립할 때, 이 이론이 전문가 집단 전체로부터 나왔고 전체에 적용가능하다고 제시하면서, "의료계에서 인턴이 전공의가 되기 위한 집중적 사회화"를 이론으로 발표할 수 있다. 그러나 여러분의 연구가 실제 영역(즉, 병원-역주)을 넘어서지 않았고, 이론을 확장하기 위한 노력도 하지 않았기 때문에, 다양한 영역에 대한 적용가능성이 확정된 것으로 볼 수 없다(Glaser, 1978).

하나의 연구로 형식적 근거이론을 생성하는 것이 가능하지만, 여러분이 보는 대부분의 사례는 기존의 실제적 이론으로부터 파생한 것이다(Glaser and Straussss, 1967). 실제적 근거이론의 핵심범주를 추가적인 자료를 통해 확대한 것이 그러한 사례들이다(Glaser, 2007). 기존의 발전된 이론의 개념들은 새로운 자료들과 마찬가지로, 이론적 표집을 통해 파악되며, 원래의 실제적 근거이론과 비교하여 분석되어진다(Glaser, 1978). 만약 여러분이 '집중적 사회화'라는 이론을 발전시키려면, 예를 들어, 여러분은 이론적 표집의 원리가 요구하는대로 다른 집단에서 전문가로서 적응하는 문제를 다룬 연구들을 찾으려 할 것이고, 관련된 자료를 생성하고 수집하려고 할 것이다. 이렇게 분석을 확대하면, 결과적으로 나타나는 이론의 적용범위를 확대하고, 이론의 가치와 신뢰성과 적용가능성이 제고될 것이다.

글레이저와 스트라우스는 그들의 초기 저작인 『죽음의 인식Awareness of Dying』(1965)에서나 『근거이론의 발견Discovery of Grounded Theory』(1967)에서 형식적 근거이론의 발전에 더 주의를 기울여야할 필요성을 파악하고 있었다. 그러나 글레이저(2007)가 후회하듯이 형식적 근거이론의 발전에 대한 관심은 40년 후에나 나타났다. 글레이저(2007)는 지식의 확장, 기존이론의 이해와 수정과 확장, 학술활동의 활성화를 형식적 근거이론의 잠재적 활용영역으로 제시하였다. 이러한 책들에서 형식적 근거이론의 가치를 지지하는 주장을 충분히 펼쳤지만, 실제적 근거이론을 형식적 근거이론으로 향상된 근거이론의 예는 매우 제한적이다. 굴딩(Goulding, 2002)은 형식적 근거이론을 생성하는 데 드는 시간과 비용이 많은 연구자들에게 실제적인 이론 생성을 넘어서는 데 커다란 장애물이라고 제시하였다.

실제적, 형식적 근거이론들의 적용을 통하여, 여러분의 연구는 해당 전문 영역과 그 너머에까지 중요한 영향을 미칠 수 있는 잠재력을 가지게 된다(제10장 참조). 우리는 앞에서 형식적 근거이론이 더 넓은 범위에 영향을 미친다고 말했지만, 이 말이 실제적 근거이론이 중요한 기여를 할 수 없다는 것을 의미하는 것은 아니다. 어쨌든, 여러분의 이론의 재해석과 적용에 여러분의 연구결과물의 유용성이 심각한 영향을 미친다는 점을 인식하여야 한다(Mills, 2014).

결론

핵심 근거이론방법의 적용은 시간도 걸리고 지적으로도 힘든 작업이다. 마지막 결과물은 생성과정에 투입된 자원, 시간, 에너지, 노력을 정당화할 정도가 되어야 한다. 이 장에서 우리는 근거이론의 평가와 적용에 대한 지침을 제시하였다. 이러한 지침은 여러분의 연구결과가 직접적으로 영향을 미칠 환경과 개인들에게 긍정적인 영향을 미치도록 하는 데 도움을 줄 것이다. 근거이론의 평가와 적용은 여러분의 연구가 끝난 다음에 이루어질 사항이 아니다. 오히려 근거이론의 평가와 적용은 연구수행과정에서 언제나 먼저 생각해야 할 목표이다. 이러한 목표에 계속 집중하는 여러분의 능력이 여러분의 최종 근거이론의 궁극적 가치를 결정할 것이다.

비판적 사고를 위한 질문

1. 연구평가와 관련된 현재의 논쟁과 관련된 이 장의 논의를 검토하라. 이러한 논의가 현대의 근거이론에 대해 갖는 적절성은 무엇인가?
2. 이 장의 표 9.1가 표 9.2에서 제시한, 근거이론평가를 위해 근거이론가들이 제안한 기준들을 생각해보자. 어떻게 이들 기준이 수십 년간 발전해왔는지를 주목해봐라. 어떠한 영향이 이러한 진화를 추동해왔고 생각하는가?
3. 이 장에서 우리는 형식적 근거이론의 발전에 나타나는 장애물들을 제시하였다. 어떤 요소들이 실제적 근거이론이 형식적 근거이론으로 발전하는 데 지장을 주고 있다고 생각하는가?

근거이론연습

APPENDIX A에 제시된 '근거이론연습–사례'를 가지고 다음을 생각해봐라.

- 이 연구자가 자신의 근거이론에 대해 부여한 중요성의 정도
- 이 연구자가 자신의 자료원천과 작업을 평가할 때 사용한 기준
- 이 연구자가 자신이나 타인에 의한 이 연구결과의 적용에 대해 말한 내용

CHAPTER 10
최근 논쟁에서 근거이론의 위치
Situating grounded theory in the context of current debate

학습목표

1. 다양한 방법론적 입장에서 연구의 증거를 논의할 수 있다.
2. 근거이론결과의 영향을 제고하기 위한 전략을 논의할 수 있다.
3. 근거이론가가 중요 연구재단의 연구비를 받기 위해 필요한 것들을 열거할 수 있다.
4. 핵심 근거이론방법들이 현대의 해석학적 연구 패러다임에서 기여하는 바를 제시할 수 있다.

서론

우리는 최근의 근거이론연구 현황을 살펴보고 어느 부분에서 최근의 연구환경에 적합한지를 생각해보는 것으로 이 책을 마무리하고자 한다. 근거이론은 지난 50년간 많은 학문영역의 연구지형에 영향을 미쳐왔다. 근거이론방법은 근거이론의 잠재력을 믿는 연구자들이 여러 세대에 거쳐서 발전시켜왔다. 어떻게 증거를 정의할 것인가에 대한 논쟁, 어떻게 연구비를 획득할 것인가, 그리고 계속 진화하는 연구환경에서의 근거이론 역할에 대해 주로 논의할 것이고, 근거이론의 미래에 가능한 새로운 분야들을 설명하고자 한다.

근거이론연구의 변화하는 모습

현재의 세계는 근거이론이 처음 개발된 1967년의 세계와 크게 다르다. 이전에는 상상하기 어려웠던 방식으로 우리는 소통하고 있다. 빌 게이츠의 유명한 말을 인용하면 다음과 같다. “내일의 지구촌에서는 인터넷이 바로 광장이다.” 질적연구의 세계, 특히 근거이론에서도 이러한 변화가 영향을 미치고 있다. 타인과의 연결성이 높아지고 정보접근이 급속하게 촉진되어 다양한 방법론적 접근을 공유하면서 핵심 근거이론방법의 나선형적 진화를 재촉

하고 있다. 이 책의 초판을 출판한지 얼마 지나지 않았지만, 근거이론가들은 벌써 근거이론을 생산하기 위한 전통적 자료생성, 수집, 분석의 경계를 계속 확장하여 연구의 깊이, 복잡성, 사회정의에의 적절성에 이르기까지 많은 개선을 이룩해왔다(Allen, 2011; Dawes and Larson, 2011; Nurjannah, Mills, Park and Usher, 2014; Oliver, 2012; Redman-MacLaren and Mills, 2014; Thornberg, Halldin, Bolmsjo and Petersson, 2013).

활동 10.1 21세기에서의 연구

현대적 환경에서 새로운 기술사용이 연구에 지니는 함의는 무엇인가? 연구를 수행하는 과정에서 기술의존이 늘어나고 있다는 점이 연구의 최종결과에 미치는 영향은 무엇일까? 이러한 환경에서는 연구자가 보다 적은 비용으로 보다 빠르게 연구결과를 생산하도록 기대해야 할까? 또는 연구재단과 학술기관이 연구가 과거보다 더 높은 수준에서 이루어져야 한다고 기대해야 할까?

지구촌에 산다는 것도 우리가 수행하는 연구성격에 커다란 영향을 미치고 있다. 세계화는 우리가 질문을 구성하는 방식을 변화시키고 있다. 더 이상 지역만을 실제연구의 가능 범위라고 생각할 수 없게 되었다. 근거이론연구를 설계할 때, 이제는 국가적으로 세계적으로 고민을 해야 한다. 동시에 연구결과의 도달범위도 세계로 확장되었으며, 질적연구는 더욱 불확실한 상황에서 생존하고 있다. 이러한 불확실성은 증거를 오로지 실증주의적 과학에 기반하여 평가하는 보수적 흐름에 의해 야기된 것이다(Mills, 2014). 이러한 상황이 현대의 근거이론가에게 지니는 의미가 무엇인지를 이해하기 위해서 증거라는 개념을 어떻게 정의할 수 있는지 보다 명확하게 살펴볼 필요가 있다.

증거의 문제

이 책의 여러 곳에서, 우리는 '진리'를 증명하기 위하여 이론을 검증하고 사실의 정확성을 검토하는 데 집중하는 환경에서 근거이론의 생성이 무엇을 의미하는지를 살펴보았다. 글레이저와 스트라우스(1967: 2)는 연구자들이 "검증을 훌륭한 연구의 핵심 명제로 생각하여 검증에 지나치게 매달리는 것"을 넘어서야 한다고 주장했다. 대신 자료에 근거해서 이론을 생성하는 것을 더 중요시하라고 했다. 그 이래로, 근거이론가들은 핵심 근거이론방법들을 철학적, 방법론적 입장을 토대로 연구설계에 엄밀하게 통합시키려 노력하였고, 그 결과 이론의 생성에서 근거이론방법을 적용하는 데 많은 혁신을 이룩하여 왔다.

지난 50년간 근거이론가들은 분석의 실제적 영역의 범위를 넓혀왔고 해당 영역의 지식에 기여하는 많은 증거들을 생산해왔다. 그렇지만 동시에 글레이저와 스트라우스가 1960년대 직면했던 문제를 다시 직면하고 있다는 사실을 깨닫고 있다. 증거(이곳에서 증거는 결과를 지지하기 위한 근거뿐만 아니라 그 결과로서 증명된 발견까지 포함하는 의미로 사용하고 있다-역주)란 무엇인가라는 문제는 계속되고 있다. 1980년대의 패러다임에 대한 치열한 논쟁이 이 문제의 중요성을 잘 보여준다. 21세기에 들어와서도 실증주의를 과학의 최고로 생각하는 연구자들과 더욱 더 성공적으로 경쟁해야 할 길을 찾아야 필요성이 커지고 있다.

많은 정책담당자나 연구비제공자, 대학의 학장들이나 연구자들에게, 증거(증명된 결과)가 무엇인가에 대해 답하는 것은 쉬운 일이다. 이들에게 증거는 무작위 표본에 대한 통제된 실험을 통해 얻은 결론, 또는 그러한 실험들을 체계적으로 고찰하여 얻은 결론이다. 실증주의라 불리는 철학적 입장은 다양한 가정들을 조심스럽게 검증하여 진리에 도달한다고 생각한다. 바이러스 치료용 약물인 아시클로비르로 다른 이상은 없는 건강한 어린이나 성인의 수두를 치료할 때 나타나는 결과를 이해하고자 할 때나, 집에서 병원처럼 치료하는 서비스를 제공했을 때 병원에의 입원이 얼마나 줄어드는가에 대해 알고자 할 때, 실증주의적 접근에 별 문제가 없다. 그렇지만 실험들을 체계적으로 실행하여 얻은 결론으로만 대응하기에는 세상이 너무 복잡하고 어수선한 경우가 많다. 이러한 복잡하고 어수선한 상황을 해결해야 할 필요성이 있는데, 이러한 상황에서 우리가 무엇을 어떻게 연구의 증명된 결과로서 받아들이고 가치를 부여할 것인가의 문제가 심각하게 제기되며, 이러한 논쟁을 다루는 문헌들이 계속 나타나고 있다(Atkinson and Delamont, 2006; Denzin, 2009, 2010, 2011; Mantzoukas, 2007; Rolfe, Segrott and Jordan, 2008).

다른 형태의 연구결과에 차별화된 가치를 부여하는 경향은 증거가치의 차이를 체계화하는 증거의 수준 표(National Health and Medical Research Council, 2009)에 의해 더욱 강화되고 있다. 이러한 위계질서에서 무작위 표본에 대한 통제된 실험 연구들에 대한 체계적 고찰이 가장 높은 가치를 부여받고 있고, 근거이론처럼 실험을 하지 않는 연구들은 이러한 '황금률'을 지키지 않은 것으로 간주되어 낮은 가치를 부여받고 있다. 증거의 범주들을 이렇게 차별적으로 배치하는 것은 명백하게 해석학적 연구들을 낮은 가치를 지닌 증거(증명된 결과)를 생산하는 연구로 저평가하는 셈이다. 해석학적 연구가 질 높은 결과를 생산하더라도 이는 전혀 고려되지 않는다.

최근 증거의 수준이 지니는 가치에 대한 전쟁이, 특히 '증거기반실천'이라는 용어가 주류가 된 의학 관련 연구에서 더욱 심하게 벌어지고 있다. 이러한 전쟁의 한 편에서는, "일상생활에서의 실천은 해석학적 또는 포스트모던 패러다임에 훨씬 가깝기 때문에 … 증거의 타당성과 가치도 이러한 패러다임의 기준에 의해 평가되어야 한다."라고 주장하는 맨추카스(Mantzoukas, 2007: 219)와 같은 학자가 있고, 다른 편에는 전통적인 실증주의의 과학적 방법론을 대안적 증거방식을 지닌 다른 패러다임과 마찬가지로 하나의 패러다임에 불과하다고 주장하는 것은 과학을 왜곡하는 것이라고 강하게 비판하는 학자들이 있다(Watson, 2003). 이러한 논쟁에 참여한 많은 학자들의 글을 읽어보면, 무엇을 과학이라고 생각하는가 또는 무엇을 과학적 증거라고 생각하는가는 각 연구자들이 지닌 철학적, 방법론적 입장과 밀접하게 관련되어 있다는 것이 명백하다(Pearson, 2004).

증명된 결과(증거)의 해설과 확산

근거이론은 호소력 있는 설명력과 활용성을 동시에 가지고 있기 때문에 근거이론의 증명된 결과(evidence, 여기에서는 증명을 위한 원천적 근거보다 증명된 결과를 의미한다, 따라서 이 부분에서는 증거보다 증명된 결과로 번역하였다-역주)를 해설하고 확산시켜야 할 필요성이 더욱 크다. 증명된 결과의 해설과 확산을 더욱 효과적으로 실행하여 여러분이 발견한 결과의 영향을 더욱 증가시키려면 어떻게 해야 할까? 근거이론가들은 자신의 연구의 가치를 높이기 위해서 이러한 질문에 대한 답을 할 필요가 있다. 일부 학자들은 연구결과를 사용할 사람들과의 연결을 강화하는 능력을 높이기 위해서 다음과 같은 전략을 제시하고 있다(Vingilis et al., 2003).

- 연구를 최종목적이 아니라 수단으로 간주한다.
- 여러 전공의 학자들로 연구팀을 구성한다.
- 대학교와 연구자를 지역과 연계시킨다.
- 실제 영역의 연구결과를 해설해줄 사람을 파악한다.

여러분의 연구결과의 구성방식과 이를 읽을 독자들을 고려하면, 증명된 결과의 해설과 확산을 더 효과적으로 할 수 있다. 제8장에서 우리는 근거이론의 결과를 어떻게 발표하고 확산시킬 것인가 그리고 이를 통해 근거이론의 가치를 어떻게 높일 것인가에 대한 전략들을 논의하였다. 연구결과는 반드시 쉽게 접근할 수 있도록 만들어야 하며, 그렇지 않으면 영향을 미칠 여러분의 기회가 사라진다. 샌들로우스키와 리맨(Sandelowski and Leeman, 2012)은 연구의 접근성와 잠재적 활용성을 높이기 위한 몇 가지 전략을 제시하였다. 이러한 전략 중의 하나가 '실천적 언어'(2012: 1409)로 설명하라는 것이며, 연구결과의 출판과 보고서에 관한 부분에서 논의되었다. 독자에게 여러분의 연구결과를 실용성의 용어로 말하라는 것은 증명된 결과의 해설을 고려하여 쓰라는 것이며, 처음부터 연구결과의 영향력을 높이기 위한 전략을 고려하라는 것이다.

요즈음에는 근거이론연구를 수행하고 학술지에 실어서 학자에게 결과를 확산하는 것만으로는 부족하다. 오히려 연구비를 받기 위해서도 연구결과를 적극적으로 활용하도록 하여야 한다. 그래야 연구의 효과 측면에서도 높게 평가받을 수 있다(Mills, 2014). 블루어(Bloor, 2011)는 여러분의 근거이론 연구결과의 효과를 높이기 위해 두 가지 영역이 중요하다고 주장하였다. 하나는 다양한 독자들이 자신들의 맥락과 쉽게 연결시킬 수 있도록 여러분의 연구결과와 추천사항을 다양한 방식으로 만들어 확산시키라는 것이다. 여기에는 기관들 사이에 관련된 실천과 과정이 어떻게 다른지를 비교하여 제시하는 것, 좋은 실천사례를 강조하는 것, 참여자들에게 연구결과를 설명해주는 것, 짧은 보고서로 만드는 것 등의 예가 있다. 이를 통해 다양한 매체, 특히 사회적 매체나 소식지나 블로그 등을 통해 쉽게 인용되고 확산될 수 있도록 만들어야 한다. 다른 하나는 여러분의 근거이론결과를 확산시키기 위해 추천사항을 적극 활용하여야 한다. 이러한 추천사항이 여러분의 실제 연구영역의 서비스 제공에 어떻게 영향을 미칠 것인지 미리 고려하라.

연구의 영향이란 "학문적 기여를 넘어서 연구가 경제, 사회, 문화, 국가안보, 공공정책, 공공서비스, 건강, 환경, 또는 삶의 질에 미치는 기여를 의미한다"(ARC, 2014). 연구의 영향이 이렇게 광범위하게 걸쳐 있으며 그렇게 고려되어야 하지만, 현실에서 연구의 영향은 대체로 인용빈도수나 출간된 학술지의 영향력지수에 의해 평가된다. 물론 이러한 학술적 영향도 연구자의 학문적 지위나 학계에서는 중요하지만, 인용빈도수나 영향력 지수가 연구결과가 관련 분야의 사람들에게 제대로 전달되었다는 것을 의미하지는 않는다. 연구결과와 가장 밀접한 현장 사람들에게 얼마나 영향을 미쳤는지를 영향력 지수만으로 파악하기는 어렵다. 연구의 영향력을 평가하는 지침을 제공하는 평가틀은 인터넷 검색으로도 빠르게 찾아낼 수 있다. 그러한 예 중의 하나가 벡커 의학도서관의 연구영향력 평가모델이다(Sarli and Holmes, 2014). 이 모델은 다음과 같은 범주들에서 평가질문을 제시하고 있다.

- 지식의 증진
- 임상적 실천
- 공동체에의 이익
- 경제적 이익
- 법과 정책

정책에서 연구에 의해 증명된 결과를 실용적으로 사용하는 경우가 늘고 있다. 그러나 즈웰과 베로(Jewell and Bero, 2008)가 증명된 결과에 기반해 보건정책을 실시하는 데 영향을 미치는 촉진요인과 방해요인을 조사하였는데, 이들에 따르면 연구결과를 체계적으로 분석하거나 접근하는 데 정부가 꼭 도움이 되는 것은 아니었다. 실버맨(Silverman,

2011: 423)에 따르면 정책입안자들은 질적연구결과보다 숫자와 '요점(bottom-line)'을 좋아한다. 질적연구결과는 정책입안자들에게 정책으로 사용하기에는 너무 자료가 많고, 너무 추상적이다. 또한 정치적인 과정이 연구결과물이 어떻게 정책에 이용되는가에 영향을 미치며, '일화의 힘(호소력있는 스토리 하나가 더 영향을 미친다는 뜻-역주)'(Jewell and Bero, 2008: 190)이나 매체들이 신중하게 구성된 연구보고서보다 더 영향을 미친다.

정부기관, 서비스 공급, 자원에의 접근과 같은 수준에 따라 기관의 특징도 달라지며, 이에 따라 정책입안자들이 연구결과를 어떻게 자신들의 사업을 위한 지식의 원천으로 생각하는가도 다르게 나타난다. 관리자나 정책입안자가 결정을 할 때 연구결과를 사용하기 어렵게 만드는 것들이 있다. 너무 많은 결과가 있거나, 좋은 결과가 충분하지 못하거나, 결과가 적용하기 어렵거나, 사람들이 오도하고 있거나 하여, 결국 스토리가 가장 설득력 있게 받아들여진다(Pfeffer and Stutton, 2006).

분명히 개인 연구자들은 연구참여자들이나 연구비제공자나 다른 관련된 사람들에게 자신의 근거이론이 변화를 일으키도록 해야 할 의무를 지니고 있다. 연구결과가 최선의 영향을 미치도록 환경을 조성하기 위한 노력도 적극적으로 행해져야 한다. 근거이론연구의 잠재적인 영향력을 제고하기 위한 논의를 촉진하기 위하여 우리는 다음과 같은 것들을 고려하고자 한다.

- 근거이론을 실천으로 전환하는 방법
- 근거이론 연구결과를 보고하고 평가하는 방법
- 근거이론 연구설계에 효과적인 영향평가도구를 구축하는 방법
- 재정적 책임성을 요구하고 투자에 대한 결과를 요구하는 기업체와 비슷해지고 있는 학문기관들에서 근거이론 연구결과의 활용성을 높이는 방법(Mills, 2014를 조금 수정하였음)

근거이론연구가 잘 수행되고, 잘 발표되고, 널리 확산되었다면, 그 잠재력이 클 것이다. 모든 연구자들이 영향을 확대하기 위한 노력이 쉽지 않다는 것을 알게 되겠지만, 학문적 환경을 신중하게 평가하고 연구결과를 확산하기 위해 다양한 방식으로 지속적으로 노력한다면 결국 연구결과를 확산시키는 데 도움이 될 것이다(제8장 참조).

경쟁이 심한 연구비

만약 여러분이 연구경력을 이제 시작하고 있다면, 언제 박사후 연구자가 될 수 있을지 가늠하기 힘들 것이다. 박사과정을 성공적으로 마치면 혼자 연구할 수 있는 능력을 충분히 갖추게 될 것이다. 또한 연구비를 받은 연구프로젝트를 관리할 수 있는 능력을 갖추게 될

것이다. 다른 학자들과 연구비를 획득하기 위해 경쟁을 해야 할 때, 이러한 경쟁을 한다는 것은 근거이론가에게 어떤 의미를 지니고 있는가?

물론 최근의 핵심 근거이론방법들이 양적인 방법을 포함하는 경우도 나타나고 있지만, 근거이론가들은 압도적으로 스스로를 질적연구자로 분류하고 있다. 일반적으로 근거이론은 실증주의적 색채를 띤 해석학적 방법으로 인식되고 있는 것도 덴진(Denzin, 2009: 103)이 말한 '좋은 과학' 모델의 이미지에 기여하고 있다. 좋은 과학으로 인식된다는 것은 근거이론이 다른 일천한 연구방법론들보다 더 많은 신뢰를 받고 있다는 뜻이다. 연구비에 대한 경쟁이 극심한 상황에서 이 정도로는 충분하지 못하다. 연구계획서의 심사자들이 근거이론 연구설계에 대하여 피상적으로만 알고 있기 때문에, 연구질문이나 가정이 명확하지 않다고 생각하고, 표본수가 적다고 생각할 가능성이 높다. 근거이론을 잘 이해하고 있는 심사자들은 근거이론을 장기간에 걸쳐 자료생성, 수집, 분석이 이루어지는 것으로 생각하여, 근거이론이 단기간의 연구에는 적합하지 않은 것으로 판단할 수 있다. 이렇게 보면 좀 우울한 상황이다. 하지만 근거이론을 경쟁력 있는 연구로 받아들이는 곳도 있다. "어떤 연구비를 신청하려고 하느냐가 어떤 연구를 할 것인가에 영향을 미친다"(Cheek, 2005: 390)는 생각이 늘어나면서 더욱 그렇다.

대형연구비를 제공하는 연구재단은 최소한 3년 단위로 연구비를 제공하는 경우가 많다. 실제 현실을 분석하는 대형프로젝트를 지원하는 연구비에 근거이론연구가 잘 맞는다. 이러한 대형프로젝트는 박사후보생들에게 연구비를 주거나 박사후 연구원을 고용하여 연구를 진행하는 데 특히 유용한 전략이다. 연구결과물은 개별 연구의 결과로 보고할 수도 있고, 또한 같은 프로젝트로 진행되는 다른 연구들의 연구결과와 연결되어 보고할 수 있다. 연구프로젝트의 연구책임자가 이러한 연구에서 신참연구자를 감독하고 도와주는 것이 일반적이다. 대형프로젝트에 박사후보생이나 박사후과정 연구원이 수행하는 근거이론연구를 포함하는 것은 연구책임자에게 비용 대비 효과가 크다.

활동 10.2 근거이론연구와 경쟁이 심한 연구비

인터넷 검색을 통해, 또는 학술단체나 기관으로부터 가능한 연구비에 대한 정보를 수집하라. 각 연구비를 제공하는 재단이나 단체가 연구비를 주기위해 어떠한 기준을 사용하고 있는가? 이러한 기준들은 위에서 논의한 내용과 어떻게 관련되어 있다고 생각하는가? 여러분이 현재 진행하고 있은 연구나 또는 앞으로 진행할 연구를 대상으로 생각해보라. 위의 연구재단이나 단체로부터 여러분의 연구가 연구비를 받을 수 있는 가능성은 어느 정도나 되는가?

이제 근거이론연구에 연구비를 현재 또는 최근에 제공한 연구재단이나 단체를 찾아라. 여러 나라의 국립연구재단이나 단체들은 연구비를 제공한 연구내용을 출판하거나 공개하고 있어 이를 참조하는 것이 도움이 된다. 성공적인 근거이론연구자들이 경쟁이 심한 연구비를 받기 위해 근거이론연구를 어떻게 제시하고 있는가를 살펴봐라.

근거이론과 혼합적 방법을 이용한 연구

위에 논의한 내용을 고려하면, 연구환경변화에 따라 근거이론가들도 여러 가지 도전에 직면해있다. 이러한 정치적 환경에서는 혼합적 방법들을 채용하는 연구설계가 더 잘 받아들여지고 있다. 자료생성과 수집에서 양적 방법과 질적 방법을 같이 사용하는 경우가 늘어나면서, 양적연구가 질적연구가 양립할 수 없다는 '공존불가능 명제'(Denzin, 2009: 17)도 약화되고 있다.

제2장에서 우리는 다양한 연구설계에서 핵심 근거이론방법들을 선택적으로 사용하거나 다양하게 혼합하여 사용하는 경우를 논의하였다. 모스와 니하우스(Morse and Niehaus, 2009: 9)에 따르면 이러한 연구설계는 "한 연구에서 두 가지(또는 그 이상의) 연구방법을 사용하는 것으로 한 가지(또는 그 이상의) 방법으로 완결적인 연구를 하기 힘들 때 나타난다." 물론 이러한 주장을 비판하기도 하지만(Johnson, Onwuegbuzie and Turner, 2007), 이러한 주장은 혼합적 방법을 채용한 연구설계에서 핵심 근거이론방법을 선택적으로 골라 사용한다는 생각과 잘 일치한다. 자료수집에서 혼합적 방법들을 사용한다는 것은 연구문헌에서도 반복적으로 논의되는 주제이지만(Teddlie and Tashakkori, 2003), 그 인기가 최근에 높아지고 있다. 모스(Morse, 2011)는 이러한 유행이 질적연구보다 양적연구가 연구비를 받기가 더 쉬운 환경과 관련되어 있다고 생각한다. 그러므로 질적 접근을 통해 실제적 영역을 연구하고자 계획을 세우고 있다면, 양적 방법도 포함하여, 아니 더 나아가 양적 방법을 핵심에 두고 연구계획을 설계하는 것이 연구비를 더 잘 받을 수 있다. 이러한 상황은 여러 가지 방법론적 패러다임에서 나타나는 연구증거나 결과를 주류 학문공동체가 얼마나 가치있다고 받아들이는가와 관련되어 있다.

핵심 근거이론방법을 활용한 연구설계에서 방법들을 혼합적으로 사용한 많은 예들이 있다(예를 들면 Brooks et al., 2012; Bussing et al., 2012; Ungar and Liebenberg, 2011 등). 이러한 혼합적 방법론 중 가장 널리 사용되고 있는 것은 동시에 자료생성, 수집, 분석을 하고, 이론적 표집을 하는 방식이다. 통증관리의 장기적 이점에 대한 한 연구에서, 근거이론을 전체 연구설계의 틀로 사용하지 않은 이유는 연구자들이 근거이론을 '순전히 귀납적 연구'(Kennett, O'Hagan and Cezer, 2008: 322)로 생각하였기 때문인데, 제7장을 읽었을 때 알았겠지만, 근거이론은 순수한 귀납적 연구라는 주장은 명백하게 잘못된 주장이다.

"모든 것이 자료다."(Glaser, 1978)라고 말하는 근거이론의 연구설계가 자체적으로 혼합적 방법을 포함하는 연구가 될 수 없는가? 모스와 니하우스(2009)는 양적 방법이나 질적 방법이 핵심을 이루면서 동시에 자료를 생성하고 수집하는 연구설계에서 혼합적 방법을 사용하는 유형을 정리하였다. 그들은 또한 연구설계에서 보충자료가 필요할 때 이들 자료를 확보하기 위해 세워야 하는 부수적인 계획의 형식에 대해 논의하였다. 이러한 부수적인 계획은 "조사의 과정에서 흥미로운 또는 전혀 기대하지 않았던 현상이 나타났을 때"(2009: 41) 세우게 된다. 이것은 혼합적 방법을 사용한 응급연구라고 불리는데, 모스(Morse et al., 2009)가 역사를 근거이론가라고 한 맥락과 닮은 꼴이다.

연구자들의 철학적 방법론적 입장을 반영한 다양한 방법들의 유연한 총체로서의 근거이론을 잘 활용하여 최근 연구흐름의 시대정신에 적응하기 위해서는 다양한 방법들을 포함한 연구프로젝트로 제시하는 것이 좋다. 이러한 프로젝트는 "하나의 실천적인 목적을 달성하기 위하여 수행되는 연관된 연구들의 총합"이다(Morse and Niehaus, 2009: 147). 샌들로우스키는 단순히 양적 방법들과 질적 방법들을 같이 사용하는 것을 혼합적 방법론으로 보기 어렵다고 주장한다. 그녀에 따르면 "혼합적 방법들을 잘 통합한 차별화된 실행과 묘사가 조사에서 핵심적 차이를 만드는 것이다"(Sandelowski, 2003: 324). 여러분의 근거이론 연구설계의 질은 방법론적으로 얼마나 조화를 잘 이루는가에 달려있다(우리가 제3장에서 논의한 바와 같이). 여러분의 개인적인 철학적 입장과 조화를 이루기 위하여, 여러분이 제시한 연구의 목적과 이를 달성하기 위해 채택한 방법론적 접근이 여러분이 채택한 자료생성 또는 수집 기법과 잘 일치하여야 한다. 질적 · 양적자료원천을 다 포함하거나, 그렇지 않을 수도 있다. 어쨌든 양적 질적 핵심방법들이 하나로 잘 통합되어, 모두 자료로서 기능하는, 단순하지만 세련된 연구설계를 통해, 근거이론의 혼합적 방법으로 포섭되어야 한다.

해석학적 연구의 최근 패러다임들

해석학적 연구를 주도하는 패러다임 전쟁은 더 이상 극심하게 진행되고 있지 않다. 이제 전쟁이라고 부르는 상황 대신 대화라고 부를 수 있는 시기로 진입했다(Denzin, 2009). 이러한 대화는 연구자들이 어떻게 "세상을 긍정적으로 변화시키는 데 기여할 수 있을까"(Denzin and Lincoln, 2005: x)에 더 관심을 가지고 있다. 근거이론가들이 조사하는 실제영역에서 차이나 차별의 문제에 잘 접근한다면, 근거이론가들이 이러한 흐름에 동참하기에 아주 유리한 환경이다. 클라크가 "젠더, 인종, 계급, 나이, 성취향, 트랜스젠더, 소수민족, 민족, 민족주의, 식민주의, 제국주의"(Clarke, 2005: 74)의 영역에서 불의를 포함하는 차별이나 차이의 문제를 다루는 연구들을 이야기 할 때, 클라크는 많은 사람들의 생각들을 대변하고 있다.

최근의 해석학적 연구의 패러다임들의 관점에서 보면, 근거이론연구의 가능성은 끝이 없다. 근거이론연구자에서 부상하고 있는 두 영역을 살펴보면, 하나는 사회정의에 기반한 연구설계이고 하나는 토착주민에 기반한 토착방법론(indigenous methodologies, 토착주민의 욕구, 정서, 지식, 관점을 적극적으로 반영하는 방법론으로 결국 토착주민의 힘을 키우고 이들에게 이익이 되는 데 기여해야 한다고 생각한다. 객관성과 보편성을 추구하는 것으로 간주되는 서구적 방법론과 대조되는 방법론으로 설명되고 있다-역주)이다. 덴진과 링컨(Denzin and Lincoln, 2008: ix)은 "비판적이고 토착주민 친화적 연구의 십년, 즉 새로운 십년을 헤쳐나가야 할 시간이다"라고 말했고, 많은 문헌(Bainbridge, 2011; Bainbridge et al., 2013; Denzin and Lincoln, 2008; Kovach, 2009; Tuhiwai Smith, 1999)들이 특히 이러한 영역을 해석학적 연구의 전면으로 부상시키고 있다.

사회정의

이 책에서 여러분의 철학적 방법론적 입장이 연구에 중요하다고 계속 주장하였는데, 이는 사회정의라는 의제에 의해 추동되는 근거이론과도 밀접하게 관련되어 있다. 개념적으로 사회정의는 "하나의 단순한 개념으로 규정될 수 있는 것이 아니다"(Anderson et al., 2009: 287). 오히려 인권에 내재한 다양한 윤리적 도덕적 원칙들을 포괄하고 있다(Office of the High Commissioner for Human Rights, 2009). 근거이론은 조사대상인 실제영역에서 시작한다. 그리고 그 안에 연구자가 주의를 집중해야 하는 분석단위, 연구목적, 관련된 질문들이 있다. 실제 조사영역을 선택하는 데는 많은 것들이 영향을 미친다: 연구자의 관심수준, 연구의 목적, 대형연구프로젝트의 일환이라면 다른 연구와의 관계와 위치, 잠재적인 연구비 가능성, 시대적 흐름 등. 사회정의적 관심에 의해 자극된 실제영역의 조사도 근거이론 연구설계에 다른 어느 것처럼 쉽게 통합시킬 수가 있다.

에드워드와 존스(Edwards and Jonese, 2009)의 대학 남학생의 젠더인식 발전과정에 대한 연구는 공개적으로 사회정의를 기반으로 하는 아주 좋은 근거이론연구 사례를 보여준다. 연구의 목적은 대학에 등록한 남성이 내화된 가부장제를 어떻게 관리하는가를 이해하기 위한 것이었다. 핵심 근거이론방법을 활용하여, 연구자들은 핵심범주로서 '남성다움을 수행하기'를 찾아냈다. 이 핵심범주에는 세 개의 완전하게 실현되고 통합된 범주들이 포함되어 있다. 세 가지 범주에는 '가면 걸치기'(왜 남성다움을 수행하는가), '가면 쓰고 있기'(어떻게 남성다움을 수행하는가), '가면을 쓴 결과'(이것은 그 하위범주에 '가면을 벗으려는 노력'을 포함한다)가 있다. 이 연구에서 중요한 결과의 하나는 참여자들에게 면담과정이 자신들이 남성으로서 어떻게 행동하는지를 발견하는 중요한 계기가 되었다는 점이다. 이러한 결과는 "그들을 남성으로서의 가면을 쓰도록 하는 사회적 기대"(2009: 221)라는 강한 은유를 사용하여 제시되었다. 이러한 은유는 참여자의 삶을 바꾸는 강력한 도구가 되어, 일부가 전통적인 남성다움의 이미지로부터 벗어나서 보다 긍정적으로 자신의 삶을 살도록 하는 데 기여하였다. 차마즈(2005)가 설명하고, 에드워드와 존스(2009)가 보여주듯이, "사회정의의 입장을 지닌 연구자는 이론적으로 분석된 과거, 현재의 조건, 중요한 과정의 미래 영향들 사이의 연계를 명백하게 드러내, 분석에서 미래를 위한 행동, 실천, 정책 의제들을 설정하는 데 근거이론을 사용할 수 있다"(Charmaz, 2005: 512).

상황적, 사회적, 입장 지도구축이라는 세 가지 방법을 통한 분석을 근거이론연구의 전면에 부각시킨 클라크의 작업(2005)은 중요한 분석도구를 창출하였다. 이러한 도구는 사회정의 이슈에 내재적인 과정과 실천을 드러내고자 하는 연구자들에게 적절하기 때문에 그러한 연구설계에 이러한 도구들을 통합시켜야 한다. 비판적 사회정의는 "개인의 경험을 형성하는 상호적인 사회적 구성과정"(Anderson et al., 2009: 287)을 명백하게 드러내도록 한다. 이러한 경향은 클라크(2005)가 상황적, 사회적 세계/경기장, 입장 지도구축을 근거이론에 포함시켜 달성하고자 했던 것과 같은 것이다.

토착적 연구방법론

이 책에서 우리는 방법론을 연구를 설계할 때 기준으로 삶는 아이디어와 원리라고 정의했다. 코바치(Kovach, 2009: 30)는 토착방법론을 "서구 지식이 아니라 부족적 인식론과 부족적 지식에 기반한" 방법론으로 설명하고 있다. 비토착적 근거이론가로서 우리의 인식론적 지식은 서구적 지식이며, 이러한 인식론과 지식이 우리를 토착적 연구자와 구분시켜 준다. 베인브리지 등(Bainbridge et. al., 2013)은 토착적 연구자나 비토착적 연구자 모두에게 핵심 근거이론방법은 많은 것을 제공할 수 있으나, 실천지식적 맥락으로 접근해야 이러한 가치를 제대로 실현할 수 있다고 주장했다. 플라이비어(Flyvbjerg, 2001)의 논의에 기반하여, 이들 저자들은 실천적 지식은 실천적 지혜로서 "상황에서 어떻게 윤리적으로 행동하여야 하는가에 관심을 가지고 … 실천적 지식 연구는 지배적 타자의 특권, 신념, 경험에 근거한 인식론을 넘어서, 공동선을 추구하는 사회변화를 일으키기 위해 실천하고자 하는 인식론으로 가는 것을 가능하게 해준다"(Bainbridge et. al., 2013: 277). 이 논문에서 토착적 그리고 비토착적 근거이론가들이 호주원주민에 대한 연구에서 각각 어떻게 현장에 들어가고, 지식을 얻고, 실천하게 되는가와 관련된 입장을 설명하고 있다.

핵심 근거이론방법의 유연성 때문에 근거이론이 토착적 연구에도 기여할 수 있게 하지만, 토착방법론에 적절한 가치를 부여하기 위하여 어떻게 연구설계를 할 것인지에 대하여 조심스럽게 접근하여야 한다. 코바치는 토착방법론을 활용하는 연구에서 핵심 근거이론방법을 사용하고자 할 때, 혼합적 방법을 포함하는 연구설계를 생각해볼 필요가 있다고 주장한다. 이러한 접근은 "방법론은 동시에 지적 신념체계(존재론과 인식론을 동시에 포괄하는)이며 실천적 방법으로, 이 둘은 동시에 상호작용하며 공동으로 움직이는 것"(Kovach, 2009: 25)이라는 전제에 기반한 토착방법론에 가까운 것이다. 그러한 선택이 혼합방법론으로 귀결된다는 코바치의 주장에 꼭 동의할 필요는 없지만, 우리는 사회정의의 의제와 더불어 토착방법론이라는 명칭과 입장을 사용하여 연구를 논의하는 것이 핵심 근거이론방법의 인식론적 관점에서도 적절하고 중요하다는 데 이견이 없다. 근거이론방법을 사용하여 토착방법론의 입장에서 수행한 연구의 예를 살펴보자. 호주원주민 군가리/쿤자족의 여성인 로잔느 베인브리지(Roxanne Bainbridge, 2009)는 호주원주민 참여자에 대해 자신이 수행한 근거이론연구의 경험을 설명하고 있다(상자 10.1). 베인브리지를 포함한 연구집단의 초기 저작이 나온 다음, 이들은 원주민의 건강과 웰빙의 영역에서 매우 뛰어

상자 10.1 근거이론 들여다보기

로잔느 베인브리지의 비판적 토착적 틀에서의 근거이론

지금까지 토착적 맥락에서 수행된 사회과학적 연구는 대부분 참여적 실천연구이다. 이들은 적절하고 문화적으로 안전하고 정중한 방법론으로 사용될 수 있은 것들이다. 그렇지만 나의 박사논문 연구에서는 내가 수집한 서사적 인생사의 주인공들은 다른 일을 실천하고 이슈를 탐색하거나 정의하는 것에 협조를 하지 않으려 했다. 그 결과 참여적 실천연구는 현대 호주 사회의 도시에 거주하는 여성원주민의 일상생활에서 작동하는 실천자(agency)들의 과정을 파악하고 설명하는 실제적 이론을 만들고자 했던 연구의 목적을 달성할 수 없었다. 나는 연구현장에 동시에 알고자 하는 사람이면서 연구당하는 사람이었다. 다시 말하면 내 부족을 조사하는 교수였기 때문에 동시에 외부에서의 연구자이기도 하고 내부자로서 연구대상이기도 하였다. 즉, 참여자이면서 동시에 조사자였다. 따라서 참여자의 현실에 선험적인 이론틀을 부과하는 것에 대해 우려를 하고 있었다. 그래서 나는 자료에 이론을 부과하는 것을 피하고, 지식과 지식생산을 분리하는 것을 피하는 방법을 사용하고자 하였다. 이 방법론은 어느 정도 유연성과 자유를 가지고 있어, 내 경계 내에서 작동하고, 특정한 상황의 세부사항도 설명할 수 있으며, 지역의 맥락을 이해하는 것이 가능해야 했다. 현상들도 지역맥락에서 벌어지며 실천과 사람들도 지역맥락에서 상호작용을 한다. 더 중요하게, 이 방법론은 내가 실천자 이론을 발

전시키는 데 필요한 여성참여자들의 실천과 맥락을 정확하게 잡아낼 수 있어야 했다.

호주원주민의 실천자의 이론을 발전시키고자 하는 호주원주민 여성연구자로서의 경험을 통하여, 나는 구성주의적 근거이론이 나의 존재론적, 인식론적, 방법론적 전제들과 일치한다는 것을 알게 되었다. 그러나 근거이론을 사용하기로 결정하기까지 연구여정이 순조롭게 이루어진 것은 아니다. 원주민들에게는 형식적인 연구들이 지배자의 생산물이고 도구라는 사실을 벗어나기가 불가능하다. 나는 내가 어떻게 지식을 획득하는데 서구연구틀을 벗어나서 반식민주의적 실천으로서 접근할 수 있을까를 고민하였다. 나는 나의 방법론이 전통적인 연구방법론과 어떻게 다른지 고민하였다. 결국 현재 행해지는 서구의 연구실천방법을 사용하기로 하였다. 나는 식민관행의 잘못을 다른 관행의 잘못으로 대체하고 싶지 않았다. 나는 린다 투히와이 스미스의 연구계획서(Smith, 1999)에서 위안을 찾았다. 그녀는 연구과정을 중요시하였는데, 내 이전의 많은 원주민 연구자들과 마찬가지로, 나도 원주민 여성의 관점에서 생성된 양심에 따라 연구과정에 접근했다. 그래서 나는 내 연구에서 현재의 연구문헌들로부터 활용가능한 방법들을 사용하되, "우리(원주민)의 관심과 세계관을 중심으로 우리의 관점으로 우리를 위할 목적으로 이론과 연구를 이해하고 알고자" 노력하였다(Tuhiwai Smith, 1999: 39).

그러나 연구방법론의 탈식민화는 연구과정의 개념화를 바꾸는 이상의 것을 필요로 한다. 진정으로 우리는 원주민에게 적절하고 유용하며 비전을 주는 지식을 구축할 필요가 있다. 구성적 근거이론에서 우리는 이론을 넘어서, 식민지적 관계와 실천을 문제시하고, 이론과 실천의 중요한 연계를 만들어내는 실천의 윤리와 윤리의 실천을 알려줄 수 있도록 해야 한다. 이렇게 해야, 원주민이 알고, 존재하고, 실천하는 방식이 근거이론의 실천과 연구과정을 인도할 것이다. 문화적으로 안전하고 신중하고 과학적으로 엄격한 사회과학이론의 발전을 촉진시키기 위하여 서구지식과 원주민 지식의 통합이 필요하다.

활동 10.3 현재의 근거이론연구

이 책을 읽는 것을 완료하기 위한 수단으로, 오늘날의 근거이론에 대한 관점을 지도교수와 동료와 논의해봐라. 특히 근거이론이 발전해온 방식과 이러한 발전이 최근 학문 환경에서 근거이론의 위치에 어떠한 영향을 미쳤는지를 논의하라.

난 근거이론연구들을 생산해냈다. 흥미를 가질 독자들을 위해 책들을 소개하여 다음과 같다(McCalman, 2013; McCalman et al., 2013; Whiteside, Tsey, Cadet-James and McCalman, 2014).

결론

이 책을 통하여 우리는 다양한 학문으로부터 제기되는 광범위한 영역을 다루기 위하여 근거이론이 연구에 접근할 때 유연성을 가져야한다는 점을 강조하였다. 이러한 유연성이 근거이론이 지난 50년간 이제까지 볼 수 없었던 속도와 규모로 변해온 지구촌에 적응하는 데 적절한 역할을 해왔다. 이러한 이야기는 여기에서 끝나지 않는다. 다양한 수준의 경험과 숙련도를 지니고 있으며 또한 다양한 배경을 지닌 연구자들에게 근거이론은 중요한 이슈들을 조사하는데 계속 중요한 기제로 작동할 것이다. 여러분의 세계에서 변화를 일으키고 기여하는 근거이론의 지속적인 잠재력을 여러분도 인식하게 될 것임을 우리는 믿어 의심치 않는다.

비판적 사고를 위한 질문

1. 어떤 이슈들이 근거이론가들에게 중요하게 등장할 것으로 생각하는가? 이렇게 등장한 이슈들은 방법론적 변화의 맥락에서 나타난 것인가, 또는 사회적, 문화적, 정치적, 경제적 또는 지구촌의 변화의 결과로서 나타난 것인가?
2. 사회정의 이슈가 더욱 강조되는 추동력은 무엇이라고 생각하는가?
3. 여러분의 개인적인 또는 전문적인 환경에서 사회정의의 렌즈를 사용하여 살펴볼 수 있는 연구주제들을 찾아봐라.
4. 이 장에서 논의된, 근거이론이 잠재적으로 영향을 미칠 수 있는 영역을 생각해봐라. 여러분 자신의 연구를 생각해봐라. 어떤 영역에 더 영향을 미칠 수 있는가? 단기적이거나 장기적인 수단으로 어떻게 이러한 영향력을 성취할 수 있는가?
5. 근거이론이 이 장에서 논의된 해석학적 연구 패러다임에 기여하는 것을 넘어서, 근거이론이 최근 연구 환경에서 할 수 있는 다른 역할들을 생각해봐라.

근거이론연습

APPENDIX A에 제시된 '근거이론연습-사례'를 가지고 다음을 생각해봐라.

- 근거이론과 다른 연구설계와의 관계와 관련하여 이 연구자가 행한 코멘트
- 최근 연구 패러다임 안에서 핵심 근거이론방법이 만들 수 있는 잠재적 기여
- 사회적 복합성이 증가하는 상황에서 근거이론의 방법론적 중요성을 제고할 방안

APPENDIX A

근거이론연습–사례

Working grounded theory–An example

이 부분은 이 책의 저자 중 한 명인 멜라니 버크스(Melanie Birks, 2007)가 근거이론연구를 수행한 경험을 기술하고 있다. 각 장마다 마지막에 '근거이론연습'을 생각해야 할 점들을 제시하였고, 또한 여기에서 여러분이 근거이론과정을 더 잘 이해하도록 실천적인 설명을 자세하게 제시하고 있다.

핵심근거이론의 발견

오래전 내가 학생일 때 내 친구가 자신의 연구설계에 근거이론을 사용하는 것을 보고 근거이론을 처음 알았다. 그 당시 나는 주로 통계방법을 활용하는 연구에 대한 경험을 가지고 있었다. 근거이론은 내재적으로 복잡해보였다. 내 친구가 자신의 연구와 이 접근법의 역사 그리고 이 방법론의 독특성에 대해 이야기할 때, 내가 잘 모르는 언어로 설명하여서 좀 불편했다. 그 당시 나는 왜 그렇게 복잡한 연구방법으로 어렵게 연구하는가 이상하게 생각하였다.

당시 나는 흑백논리로 생각했다. 만약 내가 수학적인 연구를 좋아한다면, 통계적 연구만 하면 될 일이었다. 나의 전공세계가 사회적 세계이고, 결국 상황에서 의미를 알고자 하는 나의 내재적 요구는 항시 해석학적 패러다임을 필요로 했다. 이러한 요구는 구체적인 설명을 수치로 찾으려는 나의 성향과 갈등을 일으켰고, 그래서 나의 세계관을 그대로 두기가 힘들었다. 나의 박사논문 주제와 관련된 방법론적 선택지를 탐색하면서, 나는 이러한 갈등으로 많은 고민을 해야 했다. 나는 내 연구의 초점에 대한 명확한 설명을 필요로 했다. 연구과정에서의 확실성을 원하는 내 성향에 맞추기 위해 나는 또한 구조적 접근을 필요로 했다. 연구가 스스로 말할 수 있게 하는 충분한 자유와 유연성도 필요했다. 근거이론은 이들 모두를 충족시켜주는 방법론으로 선택되었다.

이 시점부터 여러 문제들이 생겼다. 나는 우선 근거이론에 대한 책을 사서 읽었다. 이제 시작할 준비가 된 것이다. 나는 방법론에 대한 장을 쓰기 시작했다. 나는 혼동되어 제대로 정리할 수 없었다. 최근 박사학위를 받은 선배로부터 충고를 듣고, 나는 근거이론의 중요한 책들을 출판의 순서대로 읽기 시작했다. 어떤 연구자에게는 이렇게 문제를 해결할 수 있겠지만, 나에게는 전혀 그렇지 못했다. 그래서 나는 근거이론의 역사, 논쟁, 진화적 경로를 정리한 글들을 읽기 시작했다.

어떤 책들은 잘 이해되었다. 내 앞에서 이러한 경로를 걸어간 학자들이 쓴 광범위한 논문과 책들을 하나씩 읽으며 모서리를 접어놓았다. 나는 글레이저의 솔직한 글, 스트라우스와 코빈의 긍정적인 함의, 차마즈의 따뜻함과 실용성을 좋아했다. 여러분은 이들 모두가 나에게 영향을 미쳤음을 알게될 것이고, 나는 이렇게 누구에게나 편향되지 않은 나의 접근을 사과할 생각이 없다.

이 단계의 편안함에 이르렀을 때 또 하나의 발걸음이 필요했다. 나의 논문지도교수는 나에게 "너는 세상을 어떻게 바라보냐?"라는 질문을 받았다. 나는 당황하였다. 나는 정말 세계에 대해 생각해본 적이 없었다. 나는 이 문제를 생각하기 시작했고, 철학적 글들을 읽기 시작했다. 철학적 사유를 특징짓는 여러 중간적 논의들과 씨름해야 했다. 나는 박사논문 연구 경험을 일지로 작성하기 시작하였다. 나처럼 이것도 흑백논리였다. 객관적이고 임상적이었다. 그러나 시간이 지나면서 바뀌기 시작했다. 글로 써보니 내가 어떤 패턴으로 생각하는지를 알게 되었다. 점차적으로 일지 대신 메모를 하게 되었다. 지나고 나서 보니, 메모하기가 전환점이었다. 나의 철학적 입장을 통합시켜 편하게 메모를 할 수 있게 되었다. 보다 중요한 것은 메모하기를 통해 내 연구에 통합적 과정이 시작되어, 연구가 진행됨에 따라 나도 더 성장할 수 있었다. 내가 박사과정을 시작하기 전에 누군가가 박사과정을 거치면서 내가 나를 어떻게 볼 것인가에 변화가 나타날 것이라고 나에게 경고했었다. 나는 결국 흑백논리는 표면에 불과하고 그 안을 바라보면 다양한 회색지대가 있으며 궁극적으로 개념적 사고의 총천연색 스펙트럼이 있다는 것을 발견하게 되었다.

근거이론연구 계획하기

사람들은 자주 자신들의 열정에 맞는 박사논문연구의 주제를 발견할 필요성에 대하여 말한다. 나도 이러한 수준에서 연구를 수행하고자 몇 년간 숙고해왔지만, 나의 관심과 열정을 자극하는 힘을 지닌 주제를 찾아낼 수 없었다. 결국 연구주제가 나를 발견하였다. 나는 말레이시아 보르네오에서 간호사들에게 보다 고급의 교육기회를 제공하기 위하여 간호사들에게 학사학위를 주는 학교 밖 교육지원 모델을 사용하는 프로그램에서 매개자로 일하고 있었다. 어느 날 강의를 하는데 한 학생이 지나가는 말로, 공부를 하게 되어 자신들의 삶이 얼마나 바뀌었는지를 설명하였다. 이 설명이 계속 내 귀를 울렸다. 나는 이 말이 의미하는 바가 무엇인지 궁금했다. 그들 삶의 어떤 측면이 바뀌었을까? 어떻게 이러한 변화가 나타났을까? 교육제공자로서 우리에게는 어떤 의미를 지니는 것일까? 연구를 통해 이러한 질문들에 대한 답을 찾아야겠다는 생각이 떠올랐지만, 내가 이 주제에 대해 숨겨진 열정을 가졌다고 보기는 힘들다. 박사논문 지도교수가 이 주제가 변화를 일으킬 연구결과를 생산할 수 있는 주제라며 나에게 이 주제를 계속 권유했다.

내 연구의 성격은 분명하게 해석학적이었으며, 연구환경의 문화적 맥락을 고려하여 민족지에 기울어 있었다. 그러나 이러한 것은 피상적인 생각이었다. 이 연구의 실제내용은 궁극적으로 그러한 이슈를 초월할 것이었다. 내 지도교수의 제안에 따라 근거이론에 접근하였지만 불안하였다. 앞에서 말한 바와 같이 나는 근거이론에 저항감이 있었고 그래서 박사논문에서 근거이론을 사용하는 것에 저항했다. 그런데 나는 참여자의 세계에 설명이 필요한 어떤 일이 진행되고 있다고 느꼈다. 결국 나는 이러한 설명을 제공하려면 근거이론을 사용해야 한다는 것을 깨닫게 되었다.

나는 내 연구의 이른 초기부터 내가 조사하려는 실제 영역에 대한 나의 가정들을 파악하라는 충고를 받았다. 나의 최초의 공식적인 메모는 이 목적으로 쓰여졌다. 내가 조사기간 동안 중요시해야 할 모든 것의 목록을 작성하였다. 이러한 작업은 내가 몇 가지 가정을 가지고 있으며 이를 투명하게 설명할 필요가 있다는 것을 깨닫게 해주었다. 예를 들어, 나는 이들 간호사들의 경험에 영향을 미치는 사회적 문화적 요소들을 이해하고 있다고 느꼈다. 나는 심지어 누가 가장 흥미로운 이야기를 말할지를 바로 알 수 있다고 생각하였다(결국 이러한 나의 생각이 잘못되었다는 것을 깨닫게 되었다). 나는 여러분이 자신의 인생사가 자신의 연구에 영향을 미치는 것을 막는 것이 불가능하다고 생각하며, 여러분이 정말 그렇게 하고자 원하는지를 묻고 싶다. 어쨌든 여러분은 여러분 자신에게, 그리고 필요하면 여러분의 연구에서 이익을 보는 사람들에게, 정직하고 투명하여야 한다.

초기 계획단계에서 들은 또 다른 충고는 내 논문의 목차를 임시로 만들어보라는 것이었다. 이러한 작업은 매우 어려운 것이었지만, 계획을 위해서는 필수적인 작업이었다. 왜냐하면 이렇게 목차를 만들어봐야 내 연구를 시작하기 전에 내 연구에서 필요한 것들이 무엇인지를 파악할 수 있게 해주기 때문이다. 학위논문들은 보통 연구과정을 반영한 목차를 가지고 있다. 이러한 상황은 초기단계에서부터 내가 조사과정에서 무엇을 해야 하고 이를 연구설계에 어떻게 포함시킬 것인가를 고민하도록 만들었다. 이렇게 내 연구의 개요를 결정하게 되자, 이를 바탕으로 연구일정표를 짤 수 있게 되었다. 이 책을 쓰는 과정에서도 경험많은 근거이론연구 지도교수들로부터 학생들이 연구계획을 세울 때 일정표를 잘 세우지 못해 혼란스러워 한다는 의견을 들었다. 근거이론을 완성하기 위해 최소한 18개월이 걸리며, 참여자를 충원하고 자료를 수집하는 데도 보통 생각했던 것보다 두 배 이상의 시간이 걸린다고 알려져 있다. 내 경험은 위와 같은 말이 사실임을 보여준다. 예를 들어, 내가 처음 자료수집과 자료생성을 위해 계획한 기간은 서너달이었다. 다행스럽게도 내가 초기단계에 목차를 써 보면서 보다 현실적인 기간을 파악할 수 있었다.

나의 근거이론연구에 대한 이해가 축적되면서, 내 연구에 양적방법론을 주로 사용하는 연구자들이 비판할만한 요소들이 있다는 점을 깨달았다. 내 연구질문과 목적이 분명하게 정리되지 않은 상태에서 어떻게 내 연구계획서가 기관의 심사를 통과할 수 있을까? 선행연구검토를 하지 않아도 괜찮을까? 내가 아직 현장을 모르는데 내 연구에서 몇 명의 참여자들(조사대상자들)이 필요한지를 어떻게 알 수 있을까? 스트레스를 받을지라도 이러한 장애물과 어떻게든 타협을 해야 했다(나의 논문지도교수는 내가 얼마나 고통을 받았는지 알 것이다). 나의 연구질문과 목적을 일반적인 용어로 정리하였다. 어떻게(어떠한 방식으로 그리고 어떠한 수단으로) 대학교육이 말레이시아 보르네오 간호사들의 삶을 변화시켰는가? 나의 최종 박사학위논문에서 연구질문과 목적은 연구과정을 거치면서 발전한 내용을 담고 있다. 나는 항시 해석학적 모델을 따라 연구하려고 생각했었기 때문에, 내 주제와 직접 관련된 문헌들은 피하였으며, 대신 이웃 분야의 문헌들을 광범위하게 읽었다. 내가 조사하는 영역은 별로 다루어지지 않았던 분야로, 주제와 직접 관련된 문헌을 초기단계에 피하는 것은 쉬웠다. 윤리심사과정에서 나는 참여자의 수를 대략적으로 제시하였으며, 최초의 연구설계로부터 변경된 내용을 승인받기 위하여 여러 번 윤리위원회를 방문하여야 했다.

지나고 나서 보니, 이러한 문제는 내가 생각했던 것처럼 어려운 문제는 아니었다. 전체적으로 나의 연구설계는 단순하였다. 광범위한 이슈를 다루는 비구조적 질문지를 사용하여 개인들을 면담하는 것이었다. 자료수집과 분석은 동시에 진행되는 것으로 설계했다. 자료는 지속적 비교를 통해 분석될 예정이었고, 코드를 파악하여 범주를 발전시킬 예정이었다. 자료에서 어떤 일이 일어나든 내가 바로 알게 되리라고 생각했고, 자료가 내 연구질문에 답하리라 생각했다. 물론 이 정도로까지 단순하지는 않았지만, 단순한 연구설계가 내 연구의 출발점이었다. 연구과정이 진화하면서 나를 어디로 이끌지 몰랐다. 때로는 이러한 무지가 축복이다. 내 연구계획서를 심사하는 대학, 윤리위원회, 논문 심사위원들이 근거이론 연구설계가 자체적으로 진화하는 현상을 문제시하지 않아 나는 안전하다고 생각하였다. 내 연구를 지도해준 교수들이 이러한 체계를 잘 알고 있었고, 어떻게 연구계획서를 써야 신뢰를 받을 수 있는지를 잘 알려주어, 다행스럽게도 별다른 문제없이 연구계획서의 심사를 통과할 수 있었다. 내 생각에 연구계획서가 충분히 정보를 제시하였고, 또한 충분히 유연하게 넓은 범위를 다루고 있었다. 그리고 필요하면 언제나 수정될 수 있도록 개방적이었다.

연구의 질 확보하기

내 박사논문 연구과정에서 항시 마음에 두었던 것은 "올바르게 하라"는 것이었다. 나는 프로젝트도 관리해봤으며, 글도 써봤고, 여러 자원을 사용해본 경험이 많은 박사후보생이었다. 그럼에도 불구하고 박사논문 수준으로 연구를 하는 것에 불안감을 가지고 있었다. 내가 근거이론에 익숙하지 않았기 때문에 이러한 한계점을 극복하기 위하여 처음부터 보다 체계적인 계획을 세워 연구를 시작하고자 하였다. 내가 근거이론에 더 기울어지게 된 것은 전통적인 해석학적 방법론보다 더 나은 구조를 제시하고 있기 때문이다. 내가 연구를 시작하기도 전에 내 사무실과 내 컴퓨터에 조사 자료를 축적하기 위한 파일을 만들어둘 정도였다. 내가 축적하게 될 문헌들을 관리하기 위하여 문헌관리 소프트웨어를 미리 배웠다. 나의 분석에 도움이 될 자료관리 소프트웨어도 점검하였다. 연구프로젝트도 다른 벤처사업과 같은 방식으로 운영되는 것으로 생각하였고, 이렇게 준비를 해두어야 큰 사업을 관리할 수 있고, 또한 연구과정에서 충분한 질을 유지할 수 있다고 생각하였다.

이미 말한 바와 같이, 나는 메모하기에 더 익숙해져야 했다. 내 연구의 많은 부분이 메모에 의존하게 될 정도까지 메모하기에 편안해져야 했었다(결국, 내 논문지도교수 중 한 명은 나를 극단적인 메모광이라고 불렀다). 나는 '작업메모'라는 명칭으로 관련 메모들을 분류하여, 내가 무엇을 했고, 어떻게 했고, 왜 그렇게 행동했는지를 메모하였다. 또한 '코딩메모'라는 명칭으로 관련 메모들을 분류하여, 어떤 코드나 범주가 포함되어 있는지, 왜 그렇게 생각하게 되었는지를 메모하였다. 점차적으로 분석이 진전되면, '분석메모'라는 명칭으로 자료를 이론으로 전환시키는 과정에서 필요한 추상화의 과정을 설명하고 관련된 통찰을 적어두는 메모를 하게 되었다. 이제 나는 두 가지 점을 필연적으로 깨닫게 되었다. 조사활동, 코딩, 분석이 너무 엉켜있어서 이들을 앞의 분류체계대로 분리하려면 이들이 중복되어 있다는 점을 먼저 인정해야 했다. 메모를 하지 않으면서 근거이론을 한다고 말하는 사람은 실제로는 근거이론을 하지 않는 것이라는 점을 깨달았다. 메모하기야 말로 이론을 자료에 근거하게 만든다.

연구에서 나의 위치 찾기

나는 자료수집과 분석을 시작하면서 내 이론적 입장이 이미 성립되어 있다고 생각했었다. 그러나 현실은 이와 달랐다. 연구를 수행하는 과정 자체가 계속 나를 재정립시켰다. 박사과정을 공부하면서나 해석학적 패러다임을 공부하면서도 계속 나를 재정립하였었던 것과 마찬가지였다. 현장연구에서 내 역할에 편안해지기까지 상당한 시간이 걸렸다. 내 참여자들과 지속적 관계를 유지하였고, 연구를 위한 면담과정을 잘 이해하고 있다고 생각하였다. 보르네오의 초기 면담을 마치고 어느 날 밤 나는 지도교수에게 참여자들이 내가 듣고자 하는 말을 하지 않는다고 불평하는 이메일로 보냈다. 그러자 다음과 같은 답장이 왔다. “너는 네가 누구라고 생각하는가? 이 연구는 너에 대한 연구가 아니다!”(네가 듣고 싶은 답을 미리 상정하는 것은 네가 대답하려는 것이며, 따라서 그것은 너를 연구하는 것이지 참여자를 연구하는 것이 아니라는 뜻-역주)

이제까지의 내 연구는 은유적으로 표현하자면 해부용 칼로 참여자의 머릿속에서 내가 필요로 하는, 또는 기대하고 있거나 발견하고자 하는, 자료만 추출해내는 것이라는 사실을 깨달았다. 내가 구성주의적 접근의 철학적 기초를 이해했다고 생각했지만, 이러한 정신을 진정으로 내재화하기까지 상당한 시간이 걸렸다. 내 조사의 말기에도 나는 지도교수에게 “내가 올바른 답을 얻었는지 어떻게 아느냐”라고 계속 물어보고 있었다. 결국 나는 점진적으로 ‘올바른’ 결과가 있는 것이 아니라는 것을 깨달았다. 정말 중요한 것은 진실은 연구자가 참여자와 협동하여 근거이론방법을 정확하게 적용한 결과로 구성되는 것이라는 것이다.

참여자들과 내가 유지하고 있던 관계는, 내가 이들과 친밀감(라포)을 형성하는 데 도움을 주었지만, 동시에 나를 걱정하게 만들었다. 우리 관계의 잠재적인 권력 불평등성을 해소하기 위해 열심히 노력하여야 하였고, 또한 나에게 내가 듣고 싶어하는 것이 아니라 그들의 현실을 말하도록 하느라 열심히 노력하여야 했다. 면담을 통해 어떤 내용을 얻을 것인지에 대한 나의 선입견을 통찰하여야 했고, 동시에 나의 연구를 수행하는 과정을 진심으로 성찰하고자 하는 나의 욕구도 커졌다. 박사과정의 결과로서 내가 경험한 개인적 전문가적 성장은 이러한 통찰로부터 시작하였다. 또한 참여자들은 그들이 대학공부를 통해 어떻게 변하였는지를 성찰하고 이야기하면서 스스로 성장하였다고 말했다.

내가 내 연구를 수행하는 과정에 더욱 편안하게 느낄수록, 자료가 생성되고 분석되면서 자료에서 명백하게 드러난 것에 대하여 이론적으로 더욱 민감하게 되었다. 나는 내 연구의 후반 단계에 이르기까지 이론적 민감성이 무엇인지를 정말 몰랐다고 생각한다. 나는 이론적 민감성을 정의하고, 논의하고, 논쟁조차 할 수 있었지만, 연구과정에 깊숙이 침잠한 다음에서야, 자료의 부분이 전체에 기여하는 것을 무의식적인 수준에서도 알게 되었음을 발견하였다. 이것이 이론적 민감성을 진짜로 실행하는 기술이다. 최종 그림이 어떻게 될지 알 수는 없지만, 여러분은 이제 확신을 가지고 이러한 부분의 자료, 이러한 코드, 이러한 범주 그리고 이러한 관계가 적합하다는 것은 알 수 있다. 나는 이러한 것이 비예술가는 알기 어렵지만 예술가들은 어떠한 요소가 자신들의 창작에 궁극적으로 생명을 불어넣는지를 아는 것과 유사하리라고 추정한다.

자료를 생성하고 수집하기

이제 나는 내 연구를 위해 자료를 수집하는 것에 대해 상당히 편안하게 느낀다. 이론적 표집의 개념을 이해하고 있고, 전문가적인 면담 능력을 가지고 충분히 면담을 진행해봤다. 그렇지만 사업을 위한 면담이어서, 연구를 위한 면담이 어떻게 다른지에 대해 진정으로 알지는 못했다. 다행히 내 지도교수는 내 연구내용을 가지고, 내 연구에 포함되어 있지는 않지만 간호사를 하면서 대학교육과정을 이수하는 과정을 경험하고 있는, 호주의 간호사를 상대로 실습해볼 것을 추천하였다. 이러한 연습은 정말 많은 도움이 되었다. 내 면담 기법에서 드러나는 문제점을 파악할 수 있었고, 이를 관찰자로 참여하였던 지도교수와 논의할 수 있었다.

이들 문화집단에 대한 나의 지식에도 불구하고, 나는 내 연구에 영향을 미칠 수 있는 문화적 변이를 고려하지 못했었다. 연구를 위한 참여자-면담자 관계가 우리가 이미 공유하고 있는 전문가로서의 관계와 어떻게 다른가를 참여자에게 이해시키기 위해 많은 노력을 해야 한다는 것을 발견하였다. 면담을 하기 전에 내 연구의 성격을 충분히 참여자에게 설명하고자 노력하였으며, 참여자의 대학교육참여의 동기나 경험과 관련된 일반적인 질문을 하면서 면담을 시작하였다. 이러한 질문들은 오로지 본격적인 면담을 위한 예열과정으로 생각하고 하였지만, 근거이론의 본성이 그러하듯이 이러한 면담들이 근거이론을 발전시키는 데 커다란 가치를 지닌 정보를 생성하였다는 사실을 나중에 알게 되었다.

내가 다뤄야 했던 또 다른 문제는 내가 연구를 한다는 사실이 널리 알려지면서 참여자들이 이에 열광하였다는 점이다. 내가 먼 지역까지 여행하게 되면서, 나는 의도적으로 작은 수의 간호사들을 표집하였다. 그래야 분석도 하고 미래의 자료수집도 준비하는 충분한 시간을 가질 수 있다고 생각했기 때문이다. 내가 첫 번째 장소에 도착하였을 때, 5명의 간호사가 자신들의 스토리를 말하러 나에게 왔다. 이 경험으로부터 이론적 표집에 대해 많은 것을 배웠다. 현실은 첫 번째 질문을 할 때부터 분석이 시작된다는 것이다. 이들 면담 사이에 있는 틈새 시간은 천금 같은 시간이었다. 면담으로 생성된 자료를 검토할 수 있고, 이어지는 면담에서 방향을 바꿀 경우 그 이유를 필드노트에 적을 수 있었다. 물론 이러한 면담에 대해 더욱 자세한 분석을 나중에 하겠지만, 이렇게 처음부터 바쁘게 동시에 자료를 수집하고 분석하면서 얻은 경험과 결과는 내 연구의 큰 자산이 되었다.

개별 면담 이후에는 녹음을 들으면서 예비노트를 작성하였다. 이때 면담의 내용을 적고, 또한 이후 면담에서 나의 기술을 개선하기 위하여 해당 면담과정과 기술에서 개선해야 할 점들도 적었다. 나를 아는 사람은 내가 너무 많은 말을 하는 경향이 있다고 하겠지만, 초기 면담에서 실제로 내가 얼마나 많은 말을 했어야 했는지를 알고 나도 깜작 놀랐다. 물론 나의 질문을 명확히 하고 풀어서 말하고 그들이 질문에 대응하는 것이 중요한 시기가 있다. 어느 정도의 편안함을 유지하려고 할 때도, 면담의 목적에 계속 초점을 맞추는 것이 중요하다. 경험으로부터 더 성장하고자 한다면, 조사의 모든 측면에서 여러분이 수행하는 내용들을 비판적인 시각에서 점검하는 것이 여러분에게 커다란 도움이 된다는 것을 깨달았다.

나는 면담녹음과 녹취에 크게 의존하였다. 면담녹음을 반복적으로 듣게 되면 그 내용이 여러분 머리 속에 각인된다. 필드노트도 맥락적 느낌을 되살려 면담을 제대로 이해하는 데 커다란 도움이 되었다. 녹취록과 필드노트가 내 연구의 가공되지 않은 원자료이다. 문헌들이 나에게 이론적 민감성을 제고시켜주고, 연구의 맥락을 이해시켜주고, 이어서 생성된 이론을 설명해주는 자료를 제공해준다. 그러나 분석을 위한 자료와 토대는 참여자들의 경험이고 이를 끌어낸 나의 노력이다.

자료분석하기

초기자료가 생성되기 시작하면 자료분석을 어디에서부터 시작하여야 하는지 알기가 어렵다. 나는 코딩에 대한 광범위한 문헌을 읽었고, 표면적으로 1차(초기) 코딩은 단순하게 보였다. 자료와 친숙해진 다음에, 발전하는 이론적 민감성이 지시하는 방향으로 자료로부터 코드를 추출하면 된다. 어쨌든 이어지는 자료의 생성과 지속적인 비교는 보다 복잡하다. 자료의 이 부분이 이 코드를 반영하나? 이들이 어떻게 다른가? 어떻게 비슷한가? 이 코드는 이름을 다시 붙여야할 필요가 있는가? 앞으로 발전할 범주에 포섭될 새로운 코드가 이것인가? 축 코딩은 나의 생각과 다른 부분이 있어, 나는 차마즈가 수정한 글레이저의 코딩법을 사용하였다. 차마즈(2006)에서와 마찬가지로, 나의 분석도 관계의 파악에서 축 코딩적 요소가 있을 수 있지만, 분석과정에서 우발적으로 나타난 것으로 봐야 한다.

나의 초기분석은 손으로 이루어졌다. 당시에 나는 아직 자료분석 소프트웨어에 익숙하지 못했기 때문이다. 자료를 손으로 직접 작업해보니 아주 쓸모가 있었다. 내가 점차 소프트웨어를 사용하게 되었을 때도 손으로 직접 작업을 했을 때 발전했던 통찰력이 소프트웨어로 지속적 비교분석 과정을 계속 진행하면서 더욱 정교해지고 발전할 수 있었다. 그럼에도 불구하고 계속 '코드, 범주, 하위범주, 패턴, 주제 사이의 차이는 무엇인가?'와 같은 질문을 하며 기본 개념들과 씨름해야 했다. 나는 핵심 근거이론방법에 빠르게 익숙해졌고, 내 연구에서 이론적 그림이 형성되면서 점차 모든 것이 분명하게 되었다.

질적자료의 분석에 정말 침잠하여 해본 사람이 아니라면 이 과정이 얼마나 연구자를 집어삼키는지 제대로 알기 어렵다. 나는 연구자들이 자료에 몰두하다가 결국 자료 속에 익사한 경우를 많이 들었다. 내 생각에 적절한 정도는 이 둘 사이에 있다. 현실에서 여러분은 다양한 수준의 분석을 해야 한다. 그렇다고 근거이론이 나타나는 것은 아니다. 분석은 자료를 처음 수집할 때부터 시작된다. 이를 깨닫기도 전에 여러분은 육체적으로나 정신적으로나 정서적으로 분석으로 둘러싸일 것이다. 여기에서도 나에게는 메모하기가 구세주였다. 메모하기는 침잠되어 있는 것을 표면으로 드러내는 데 도움을 주며, 분석적 호흡을 촉진시켜 주었다.

나는 초기단계에서 식별된 코드에 대하여 메모를 했다. 이후에 발전할 범주들을 메모하였다. 나는 내가 '정의적 진술(definitional statement)'이라고 부르는 메모들을 써서 나의 분석적 의사결정을 인도했다[스트라우스와 코빈이 1998년에 이야기한 '관계적 진술(relational statement)'과 구조나 의도가 다른 것이다]. 예를 들어 '듣기'의 범주에서 정의적 진술은 다음과 같았다. '내 연구가 끝나감에 따라, 내 주변 사람들이 내 말을 잘 경청한다는 것을 느낀다.' 이 진술은 각 범주의 내용을 반영하고 요약하며, 계속 수집되는 자료의 지속적 비교를 촉진한다. 속성과 차원이 드러나면서, 이 과정을 통해 유사점과 차이점이 파악될 것이다. 각 범주의 정의적 진술 그리고 그 넓이와 깊이는 필요하면 뒤의 과정에서 확장될 수 있다. 지속적 비교분석의 진화적 성격 때문에 새로운 자료에 반응하여 범주가 수정된다(분할되거나 확장된다). 할당된 표지와 정의적 진술은 이러한 변화를 반영하여 세련된다. 분석이 진화함에 따라, 메모도 진화한다. 갈수록 자료에서 명백하게 드러나는 패턴과 관계를 둘러싼 분석적 통찰을 메모할 일이 더욱 많아진다.

분석과정에서의 자신감은 자료가 증가하고 메모가 많아짐에 따라 증가한다. 갈수록 자료를 잘못 읽거나 잘못된 방향을 진전할 가능성은 줄어든다는 사실을 알게 되었다. 근거이론방법은 스스로 수정하는 능력을 지니고 있기 때문이다. 따라서 방법만 제대로 사용하면 잘못될 가능성은 거의 없다는 사실을 깨달았다. 적절한 개념은 계속 생존할 것이고, 부적절한 개념은 점차 사라지게 될 것이다.

이론 통합하기

제대로 적용된다면, 근거이론방법은 자료의 개념적 추상화로 인도할 것이다. 그러나 실제로 이론을 생성하려면 마지막 분석적 도약을 거쳐야 한다. 나에게는 정말 그랬다. 나는 시간을 들여 개발된 나의 이론을 도표로서 작성하고자 하였다. 내가 이론적 통합의 단계에 접근하게 되자, 도표그리기와 메모하기가 나의 가장 친한 두 친구가 되었다. 점차 내가 내 자료에서 무슨 일이 벌어지고 있는지 생각하는 것을 체계적인 발표문으로 만들고자 하였다. 나는 현장에 되돌아가서 포커스그룹을 사용하였다. 생성되고 있는 이론을 논의의 토대로 활용하여, 이 포커스그룹이 자료를 더 생성하도록 하였다. 포커스그룹들마다 논의의 흐름이 달랐는데, 이는 대안적 관점을 제공하여 주었고, 그러한 관점들은 최종 분석에 반영되었다.

진화하는 이론의 요소들이 적절성을 가지고 있다는 점은 알고 있지만, 나는 아직도 이들 사이의 관계를 명확하게 하려고 노력하고 있다. 나의 참여자들로 돌아가서 내가 파악한 하위범주들을 적은 카드들을 만들고, 포커스그룹을 이용하여, 참여자들에게 보다 광범위한 범주의 체계로 분류해보라고 하였다. 내가 만든 분류가 이들의 것과 같다는 것이 명백해져서, 나는 많은 기쁨을 느꼈다. 이러한 전략을 통하여 범주들과 관계들이 큰 덩어리로 합쳐지기 시작했다. 그러나 최종이론은 아직 더 많은 과정이 필요하다. 나는 아직 내가 거기에서 진행된다고 생각하는 기본적 사회과정을 설명하는 것에 불과하였다.

이 지점에서 나는 근거이론에 적용되는 '과정'의 개념이 무엇인지를 이해하게 되었다. 이것은 직선적이거나 시간순일 필요가 없었다. 사람들이 세상을 정적인(static) 방식으로 경험하는 것이 아니라는 것을 알게 되었다. 어느 날 아침 내가 사무실에서 내 이론을 통합하려 할 때, 제인 밀즈는 내가 노트 파일들 사이로 컴퓨터 스크린을 뚫어지게 바라보고 있는 것을 우연히 발견하였다. 우리는 3시간 동안 화이트보드에 썼다 지우기를 반복하면서 분석의 최종 단계를 거쳤다. 기본적 사회과정은 형태를 드러내기 시작했지만, 통합은 아직 완성되지 않았다. 내가 스토리라인을 작성하고 나서야 이론이 최종적으로 드러날 것이다. 자료수집과 분석은 반복적인 과정이다. 나는 다시 기존의 자료세트로 돌아갈 필요가 있고 또한 참여자들로부터 추가적으로 자료를 생성할 필요가 있을 것이다. 이를 거쳐야 근거이론이 완전하게 통합되고 포화될 것이다.

나의 근거이론을 스토리라인으로 만드는 것은 나의 경우 잘 진행되었다. 스토리라인은 통합을 촉진시켰고, 스토리라인은 또한 참여자들의 핵심경험을 잘 포착하여 이론으로 제시할 수 있게 도와주었다. 근거이론은 참여자들이 경험한 현상을 세 국면으로 설명해주었다.

이 간호사들은 지식 찾기와 학습 발견하기로부터, 다른 사람들과 차별화되기의 단계를 거쳐, 궁극적으로 전문가되기로 이어진다. 연구하는 동안, 로버츠(Roberts, 2000)의 전문가 자아인식 발전이론을 접하게 되었고, 이 이론이 나의 발견과 잘 연결되었다. 내 연구의 참여자들이 고유한 문화적 맥락에서 이러한 과정을 경험하였지만, 로버츠의 연구는 내 이론에서 개념, 관계, 변이를 설명하는 이론적 코드로서 기능하였다.

근거이론 발표하기

내가 등록한 박사과정은 박사후보생들에게 박사논문의 장들을 논문으로 출판하라고 장려하고 있었다. 이는 이전에 알려져 있던, 기존에 출판한 논문들을 묶어서 심사에 제출하는, '고무줄 박사논문'과는 다른 형식이었다. 박사논문을 위한 연구의 부분들을 학술지에 제출하여 출판하면 그 부분은 끝나는 것이며, 출판되지 않은 부분을 써서 학술지에 제출하여 출간해야 했다. 나는 초기에 이러한 방식을 따라가기가 싫었다. 그러나 이러한 방식이 결국 내 연구의 자연스러운 진전 형태가 되었다. 박사후보생 과정에서나 그 이후에도 이러한 접근은 여러 가지 이점이 있었다. 내 최종 학위논문은 출판된 논문들을 모두 포함하였다. 물론 서론에서는 서론적인 내용을 보충하고 결론에는 개요를 보충하였다.

나는 내 이론을 제시하는 데 서사를 많이 사용하였다. 나는 내 이론을 단순한 도해적 모델로 만들어 제시했으며, 내 연구결과를 소통하기 위한 핵심 기제로 스토리라인을 사용하였다. 내 이론은 세 국면으로 구성된 과정을 설명하고 있다. 세 국면을 각각의 논문으로 작성하여 출판하였으며, 이를 종합하는 이론도 별도의 논문으로 출판되었다. 최종학위논문은 이들 논문을 핵심으로 구성되었으며, 이 연구의 배경을 탐색하거나 방법론적 개념을 다루는 8개의 장이 추가되었다.

논문을 쓰는 동안에도 다양한 학술대회와 연구세미나에서 연구결과를 발표하였다. 초기에는 이러한 발표를 하려면 많은 공포를 느꼈다. 특히 근거이론에 공포증이 있었던 시기에는 더욱 그랬다. 하지만 연구결과를 발표한다는 것은 나에게 내 연구와 관련하여 많은 피드백을 가져다주었고 그러한 과정은 나의 자신감을 쌓고 발전시키는 데 도움을 주었다.

근거이론 평가와 적용

내가 근거이론을 생성하는 과정에서 질을 유지하는 것이 중요하다는 것을 잘 인식하고 있었으며, 또한 최종이론이 여러 곳에서 잘 받아들여지는 것도 중요하다는 사실을 잘 알고 있었다. 보다 중요하게는, 내 심사위원이나 내 박사논문을 읽을 사람들에게 내가 '진짜' 근거이론을 발전시켰다는 것을 보여주고 싶었다. 이를 위해 나는 내 박사논문에 내가 생성한 근거이론을 내가 평가한 내용을 포함시켰다. 다양한 문헌으로부터 추출한 기준을 사용하여(특히 Charmaz, 2006; Chiovitti and Piran, 2003), 왜 내 작업이 근거이론연구로 규정될 수 있는지를 논의할 수 있었다. 더 중요한 것은, 내가 생산한 이론이 자료에 근거하고 있으며, 내 연구가 집중하는 현상을 잘 설명할 수 있는 설명력을 보여주고 있다는 점이다.

박사후보생 동안 내 글을 출판하면서, 내가 내 전공영역의 지식에 일찍부터 기여하고 있다고 느끼게 되었다. 내 연구결과물은 자연스럽게 후반 단계에 출판되겠지만, 근거이론 방법과 적용을 이해하는 데 기여한 나의 작업들은 세계적으로 관심을 이끌어냈다. 이것이 나의 중요한 목적은 아니었지만, 타인들이 내가 근거이론연구를 수행하면서 경험한 것으로부터 도움을 받는다는 것은 기분좋은 일이었다. 자연스럽게 나의 전문적인 작업들도 실질적으로나 방법론적으로 향상되었다.

최근 근거이론논쟁에 대한 성찰

박사후 과정에서, 나는 여러 가지 미사여구에도 불구하고, 해석학적 연구는 아직도 아주 잘 통제된 임상실험을 사용하는 연구들과 같은 지위를 획득하기 위해 싸우고 있다는 사실을 발견하였다. 자신의 영역에서 자신의 연구가 지식에 기여할 수 있는지를 증명하는 것은 연구자에 달려있다고 생각한다. 연구결과를 발표하는 것에서 더 나아가, 연구를 수행한 경험을 출판하는 것이 근거이론의 영향력을 확대하는 데 기여한다.

근거이론이 모든 것을 포함하는 명칭이 되어, 연구하고자 하는 학생들이(때로는 지도교수들) 실제로는 자신들의 연구가 다른 방법론을 사용하는 것이 더 나은 데도 불구하고 근거이론방법 몇 개를 선택하여 사용하는 현상에 대해 우려를 금할 수 없다. 핵심 근거이론방법의 적응성 때문에, 근거이론에 적합하지도 않고, 자료에 근거한 이론을 생성할 잠재력을 가지지 못했음에도 불구하고, '근거이론'이 자주 호명되어 사용되고 있다. 물론 근거이론 발견 이후 발전한 강력한 전략들을 다른 연구설계가 선택적으로 사용하면 안된다는 뜻은 아니다. 그러한 선택적 사용이 연구과정과 결과에서 어떠한 의미를 지니며 어떻게 사용되는가가 명확하게 정리되면 문제가 없겠지만 그렇지 않으면 문제가 있다.

사회적 세계가 더욱 복잡해져, 연구자들이 선택적으로나 포괄적으로나 근거이론방법을 사용하면 많은 것을 얻을 수 있다. 이러한 방법들은 시간을 거치며 검증되었고, 사회의 복잡한 변화에 발맞추어 진화해왔다. 나는 근거이론방법을 채택한 연구자들과 최종적으로 생성된 근거이론으로부터 도움을 받은 사람들에게 근거이론이 계속적으로 기여하는 바가 아주 크다고 생각한다.

용어정리[1)]

1차(초기) 코딩initial coding 초기 코딩, 개방 코딩이라고도 한다. 자료들을 조각내서 구체적인 사건들을 사건들과 비교하고, 명백한 현상과 나타나는 패턴을 명명하고, 명명한 코드를 비교하는 과정을 시작한다. 구체적인 자료를 여러 번 읽어서 의미를 잘 이해한 다음, 자료를 문장이나 또는 그 이하 단위로 쪼개서 개별 단위의 특징을 드러내는 이름을 붙이면 1차 코딩이 된다. 예를 들어, 노인들의 죽음에 대한 조사를 하였다면 수집한 자료를 조각내서 각각의 자료조각에 '빨리 죽어야겠다고 말하기', '오래 살고 싶은 마음', '재산 나눠주기', '자식들 만나기'처럼 그 내용을 가장 잘 개념화하는 이름을 붙이는 과정이 1차 코딩이다. 이를 통해 구체적인 개별 행동, 생각, 말의 자료들을 의미단위로 조각내서 명명하여 개념화한다. 코딩의 첫 단계로 연구주제와 관련된 개념이 자료를 통해 윤곽을 드러내는 과정이다.

2차적 자료secondary data 다른 연구자가 다른 연구를 위하여 이미 수집한 자료.

2차(중간) 코딩intermediate coding 중간 코딩, 축 코딩, 연결 코딩이라고도 한다. 범주를 발전시키기 위해 속성, 차원, 패턴, 관계를 파악하는 코딩. 1차 코딩은 자료의 조각에 이름을 붙이는 가장 단순한 개념화라면, 2차 코딩은 1차 코딩에서 나타난 관련된 것들의 관계를 파악하여 관련된 것끼리 묶어서 상위개념으로 발전시키는 것이다. 예를 들어 1차 코딩인 '빨리 죽어야겠다고 말하기', '오래 살고 싶은 마음', '노인의 가치없음', '죽으면 허무함,' 등은 그 상위개념인 2차 코딩 '죽음에 대한 태도'로 범주화할 수 있다. 따라서 1차 코딩은 대체로 2차 코딩 결과로 나타난 개념이나 범주의 하위개념, 하위범주 또는 속성이나 차원이나 내용들이다. 2차 코딩은 1차 코딩을 기반으로 개념 또는 범주의 피라미드를 구축하는 것이다. 보통 2차 코딩은 1차 코딩 다음에 이루어지지만 2차 코딩을 하는 과정에서, 1차 코딩에 대한 생각이 바

1) 어휘에 대한 이해를 보다 구체적으로 더 쉽게 이해할 수 있게 하기 위하여 원저자들이 쓴 내용에 역자가 설명을 추가하였다.

뀌거나 새로운 생각이 나타날 수 있기 때문에, 새로운 1차 코딩을 생성하거나 기존의 1차 코딩을 수정할 수 있다. 또한 2차 코딩에 어긋나는 자료나 1차 코딩이 나타나거나 또는 어긋나는 것으로 해석되면 2차 코딩이 1차 코딩의 차이와 변이를 포용할 수 있도록 수정하여야 한다. 따라서 1차 코딩과 2차 코딩은 충분히 만족스럽게 이루어졌다고 생각하여 멈출 때까지 계속 상호작용을 하게 된다.

3차(고급) 코딩advanced coding 최종 근거이론의 통합을 촉진시키는 데 사용되는 코딩 기법. 2차 코딩을 거치면서 전체 자료를 설명해주는 여러 가지 중요 범주들이 출현한다. 이러한 범주들을 연결하고 이론적 구성으로 발전시켜가는 과정이다. 예를 들어 죽음에의 적응에 대한 연구자료의 2차 코딩에서 '몸이 죽어감을 인식하기', '희망찾기', '만사 귀찮아 하기', '자녀행동에 민감함', '죽음의 수용', '절대자 찾기', '죽음에 대비하기' 등의 범주가 나타나서 이를, 예를 들어 '죽음의 불안감'이라는 핵심범주로 통합해가는 과정을 3차 코딩이라고 할 수 있다. 핵심범주는 그 속성과 차원이 2차 코딩이나 범주들을 포괄하여 설명할 수 있어야 하며 범주의 관계를 설명하고 연결시켜 주어야 한다. 어떻게 범주들과 연결되는지를, 범주들 사이는 어떻게 연결되는지, 또한 이론적으로 포화되었는지를 점검하기 위해 많은 시간이 걸린다. 코딩과 분석에서 가장 어려운 단계이다. 연구자의 입장이 크게 영향을 미칠 수 있으므로 이에 대한 세밀한 성찰이 필요하다. 핵심범주를 중심으로 최종적인 이론이 생성된다.

가추법abduction 자료를 조사하여 몇 개의 가정을 세운 다음, 분석을 거치면서 이들을 검증하여 증명되면 받아들이고 증명되지 않으면 제거하면서 이들 가정을 확실한 결론으로 발전시키는 방법. 귀납법은 모든 자료들이 결론을 지지한다는 것을 증명해 결론이 참이라는 주장을 받아들인다. 가추법은 이와 조금 다르게 적은 자료를 가지고 추론을 통해 일단 그럴듯한 가정을 먼저 세운다. 이러한 가정에 반하는 자료가 나오면 기존 가정을 제거하고 새로운 자료까지 포함할 수 있는 그럴듯한 가정을 다시 세운다. 또한 그 가정을 부정하거나 확장할만한 자료 영역을 예측하여 이들 영역에서 새로운 자료를 추가로 표집하여 분석하고, 이를 통해 기존 가정을 점검한다. 이러한 과정을 반복하면서 최종적으로 어떠한 자료를 추가하더라도 그 가정이 부정되지 않고 긍정 된다면, 그 가정을 참으로 받아들인다. 근거이론방법론에서는 가정이 모든 것을 포함하고 설명할 수 있는 수준으로 자료를 통해 검증되면 이론이라고 부른다.

개념concept 어떤 하나의 현상이나 현상의 특징을 잘 묘사하고 설명하는 하나의 아이디어나 말로, 어떤 사물이나 현상을 종합적이고 보편적으로 설명해주는 단어를 말한다. 코드들은 개념으로 표현된다.

과정process 인생의 모든 측면에서 나타나는 역동적인 활동. 시간, 국면, 단계에 국한되지 않고 모든 측면에서의 움직임을 포함한다.

과정 코드process code 행동을 표현하는 코드이며, 대체로 동명사 형태로 나타난다.

관계적 진술relational statements 2차 코딩의 과정에서 나타나는, 기존에는 가정이나 명제라고 불렸던, 관계에 대한 진술. 근거이론의 초기단계에 명백하게 부상하는 과정과 행동을 설명하는 데 사용한다. 범주들을 통합시키거나 연계시키는 데 사용할 수 있다.

괄호치기bracketing 연구자로서 객관적 입장을 지키기 위하여 성찰하는 것. 자신을 성찰하여 자신이 가지고 있는 이해, 관념, 가정 등의 주관성을 일시적으로 옆으로 치워놓고 자료에 접근하는 것으로 스트라우스와 코빈(1998)이 제안하였다.

구성주의constructivism 현실은 이를 경험하는 사람에 의해 구성되며 따라서 연구는 이러한 사람들의 경험과 구성을 매개로 현실을 재구성하는 것으로 인식하는 연구 패러다임.

귀납법induction 다양한 개념들을 가지고 추론하는 연구과정을 거쳐 통합하고 축소하여 결론에 이르는 논리적 과정. 귀납이라는 말은 '이끌려가다'는 라틴어 'inductio'에서 시작한 말로 개개의 구체적인 사실이나 현상에 대한 관찰이나 실험을 축적하여 이를 벗어나는 사례가 나타나지 않는다는 것을 확인하여 같은 유형에 대한 일반적인 결론으로 추리하는 논리적 사고방식이다. 이러한 귀납적 추리의 방법과 절차를 논리적으로 체계화한 것이 귀납법이다.

근거이론grounded theory 핵심 근거이론 연구방법을 사용하여 자료에 근거한 이론을 생산할 목적으로 연구하는 접근법.

기본적 사회과정basic social process 구성된 범주와 하위범주에서 그리고 이들 사이의 관계에서 명백하게 나타나는 사회적 과정. 모든 범주를 관통하며 자료의 변이들 대부분을 설명할 수 있는 핵심적인 사회적 과정이다. 최종 근거이론에서 작용과 상호작용이 어떻게 이루어지는가를 설명해준다.

도표diagram 자료분석 과정에 도움을 주는 시각적 표현방식.

동명사gerund '학습하기'나 '밥먹기'처럼 행동하고 있는 모습을 표현하기 위해 동사를 명사 형태로 만든 것.

메모하기memoing 연구프로젝트와 관련된 과정, 생각, 감정, 분석적 통찰, 결정, 아이디어를 바로 바로 메모형식으로 적는 것으로 근거이론의 분석과정에서 핵심적인 역할을 수행한다. 항시 생각날 때마다 메모를 작성하면 근거이론에서 자료를 성찰하고 자료를 분석하여 연결시키고 이를 실행하는 연구자 자신의 생각이나 분석을 발전시키는데 깊이와 정확성을 크게 높일 수 있다. 따라서 근거이론의 필수적인 작업의 하나로 인정되고 있다.

모델model 현실과 꼭 같지는 않지만 현실을 추상화하거나 개념화하여 현실의 핵심을 드러내는 틀. 연구결과물을 시각적으로 축약하여 표현해준다.

문서documents 자료로서 질적 분석의 대상으로 사용되는 문자로 구성된 자료.

방법methods 자료를 생성하고 분석하기 위한 실천적인 원칙, 아이디어, 과정.

방법론methodology 조사연구의 설계를 인도하는 조사의 원칙들과 관련 생각의 세트. 방법은 조사를 통해 지식을 습득하는 데 사용하는 '일반화된 절차 및 수행 기법'이라면, 방법론은 이러한 방법의 세트를 철학적으로 도출하는, 방법의 규칙이나 평가체계, 확증의 이론, 논증과 가설의 이론, 경험적인 세계와 지식의 상호작용에 대한 논의 등을 포함하고 있다.

방법론적 일치성methodological congruence 연구자의 철학적 입장, 연구계획서의 연구목적, 이러한 목적을 성취하기 위해 채택된 방법론이 서로 일치하는 정도.

범주category 유사한 코드들의 덩어리를 표현하는 좀 더 높은 수준의 개념. 연관된 여러 가지 코드들을 묶어 하나로 범주화한다. 예를 들어, '자녀교육'이라는 범주가 있다면 그 하위에 그 내용, 형식, 과정, 행위, 태도 등과 관련된 코드들이 있을 것이다. '과외하기', '학교수업 받기', '직접 지도하기', '일탈하기', '교육비용 부담하기', '수학 포기하기' 등의 연관된 코드들을 합하여 범주화한다. 따라서 범주는 관련 현상이나 코드나 개념들을 종합하여 하나로 묶어준다. 보통 이러한 하위범주들을 종합하여 하나로 묶어주는 보다 추상적인 범주를 상위범주라고 한다.

분석마비analytical paralysis 자료에 완전히 압도되어 더 이상 분석이 불가능하다고 느끼는 감정.

비교분석comparative analysis 사건과 사건의 유사성과 차이점을 비교하고 분석하여 개념적으로 유사한 코드들을 하나의 개념이나 범주로 묶는 것. 자료가 추가되어 코드에 변화가 나타나면, 또는 코드들을 묶는 방식에 대한 생각이 더 정교해지면, 하나로 묶는 범주의 명칭이 바뀌거나 세분화될 수 있으며 또는 범주에 속하는 코드들이 재정립될 수 있다. 따라서 새로운 자료나 새로운 생각에 따라 지속적으로 비교분석을 하게 되고 이를 통해 코딩이 1차 코딩에서 2차 코딩, 3차 코딩으로 발전한다.

비판적 사실주의critical realism 세상은 현실을 구성하고 변화시킬 수 있는 개인과 고정된 구조의 완고한 현실이 병존하는 것으로 인식하는 연구 패러다임.

사건incident 반복적으로 나타나는 행동, 특징, 경험, 문장, 설명, 이미지 또는 소리들을 총칭하여 일반적으로 부르는 용어. 이러한 사건들을 코딩하고 분석하여 개념을 추출한다.

성찰성reflexivity 연구자가 연구를 진행하는 과정에서 나타나는 연구행위와 해석을 더 잘 인도하고 안내하기 위해 시행하는 능동적이고 체계적인 통찰 과정. 성찰을 통해 자신과 과정을 더 잘 이해하여 편견이나 잘못된 방법의 적용을 줄이고 자료의 이해와 분석의 심도를 높일 수 있다.

속성properties 특정 범주의 특징들.

스토리라인storyline 통합된 근거이론의 생성을 통하여 연구결과물을 통합하고, 구축하고, 형성하고, 발표할 때 이를 더 잘 할 수 있도록 촉진하는 전략.

실제적 근거이론substantive grounded theory 구체적인 상황에서 직접 연구된 현상을 다루는 근거이론.

실제적 코드substantive codes 자료에 사용된 언어로 표현한 코드. 동명사의 형태나 참여자 코드 형태로 나타난다.

엄밀성rigour 연구결과에 영향을 미치거나 훼손할 수 있는 모든 요소를 설명하고 적절하게 반영하여 연구과정의 절차를 엄밀하게 통제하여 연구결과의 신뢰도와 타당도를 높이는 것.

연구 설계research Design 연구를 계획하면서 이에 사용될 방법, 방법론, 철학적 입장을 체계적으로 설계하는 것.

영향impact 연구결과물을 적용할 때 나타나는 측정할 수 있는 유용성의 정도.

유용성utility 연구결과물의 사용가능성과 적용가능성의 정도.

의사결정 과정 기록audit trail 연구를 수행하면서 여러 가지 결정을 내릴 때의 과정을 기록한 것으로, 이를 추적하여 의사결정의 과정과 이유를 파악할 수 있다.

이론theory 서로 논리적으로 연결된 개념들의 세트를 구성하는 설명력을 지닌 틀.

이론적 민감성theoretical sensitivity 생성되는 이론에 적합한 요소들을 자료로부터 민감하게 인식하고 추출하는 능력. 이를 위해 자료에서 이론과 관련된 의미를 추론할 수 있는 미묘한 차이와 단서를 잘 파악하고 찾아내야 한다.

이론적 포화theoretical saturation 특정 범주와 관련하여 더 이상 새로운 코드가 나타나지 않을 때의 상황. 상세하게 정의되고 차원이 잘 밝혀져 속성이 뚜렷하게 밝혀진 범주들.

이론적 표집theoretical sampling 근거이론연구의 분석과정에서 나타난 실마리를 계속 추적하여 파악하는 과정. 분석과정에서 중요하다고 생각되어 관련된 자료를 코딩하여 분석하고자 하는데, 자료가 부족하거나 없을 때 이러한 자료를 생성할 수 있는 참여자를 이론적으로 선정하여 이들을 대상으로 자료를 수집하여 추가로 코딩하고 분석하는 과정이다. 즉, 스토리 전개 상 꼭 나타날 것으로 추정된 개념이나 범주를 가장 잘 드러낼 참여자를 이론적으로 선정하여 표집하는 것이 이론적 표집이다. 보통 개념이나 범주의 속성과 차원을 최대한 다양하게 점검할 수 있고 이들의 관계를 잘 보여주는 사례들을 표집한다.

이론적 코딩theoretical coding 근거이론의 설명력을 제고하기 위한 틀을 제공하는 고급 추상화에 사용된다.

이해하게 만들기rendering 연구자가 실제 연구 영역에서 무슨 일이 일어나고 있는지를 분석한 것을 독자가 이해하기 쉽도록 번역하거나 해설해주는 것.

인식론epistemology 인식을 통하여 진정한 지식이나 진리에 접근할 수 있는지를 고찰하는 철학적 분야. 인식의 기원과 본질, 인식과정의 형식과 방법, 지식과 진리의 인식가능성 등을 연구한다.

자료data 면담, 관찰, 문헌, 기록물, 물건을 통해 수집하거나 생성된 가공되지 않은 원재료.

자료 분석data analysis 연구결과를 얻으려는 목적으로 자료를 가공하는 데 적용하는 기술.

자료 수집data collection 연구자가 자료출처에 가능한 한 영향을 미치지 않으며 자료를 모으는 과정. 기록이나 문헌 같은 정적인 재료에서 자료를 추출할 때 영향을 미칠 수 있다.

자료 생성data generation 연구자가 직접 자료출처에 개입하여 분석을 위한 재료를 생산하는 과정. 심층면담은 직접 개입하여 자료를 생성하는 과정이다.

자료 출처data sources 사람, 장소, 저장소로서 이곳에서 분석을 위한 재료가 생성되고 수집된다.

조건 매트릭스conditional matrix 분석 과정에서 여러 수준의 맥락을 고려하여 분석하도록 하는 매트릭스. 조건 매트릭스에서 국제적 맥락, 국가적 맥락, 지역사회적 맥락, 조직의 맥락, 집단의 맥락, 개인의 맥락 등의 수준을 포함시켜 자료를 분석하는 동안 각각의 맥락에서 자료를 검토하도록 연구자를 안내한다.

존재론ontology 실재와 현실에 관심을 두고 어떤 것이 정말 실재하는지 또는 실재란 무엇인지를 연구하는 철학의 분야.

증거evidence 자료로부터 추출된 개념, 현상, 이론의 존재를 지지하는 연구결과물.

증거 해설evidence translation 연구결과로서의 증거물이 실제에서 사용될 수 있는 지식으로 전환되는 과정.

지속적 비교 분석constant comparative analysis 코딩과 범주화과정에서 추가되는 자료들이 기존 자료들과 계속 비교하여 분석하는 분석의 과정.

질quality 연구의 모든 단계에서 엄격한 절차를 거쳐 연구결과의 가치를 높이는 것을 지칭하는 말.

질적자료 분석qualitative data analysis 단순히 자료를 설명하는 것을 넘어 이를 묘사하고 탐색하는 과정을 포함하는 분석. 질적연구는 사람들이 세계에 의미를 부여하며 말, 행동, 관계도 이러한 자신의 이해의 맥락에서 이루어진다고 생각한다. 대체로 구체적인 상황과 의미부여를 통해 연구하며 이를 통해 일반적 구조나 패턴이나 양상으로 나아간다. 질적연구는 면담과 관찰에서 얻은 자료나 2차 자료 등을 통해서 이루어진다. 면담과 관찰에서는 자료를 직접 참여자로부터 생성하고 수집하기 때문에 연구자와 참여자의 관계가 중요하여 친밀감 형성이 필요하다. 면담이나 관찰에서 얻은 자료는 연구자와 참여자의 상호작용 속에서, 맥락적이고, 가치의존적으로 생성된다. 따라서 자료의 의미와 해석이 서로 다를 수 있고, 연구자의 편견이 개입될 여지도 상당히 크다. 대체로 이론이 개별적이고 보편적 이론이나 예측으로 진전되기 힘들다. 양적 분석이 사람의 주관과 분리된 단일한 외재적 존재에만 집중하느라 사람의 의미와 생각이 외재적 현실과 상호작용하는 면을 보지 못한다는 점을 반성하면서 이 둘을 모두 고려하거나 또는 의미와 생각의 측면을 집중적으로 분석하고자 질적 분석이 발전하였다.

차원dimensions 속성의 다양한 차이가 나타나는 수준.

참여자 코드in vivo code 자료에서 나타난 내용들을 포섭하는 참여자가 사용한 단어.

철학philosophy 존재와 현실에 대한 개념화를 이끄는 그리고 존재와 현실에 대한 개념화에 의해 영향을 받는 세계관.

철학적 입장philosophical position 지식을 어떻게 획득할 수 있다고 생각하는지에 대해 개인이 가진 생각. 현실과 실재에 대한 개인적인 신념과 관련되어 있다.

코드code 참여자들의 경험 패턴에서 나타나는 반복적이고 유사한 현상을 짧게 개념화한 것. 구체적인 개별 자료들을 검토하여 각각의 현상들에 이름을 붙이는 것으로 예를 들어 한 면담대상자와 면담한 자료를 검토하면서 "자녀들을 있는 그대로 받아들여야 한다"고 한 말이 있으면 여기에 '받아들이기'라는 코드를 붙일 수 있다. 1차 코드에서 주로 이렇게 작업한다. 이러한 유사한 현상들은 계속 '받아들이기'로 코드화하면, 나중에 이 코드가 얼마나 중요한지 다른 코드들과 어떠한 관계에 있는지, 코드들이 서로 어떠한 과정으로 연결되는지 등을 비교하여 파악할 수 있다.

평가evaluation 연구과정과 결과가 지닌 가치와 질을, 이러한 목적으로 만들어진 기준을 사용하여, 판단하는 것.

필드노트fieldnotes 현장조사를 하는 동안 사건, 행동 그리고 이에 대한 연구자의 반응 등을 당시에 기록한 것.

필드워크fieldwork 공식적 면담 외에도 문서에의 접근, 정보적 대화, 관찰을 포함하는 광범위한 자료수집 활동, 또는 현장에서의 자료수집활동.

학위논문thesis 원래는 논리적이고 체계적인 논의전개를 뜻하나 보통 박사학위나 석사학위를 의미한다.

해석학적 연구interpretive research 질적자료에 대한 연구자의 해석에 기반한 연구.

핵심 범주core category 구성된 하위범주와 범주들 그리고 이들의 관계에서 명백하게 나타나는 현상을 총괄하는 개념. 다양한 하위범주와 범주를 총괄하고 이들을 모두 관통하는 가장 중심적인 역할을 하는 범주이다.

현존 이론extant theory 현재 조사영역의 외부와 관련된 기존 이론. 글레이저는 조사영역과 관련된 이론은 읽지 말라고 주장하고 있다.

형식적 근거이론formal grounded theory 개념적 추상화가 높은 수준으로 발전한 이론으로, 다양한 실제 영역을 포괄하는 개념들을 포섭하고 있다.

참고문헌

Adolph, S., Kruchten, P. and Hall, W. (2012) 'Reconciling perspectives: A grounded theory of how people manage the process of software development', *Journal of Systems and Software*, 85(6): 1269–86.

Allen, M. (2011) 'Violence and voice: Using a feminist constructivist grounded theory to explore women's resistance to abuse', *Qualitative Research*, 11(1): 23–45.

Amsteus, M. (2014) 'The validity of divergent grounded theory method', *International Journal of Qualitative Methods*, 13: 71–87.

Anderson, J.M., Rodney, P., Reimer-Kirkham, S., Browne, A.J., Khan, K.B. and Lynam, M.J. (2009) 'Inequities in health and healthcare viewed through the ethical lens of critical social justice: Contextual knowledge for the global priorities ahead', *Advances in Nursing Science*, 32(4): 282–94.

Andrews, L., Higgins, A., Andrews, M.W. and Lalor, J.G. (2012) 'Classic grounded theory to analyse secondary data: Reality and reflections', *Grounded Theory Review: An International Journal* 11(1): 12–26. Available at http://groundedtheoryreview.com/2012/06/01/classic-grounded-theory-to-analyse-secondary-data-reality-and-reflections/, accessed 2 November 2014.

Annells, M. (1996) 'Grounded theory method: Philosophical perspectives, paradigm of inquiry, and postmodernism', *Qualitative Health Research*, 6(3): 379–93.

Annells, M. (2006) 'Triangulation of qualitative approaches: Hermeneutical phenomenology and grounded theory', *Journal of Advanced Nursing*, 56(1): 55–61.

ARC (2014) Research Impact Principles and Framework. Available at www.arc.gov.au/general/impact.htm, accessed 28 April 2014.

Atkinson, P. and Delamont, S. (2006) 'In the roiling smoke: Qualitative inquiry and contested fields', *International Journal of Qualitative Studies in Education*, 19(6): 747–55.

Babchuk, W. (2011) 'Grounded theory as a "family of methods": A genealogical analysis to guide research', *US-China Education Review*, 3: 383–8.

Bahora, M., Sterk, C.E. and Elifson, K.W. (2009) 'Understanding recreational ecstasy use in the United States: A qualitative inquiry', *International Journal of Drug Policy*, 20(1): 62–9.

Bainbridge, R. (2009) *Cast All Imaginations: Umbi Speak*. Doctoral thesis, James Cook University.

Bainbridge, R. (2011) 'Becoming empowered: A grounded theory study of Aboriginal women's agency', *Australasian Psychiatry*, 19(S1): S26–9.

Bainbridge, R., Whiteside, M. and McCalman, J. (2013) 'Being, knowing, and doing: A phronetic approach to constructing grounded theory with Aboriginal Australian partners', *Qualitative Health Research*, 23(2): 275–88.

Barnett, D. (2012a) 'Constructing new theory for identifying students with emotional disturbance: A constructivist approach to grounded theory', *Grounded Theory Review: An International Journal*, 11(1): 47–58.

Barnett, D. (2012b) 'A grounded theory for identifying students with emotional disturbance: Promising practices for assessment, intervention, and service delivery', *Contemporary School Psychology*, 16(1): 21–31.

Bernstein, R. (1983) *Beyond Objectivism and Relativism: Science, Hermeneutics, and Praxis*. Philadelphia: University of Pennsylvania Press.

Bhaskar, R. (1978) *A Realist Theory of Science*. Brighton: Harvester Press.

Bhaskar, R. (1986) *Scientific Realism and Human Emancipation*. Thetford, Norfolk, UK: The Thetford Press.

Bhaskar, R. (1989) *The Possibility of Naturalism*. Hemel Hempstead: Harvester Wheatsheaf.

Birks, M. (2007) *Becoming Professional by Degrees: A Grounded Theory Study of Nurses in Malaysian Borneo*. PhD thesis, Monash University.

Birks, M. (2014) 'Practical philosophy', in J. Mills and M. Birks (eds), *Qualitative Methodology: A Practical Guide* (1st edn, pp. 17–30). London: SAGE.

Birks, M. and Mills, J. (2011) *Grounded Theory: A Practical Guide*. London: SAGE.

Birks, M., Chapman, Y. and Francis, K. (2006) 'Moving grounded theory into the 21st century: Part 2 – Mapping the footprints', *Singapore Nursing Journal*, 33(4): 12–17.

Birks, M., Chapman, Y. and Francis, K. (2008) 'Memoing in qualitative research: Probing data and processes', *Journal of Research in Nursing*, 13(1): 68–75.

Birks, M., Chapman, Y. and Francis, K. (2009a) 'Becoming different: Perspective transformation through post-registration baccalaureate nursing studies', in R.V. Nata (ed.), *Progress in Education*, 17: 61–78. New York: Nova.

Birks, M., Mills, J., Francis, K. and Chapman, Y. (2009b) 'A thousand words paint a picture: The use of storyline in grounded theory research', *Journal of Research in Nursing*, 14(5): 405–17.

Bloor, M. (2011) 'The wider community', in D. Silverman (ed.), *Qualitative Research* (3rd edn, pp. 399–415). London: SAGE.

Blumer, H. (1969) *Symbolic Interactionism: Perspective and Method*. Englewood Cliffs, NJ: Prentice Hall.

Boslaugh, S. (2007) *Secondary Data Sources for Public Health: A Practical Guide*. New York: Cambridge University Press.

Bowen, G.A. (2008) 'Naturalistic inquiry and the saturation concept: A research note', *Qualitative Research*, 8(1): 137–52.

Bowers, B. and Schatzman, L. (2009) 'Dimensional analysis', in J.M. Morse, P. Noerager Stern, J. Corbin, B. Bowers, K. Charmaz and A.E. Clarke (eds), *Developing Grounded Theory: The Second Generation* (pp. 86–127). Walnut Creek, CA: Left Coast Press.

Boychuk Duchscher, J.E. and Morgan, D. (2004) 'Grounded theory: Reflections on the emergence vs forcing debate', *Journal of Advanced Nursing*, 48(6): 605–12.

Bradbury-Jones, C. (2007) 'Enhancing rigour in qualitative health research: Exploring subjectivity through Peshkin's I's', *Journal of Advanced Nursing*, 59(3): 290–8.

Bringer, J.D., Johnston, L.H. and Brackenridge, C.H. (2004) 'Maximizing transparency in a doctoral thesis1: The complexities of writing about the use of QSR*NVIVO within a grounded theory study', *Qualitative Research*, 4(2): 247–65.

Brooks, R.A., Landovitz, R.J., Kaplan, R.L., Lieber, E., Lee, S.-J. and Barkley, T.W. (2012) 'Sexual risk behaviors and acceptability of HIV pre-exposure prophylaxis among HIV-negative gay and bisexual men in serodiscordant relationships: A mixed methods study', *AIDS Patient Care and STDs*, 26(2): 87–94.

Bryant, A. (2003) 'A constructive/ist response to Glaser', *Forum Qualitative Sozialforschung/Forum: Qualitative Social Research*, 4(1). Available at file:///Users/jc270942/Documents/Archived/PhD/PhD/Literature/Grounded%20theory/Bryant%202003.htm, accessed 2 November 2014.

Bryant, A. (2009) 'Grounded theory and pragmatism: The curious case of Anselm Strauss', *Forum Qualitative Sozialforschung/Forum: Qualitative Social Research*, 10(3). Available at http://www.qualitative-research.net/index.php/fqs/article/view/1358/2850, accessed 2 November 2014.

Bryant, A. and Charmaz, K. (2007) *The SAGE Handbook of Grounded Theory*. London: SAGE.
Buckley, C.A. and Waring, M.J. (2013) 'Using diagrams to support the research process: Examples from grounded theory', *Qualitative Research*, 13(2): 148–72.
Burns, N. (1989) 'Standards for qualitative research', *Nursing Science Quarterly*, 2(1): 44–52.
Bussing, R., Koro-Ljungberg, M., Noguchi, K., Mason, D., Mayerson, G. and Garvan, C.W. (2012) 'Willingness to use ADHD treatments: A mixed methods study of perceptions by adolescents, parents, health professionals and teachers', *Social Science & Medicine*, 74(1): 92–100. Available at http://dx.doi.org/10.1016/j.socscimed.2011.10.009, accessed 8 January 2015.
Cagle, C. and Wells, J. (2008) 'Journey to a mixed methods approach for understanding Mexican American female cancer caregiving', *Journal of Theory Construction & Testing*, 12(2): 50–7.
CEBM (2009) *Oxford Centre for Evidence-based Medicine – Levels of Evidence*. Available at www.cebm.net/?o=1025, accessed 24 April 2014.
Chamberlain-Salaun, J., Mills, J. and Usher, K. (2013) *Linking Symbolic Interactionism and Grounded Theory Methods in a Research Design: From Corbin and Strauss' Assumptions to Action*. *SAGE Open*, 3(3): 1–10.
Charmaz, K. (1991) 'Turning points and fictional identities', in D. Maines (ed.), *Social Organization and Social Process: Essays in Honor of Anselm Strauss* (pp. 71–86). New York: Aldine De Gruyter.
Charmaz, K. (1995) 'Grounded theory', in J. Smith, R. Harre and L. Langenhove (eds), *Rethinking Methods in Psychology* (pp. 27–65). London: SAGE.
Charmaz, K. (2000) 'Grounded theory: Objectivist and constructivist methods', in N.K. Denzin and Y.S. Lincoln (eds), *The Handbook of Qualitative Research* (2nd edn, pp. 509–35). Thousand Oaks, CA: SAGE.
Charmaz, K. (2005) 'Grounded theory in the 21st century: Applications for advancing social justice studies', in N.K. Denzin and Y.S. Lincoln (eds), *The SAGE Handbook of Qualitative Research* (3rd edn, pp. 507–35). Thousand Oaks, CA: SAGE.
Charmaz, K. (2006) *Constructing Grounded Theory: A Practical Guide Through Qualitative Analysis*. London and Thousand Oaks, CA: SAGE.
Charmaz, K. (2012) 'The power and potential of grounded theory', *Medical Sociology Online*, 6(3): 2–15. Available at www.medicalsociologyonline.org, accessed 2 November 2014.
Charmaz, K. (2014) *Constructing Grounded Theory: A Practical Guide Through Qualitative Analysis*. London: SAGE.
Charmaz, K. and Mitchell, R. G. (1996) 'The myth of silent authorship: Self, substance and style in ethnographic writing', *Symbolic Interaction*, 19(4): 285–302.
Charmaz, K. and Mitchell, R.G. (2001) 'Grounded theory in ethnography', in P. Atkinson (ed.), *Handbook of Ethnography* (pp. 161–74). London: SAGE.
Charon, J. M. (2001) *Symbolic Interactionism: An Introduction, an Interpretation, an Integration* (7th edn). Upper Saddle River, NJ: Prentice Hall.
Cheek, J. (2002) 'Advancing what? Qualitative research, scholarship, and the research imperative', *Qualitative Health Research*, 12(8): 1130–40.
Cheek, J. (2005) 'The practice and politics of funded qualitative research', in N. K. Denzin and Y.S. Lincoln (eds), *The SAGE Handbook of Qualitative Research* (3rd edn, pp. 387–409). Thousand Oaks, CA: SAGE.
Cheek, J., Garnham, B. and Quan, J. (2006) 'What's in a number? Issues in providing evidence of impact and quality of research(ers)', *Qualitative Health Research*, 16(3): 423–35.
Chiovitti, R.F. and Piran, N. (2003) 'Rigour and grounded theory research', *Journal of Advanced Nursing*, 44(4): 427–35.

Clare, J. (2003) 'Writing a PhD thesis', in J. Clare and H. Hamilton (eds), *Writing Research: Transforming Data Into Text* (pp. 19–32). Edinburgh: Churchill Livingstone.

Clarke, A. (2005) *Situational Analysis: Grounded Theory After the Postmodern Turn*. Thousand Oaks, CA: SAGE.

Collins, P. (1998) 'Negotiating selves: Reflections on "unstructured" interviewing', *Sociological Research Online*. Available at www.socresonline.org.uk/3/3/2.html, accessed 2 November 2014.

Corbin, J.M. (1991) 'Anselm Strauss: An intellectual biography', in D. Maines (ed.), *Social Organization and Social Process: Essays in Honor of Anselm Strauss* (pp. 17–42). New York: Aldine De Gruyter.

Corbin, J.M. and Strauss, A.L. (2008) *Basics of Qualitative Research: Techniques and Procedures for Developing Grounded Theory* (3rd edn). Los Angeles, CA: SAGE.

Corti, L., Witzel, A. and Bishop, L. (2005) 'On the potentials and problems of secondary analysis: An introduction to the FQS special issue on secondary analysis of qualitative data', *Forum Qualitative Sozialforschung/Forum: Qualitative Social Research*, 6(1). Available at http://www.qualitative-research.net/index.php/fqs/article/view/498/1072, accessed 2 November 2014.

Covan, E. (2007) 'The discovery of grounded theory in practice: The legacy of multiple mentors', in A. Bryant and K. Charmaz (eds), *The SAGE Handbook of Grounded Theory* (pp. 58–74). London: SAGE.

Cutcliffe, J.R. (2000) 'Methodological issues in grounded theory', *Journal of Advanced Nursing*, 31(6): 1476–84.

Cutcliffe, J.R. (2003) 'Reconsidering reflexivity: Introducing the case for intellectual entrepreneurship', *Qualitative Health Research*, 13(1): 136–48.

Cutcliffe, J.R. and Harder, H.G. (2012) 'Methodological precision in qualitative research: Slavish adherence or "Following the yellow brick road?"', *The Qualitative Report*, 17(82): 1–19. Available at http://www.nova.edu/ssss/QR/QR17/cutcliffe.pdf, accessed 2 November 2014.

Cutcliffe, J.R. and McKenna, H.P. (2004) 'Expert qualitative researchers and the use of audit trails', *Journal of Advanced Nursing*, 45(2): 126–33.

Dawes, N.P. and Larson, R. (2011) 'How youth get engaged: Grounded-theory research on motivational development in organized youth programs', *Developmental Psychology*, 47(1): 259–69. Available at http://dx.doi.org/10.1037/a0020729, accessed 8 January 2015.

Denzin, N.K. (2009) *Qualitative Inquiry Under Fire: Toward a New Paradigm Dialogue*. Walnut Creek, California: Left Coast Press.

Denzin, N.K. (2010) *The Qualitative Manifesto*. Walnut Creek, CA: Left Coast Press.

Denzin, N.K. (2011) 'The politics of evidence', in N.K. Denzin and Y.S. Lincoln (eds), *The Handbook of Qualitative Research* (4th edn, pp. 645–57). Thousand Oaks, CA: SAGE Publications.

Denzin, N.K. and Lincoln, Y.S. (2005) *The SAGE Handbook of Qualitative Research* (3rd edn). Thousand Oaks, CA: SAGE.

Denzin, N.K. and Lincoln, Y.S. (2008) *The Handbook of Critical and Indigenous Methodologies*. Thousand Oaks, CA: SAGE.

Denzin, N.K. and Lincoln, Y.S. (2011) 'Introduction: The discipline and practice of qualitative research', in N.K. Denzin and Y.S. Lincoln (eds), *Handbook of Qualitative Research* (4th edn, pp. 1–20). Thousand Oaks, CA: SAGE.

Devers, E. and Robinson, K.M. (2002) 'The making of a grounded theory: After death communication', *Death Studies*, 26(3): 241–53.

Dey, I. (2007) 'Grounding categories', in A. Bryant and K. Charmaz (eds), *The SAGE Handbook of Grounded Theory* (pp. 167–90). London: SAGE.

Dick, B. (2005) 'Grounded theory: A thumbnail sketch', *Resource Papers in Action Research*. Available at www.scu.edu.au/schools/gcm/ar/arp/grounded.html, accessed 26 June 2005.

Dowling, M. (2006) 'Approaches to reflexivity in qualitative research', *Nurse Researcher*, 13(3): 7–21.

Draucker, C.B., Martsolf, D.S., Ross, R. and Rusk, T.B. (2007) 'Theoretical sampling and category development in grounded theory', *Qualitative Health Research*, 17(8): 1137–48.

Drury, V., Francis, K. and Chapman, Y. (2008) 'Mature learners becoming registered nurses: A grounded theory model', *Australian Journal of Advanced Nursing*, 26(2): 39–45.

Edwards, K. and Jones, S. (2009) 'Putting my man face on: A grounded theory of college men's gender identity development', *Journal of College Student Development*, 50(2): 210–28.

Egerod, I., Christensen, D., Schwartz-Nielsen, K.H. and Ågård, A.S. (2011) 'Constructing the illness narrative: A grounded theory exploring patients' and relatives' use of intensive care diaries', *Critical Care Medicine*, 39(8): 1922–8.

Eyles, C., Walker, J. and Brien, S. (2009) 'Homeopathic practitioner's experiences of the homeopathic consultation: A protocol of a grounded theory study', *Journal of Alternative & Complementary Medicine*, 15(4): 347–52.

Fei, F. (2007) *Resourcing Change: A Grounded Theory Explaining the Process by Which Managers Address Challenges in their Initiation of Change as Learning at Work*. Doctoral thesis, University of Bath.

Fielding, N. (2005) 'The resurgence, legitimation and institutionalization of qualitative methods', *Forum Qualitative Sozialforschung/Forum: Qualitative Social Research*, 6(2). Available at http://www.qualitative-research.net/index.php/fqs/article/view/455/970, accessed 2 November 2014.

Fletcher, D. and Sarkar, M. (2012) 'A grounded theory of psychological resilience in Olympic champions', *Psychology of Sport and Exercise*, 13(5): 669–78.

Flick, U. (2011) *Introducing Research Methodology: A Beginner's Guide to Doing a Research Project*. London: SAGE.

Flyvbjerg, B. (2001) *Making Social Science Matter: Why Social Inquiry Fails and How it can Succeed Again*. Cambridge: Cambridge University Press.

Francis, K., Mills, J., Chapman, Y. and Birks, M. (2009) 'Doctoral dissertations by publication: Building scholarly capacity whilst advancing new knowledge in the discipline of nursing', *International Journal of Doctoral Studies*, 4: 97–106.

Glaser, B.G. (1978) *Theoretical Sensitivity: Advances in the Methodology of Grounded Theory*. Mill Valley, CA: Sociology Press.

Glaser, B.G. (1992) *Basics of Grounded Theory Analysis*. Mill Valley, CA: Sociology Press.

Glaser, B.G. (1998) *Doing Grounded Theory: Issues and Discussions*. Mill Valley, CA: Sociology Press.

Glaser, B.G. (2001) *The Grounded Theory Perspective: Conceptualization Contrasted with Description*. Mill Valley, CA: Sociology Press.

Glaser, B.G. (2004) 'Remodeling grounded theory', *Forum Qualitative Sozialforschung/Forum: Qualitative Social Research*, 5(2). Available at http://www.qualitative-research.net/index.php/fqs/article/view/607/1315, accessed 2 November 2014.

Glaser, B.G. (2005) *The Grounded Theory Perspective III: Theoretical Coding*. Mill Valley, CA: Sociology Press.

Glaser, B.G. (2007) *Doing Formal Grounded Theory: A Proposal*. Mill Valley, CA: Sociology Press.

Glaser, B.G. (2008) *Doing Quantitative Grounded Theory*. Mill Valley, CA: Sociology Press.

Glaser, B.G. and Holton, J.A. (2013) 'Staying open: The use of theoretical codes in GT', *The Grounded Theory Review*, 5(1) Available at http://groundedtheoryreview.com/2005/11/21/1487/, accessed 2 November 2014.

Glaser, B.G. and Strauss, A.L. (1965) *Awareness of Dying*. New York: Aldine.

Glaser, B.G. and Strauss, A.L. (1967) *The Discovery of Grounded Theory: Strategies for Qualitative Research*. New York: Aldine.

Goldsmith, L.J. (2007) *Access to Health Care for Disadvantaged Individuals: A Qualitative Inquiry*. Doctoral dissertation, University of North Carolina at Chapel Hill.

Goulding, C. (2002) *Grounded Theory: A Practical Guide for Management, Business and Market Researchers*. Thousand Oaks, CA: SAGE.

Guba, E. and Lincoln, Y. (2004) 'Competing paradigms in qualitative research', in S.N. Hesse-Biber and P. Leavy (eds), *Approaches to Qualitative Research: A Reader on Theory and Practice* (pp. 17–38). New York: Oxford University Press.

Gubrium, J.F. and Holstein, J.A. (2001) 'From the individual interview to the interview society', in J.F. Gubrium and J.A. Holstein (eds), *Handbook of Interview Research: Context & Methods* (pp. 3–32). Thousand Oaks, CA: SAGE.

Hall, H., Griffiths, D. and McKenna, L. (2013) 'Navigating a safe path together: A theory of midwives' responses to the use of complementary and alternative medicine', *Midwifery*, 29(7): 801–8.

Hand, H. (2003) 'The mentor's tale: A reflexive account of semi-structured interviews', *Nurse Researcher*, 10(3): 15–27.

Heath, H. and Cowley, S. (2004) 'Developing a grounded theory approach: A comparison of Glaser and Strauss', *International Journal of Nursing Studies*, 41(2): 141–50.

Hesse-Biber, S.N. (2007) 'Teaching grounded theory', in A. Bryant and K. Charmaz (eds), *The SAGE Handbook of Grounded Theory* (pp. 311–38). London: SAGE.

Hill, D.M., Hanton, S., Fleming, S. and Matthews, N. (2009) 'A re-examination of choking in sport', *European Journal of Sport Science*, 9(4): 203–12.

Hoare, K., Mills, J. and Francis, K. (2011) 'The role of government policy in supporting nurse-led care in the United Kingdom, New Zealand and Australia: An adapted realist review', *Journal of Advanced Nursing*, 68(5): 963–80.

Hoare, K., Mills, J. and Francis, K. (2012) 'Dancing with data: Acquiring theoretical sensitivity in a grounded theory study', *International Journal of Nursing Practice*, 18(3): 240–5.

Hohl, M. (2009) 'Designing the art experience: Using grounded theory to develop a model of participants' perception of an immersive telematic artwork', *Digital Creativity*, 20(3): 187–96.

Holloway, I. (2008) *A–Z of Qualitative Research in Healthcare* (2nd edn). Oxford: Blackwell.

Holloway, I. and Fulbrook, P. (2001) 'Revisiting qualitative inquiry: Interviewing in nursing and midwifery research', *Nursing Times Research*, 6(1): 539–50.

Holton, J. (2007) 'Coding process and its challenges', in A. Bryant and K. Charmaz (eds), *The SAGE Handbook of Grounded Theory* (pp. 265–89). London: SAGE.

Hood, J.C. (2007) 'Orthodoxy vs. power: The defining traits of grounded theory', in A. Bryant and K. Charmaz (eds), *The SAGE Handbook of Grounded Theory* (pp. 151–64). London: SAGE.

Howell, K. (2013) *An Introduction to the Philosophy of Methodology*. London: SAGE.

Huberty, J.L., Ransdell, L.B., Sidman, C., Flohr, J.A., Shultz, B., Grosshans, O. and Durrant, L. (2008) 'Explaining long-term exercise adherence in women who complete a structured exercise program', *Research Quarterly for Exercise and Sport*, 79(3): 374–84.

Hutchison, A., Johnston, L. and Breckon, J. (2010) 'Using QSR-NVivo to facilitate the development of a grounded theory project: An account of a worked example', *International Journal of Social Research Methodology*, 13(4): 283–302.

Janasik, N., Honkela, T. and Bruun, H. (2009) 'Text mining in qualitative research: Application of an unsupervised learning method', *Organizational Research Methods*, 12(3): 436–60.

Jewell, C. and Bero, L. (2008) '"Developing good taste in evidence": Facilitators of and hindrances to evidence-informed health policymaking in state government', *Millbank Quarterly*, 86(2): 177–208.

Joanna Briggs Institute (2013) *The JBI Approach: Levels of Evidence*. Available at http://joannabriggs.org/jbi-approach.html - tabbed-nav=Levels-of-Evidence, accessed 24 April 2014.

Johnson, R.B., Onwuegbuzie, A.J. and Turner, L.A. (2007) 'Toward a definition of mixed methods research', *Journal of Mixed Methods Research*, 1(2): 112–33.

Kearney, M. (2007) 'From the sublime to the meticulous: The continuing evolution of grounded formal theory', in A. Bryant and K. Charmaz (eds), *The SAGE Handbook of Grounded Theory* (pp. 127–50). London: SAGE.

Kelle, U. (2007a) '"Emergence" vs. "forcing" of empirical data? A crucial problem of "Grounded Theory" reconsidered', *Historical Social Research*, 19: 133–56.

Kelle, U. (2007b) 'The development of categories: Different approaches in grounded theory', in A. Bryant and K. Charmaz (eds), *The SAGE Handbook of Grounded Theory* (pp. 191–213). London: SAGE.

Kennett, D.J., O'Hagan, F.T. and Cezer, D. (2008) 'Learned resourcefulness and the long-term benefits of a chronic pain management program', *Journal of Mixed Methods Research*, 2(4): 317–39.

Knoblauch, H., Baer, A., Laurier, E., Petschke, S. and Schnettler, B. (2008) 'Visual analysis. New developments in the interpretive analysis of video and photography', *Forum Qualitative Sozialforschung/Forum: Qualitative Social Research*, 9(3). Available at http://www.qualitative-research.net/index.php/fqs/article/viewArticle/1170/2587, accessed 2 November 2014.

Konecki, K. (2011) 'Visual grounded theory: A methodological outline and examples from empirical work', *Revija Za Socioligiju*, 41(2): 131–60.

Kotabe, M., Parente, R. and Murray, J.Y. (2007) 'Antecedents and outcomes of modular production in the Brazilian automobile industry: A grounded theory approach', *Journal of International Business Studies*, 38(1): 84–106.

Kovach, M. (2009) *Indigenous Methodologies*. Toronto: University of Toronto Press.

Kubler-Ross, E. (1973) *On Death and Dying*. London: Tavistock.

Lambert, S.D. and Loiselle, C.G. (2008) 'Combining individual interviews and focus groups to enhance data richness', *Journal of Advanced Nursing*, 62(2): 228–37.

Lamott, A. (1994) *Bird by Bird: Some Instructions on Writing and Life*. New York: Pantheon.

LaRossa, R. (2005) 'Grounded theory methods and qualitative family research', *Journal of Marriage and Family*, 67(4): 837–57.

Lather, P. (2004) 'This is your father's paradigm: Government intrusion and the case of qualitative research in education', *Qualitative Inquiry*, 10(1): 15–34.

Lee, L. (2009) '"Boys like smart girls more than pretty girls": Young Korean immigrant girls' understanding of romantic love in American popular culture', *Journal of Instructional Psychology*, 36(1): 87–94.

Lempert, L.B. (2007) 'Asking questions of the data: Memo writing in the grounded theory tradition', in A. Bryant and K. Charmaz (eds), *The SAGE Handbook of Grounded Theory* (pp. 245–64). London: SAGE.

Liebenberg, L., Didkowsky, N. and Ungar, M. (2012) 'Analysing image-based data using grounded theory: The Negotiating Resilience Project', *Visual Studies*, 27(1): 59–74.

Lincoln, Y.S. and Guba, E.G. (1985) *Naturalistic Inquiry*. Beverly Hills, CA: SAGE.

Lincoln, Y.S., Lynham, S. and Guba, E.G. (2011) 'Paradigmatic controversies, contradictions, and emerging confluences, revisited', in N.K. Denzin and Y.S. Lincoln (eds), *Handbook of Qualitative Research* (4th edn, pp. 97–128). Thousand Oaks, CA: SAGE.

Lofland, J. and Lofland, L. (1995) *Analyzing Social Settings: A Guide to Qualitative Observation and Analysis* (3rd edn). Belmont, CA: Wadsworth.

Lösch, A. (2006) 'Combining quantitative methods and grounded theory for researching e-reverse auctions', *Libri*, 56(3): 133–44.

MacLaren, D., Tommbe, R., Mafile'o, T., Manineng, C., Fregonese, F., Redman-MacLaren, M., Wood, M., Browne, K., Muller, R., Kaldor, J. and McBride, J. (2013) 'Foreskin cutting beliefs and practices and the acceptability of male circumcision for HIV prevention in Papua New Guinea', *BMC Public Health*, 13(1): 818. Available at http://www.biomedcentral.com/1471-2458/13/818, accessed 2 November 2014.

Mantzoukas, S. (2007) 'A review of evidence-based practice, nursing research and reflection: Levelling the hierarchy', *Journal of Clinical Nursing*, 17(2): 214–23.

McCalman, J. (2013) 'The transfer and implementation of an Aboriginal Australian wellbeing program: A grounded theory study', *Implementation Science*, 8(1): 129.

McCalman, J., Tsey, K., Bainbridge, R., Shakeshaft, A., Singleton, M. and Doran, C. (2013) 'Tailoring a response to youth binge drinking in an Aboriginal Australian community: A grounded theory study', *BMC Public Health*, 13(1): 726.

McGhee, G., Marland, G. and Atkinson, J. (2007) 'Grounded theory research: Literature reviewing and reflexivity', *Journal of Advanced Nursing*, 60(3): 334–42.

Mertens, D. (2009) *Transformative Research and Evaluation*. New York: Guilford Press.

Meyer, D.Z. and Avery, L.M. (2009) 'Excel as a qualitative data analysis tool', *Field Methods*, 21(1): 91–112.

Mills, J. (2014) 'A new generation of qualitative research', in J. Mills and M. Birks (eds), *Qualitative Methodology: A Practical Guide* (1st edn, pp. 237–55). London: SAGE.

Mills, J. and Birks, M. (2014a) 'Introducing qualitative research', in J. Mills and M. Birks (eds), *Qualitative Methodology: A Practical Guide* (1st edn, pp. 3–16). London: SAGE.

Mills, J. and Birks, M. (2014b) 'Proposing your research', in J. Mills and M. Birks (eds), *Qualitative Methodology: A Practical Guide* (pp. 201–29). London: SAGE.

Mills, J., Bonner, A. and Francis, K. (2006) 'Adopting a constructivist approach to grounded theory: Implications for research design', *International Journal of Nursing Practice*, 12(1): 8–13.

Mills, J., Chapman, Y., Bonner, A. and Francis, K. (2007) 'Grounded theory: A methodological spiral from positivism to postmodernism', *Journal of Advanced Nursing*, 58(1): 72–9.

Mills, J., Francis, K. and Bonner, A. (2008) 'Getting to know a stranger – rural nurses' experiences of mentoring: A grounded theory', *International Journal of Nursing Studies*, 45(4): 599–607.

Mishler, E. (1991) *Research Interviewing: Context and Narrative*. Harvard, MA: Harvard University Press.

Mitchell, R.G. and Charmaz, K. (1996) 'Telling tales, writing stories', *Journal of Contemporary Ethnography*, 25(1): 144–66.

Montgomery, P. and Bailey, P.H. (2007) 'Field notes and theoretical memos in grounded theory', *Western Journal of Nursing Research*, 29(1): 65–79.

Morse, J.M. (2006) 'The politics of evidence', *Qualitative Health Research*, 16(3): 395–404.

Morse, J.M. and Niehaus, L. (2009) *Mixed Method Design: Principles and Procedures*. Walnut Creek, CA: Left Coast Press.

Morse, J., Stern, P., Corbin, J., Bowers, B., Charmaz, K. and Clarke, A. (2009) *Developing Grounded Theory: The Second Generation*. Walnut Creek, CA: Left Coast Press.

Morse, J.M. (1995) 'The significance of saturation', *Qualitative Health Research*, 5(2): 147–9.

Morse, J.M. (2007) 'Sampling in grounded theory', in A. Bryant and K. Charmaz (eds), *The SAGE Handbook of Grounded Theory* (pp. 229–44). London: SAGE.

Morse, J.M. (2011) 'Molding qualitative health research', *Qualitative Health Research*, 21(8): 1019–21.

Mottram, A. (2011) '"Like a trip to McDonalds": A grounded theory study of patient experiences of day surgery', *International Journal of Nursing Studies*, 48(2): 165–74.

Mullen, P.D. (2006) 'Generating grounded theory: Two case studies', *International Quarterly of Community Health Education*, 25(1–2): 79–114.

Nagy, S., Mills, J., Waters, D. and Birks, M. (2010) *Using Research in Healthcare Practice*. Sydney: Lippincott, Wilkins & Williams.

Nathaniel, A. (2011) 'An integrated philosophical framework that fits grounded theory', in V. Martin and A. Gynnild (eds), *Grounded Theory: The Philosophy, Method and Work of Barney Glaser* (1st edn, pp. 187–200). Boca Raton: Brown Walker Press.

National Health and Medical Research Council (2009) *NHMRC Additional Levels of Evidence and Grades for Recommendations for Developers of Guidelines*. Available at http://www.nhmrc.gov.au/guidelines/archived-public-consultations/nhmrc-additional-levels-evidence-and-grades-recommendations, accessed 2 November 2014.

Neill, S.J. (2007) 'Focus. Grounded theory sampling: "Whole" family research... including commentary by H. Heath', *Journal of Research in Nursing*, 12(5): 435.

Nordvik, E. and Broman, N.O. (2009) 'Looking at computer-visualized interior wood: A qualitative assessment using focus groups', *Journal of Wood Science*, 55(2): 113–20.

Nurjannah, I., Mills, J., Park, T. and Usher, K. (2014) 'Conducting a grounded theory study in a language other than English', *SAGE Open*, 4(1): 1–10.

Oakley, A. (1981) 'Interviewing women: A contradiction in terms', in H. Roberts (ed.), *Doing Feminist Research* (pp. 30–74). London: Routledge & Kegan Paul.

O'Connor, D. (2001) 'Journeying the quagmire: Exploring the discourses that shape the qualitative research process', *AFFILA*, 16(2): 138–58.

Office of the High Commissioner for Human Rights (2009) *What are Human Rights?* Available at www.ohchr.org/EN/Issues/Pages/WhatareHumanRights.aspx, accessed 15 December 2009.

Oliver, C. (2012) 'Critical realist grounded theory: A new approach for social work research', *British Journal of Social Work*, 42(2): 371–87.

Olson, L.N., Daggs, J.L., Ellevold, B.L. and Rogers, T.K.K. (2007) 'Entrapping the innocent: Toward a theory of child sexual predators' luring communication', *Communication Theory*, 17(3): 231–51.

Pearson, A. (2004) 'Balancing the evidence: Incorporating the synthesis of qualitative data into systematic reviews', *JBI Reports*, 2(2): 45–64.

Pearson, A., Baughan, B. and Fitzgerald, M. (2005) *Nursing Models for Practice* (3rd edn). London: Butterworth–Heinemann.

Perez, M.S. (2009) *Discourses of Power Surrounding Young Children, Charter Schools, and Public Education in New Orleans Post-Katrina*. Arizona: University of Arizona.

Perez, M.S. and Cannella, G.S. (2010) 'Disaster capitalism as neoliberal instrument for the construction of early childhood education/care policy: Charter schools in post-Katrina New Orleans', in G.S. Cannella and L.D. Soto (eds), *Childhoods: A Handbook* (pp. 145–56). New York: Peter Lang Publishing, Inc.

Peshkin, A. (1988) 'In search of subjectivity – one's own', *Educational Researcher*, 17(7): 17–21.

Pfeffer, J. and Sutton, R. (2006) 'Evidence-based management', *Harvard Business Review*, 84(1): 62–74.

Pieters, H. and Dornig, K. (2011) 'Collaboration in grounded theory analysis: Reflections and practical suggestions', *Qualitative Social Work*, 12(2): 200–14.

Plummer, K. (2009) *On Pragmatism and Poetics*. Available at: www.dur.ac.uk/writingacross-boundaries/writingonwriting/kenplummer/.

Redman-MacLaren, M. and Mills, J. (2014) 'Transformational grounded theory: Theory, voice and action', *International Journal of Qualitative Methods*, in press.

Redman-Maclaren, M.L., Mills, J., Tommbe, R., Maclaren, D.J., Spear, R. and McBride, W.J. (2013) 'Women and HIV in a moderate prevalence setting: An integrative review', *BMC Public Health*, 13(1): 552. Available at http://www.biomedcentral.com/1471-2458/13/552, accessed 2 November 2014.

Reichertz, J. (2007) 'Abduction: The logic of discovery of grounded theory', in A. Bryant and K. Charmaz (eds), *The SAGE Handbook of Grounded Theory* (pp. 214–28). London: SAGE.

Rich, P. (2012) 'Inside the black box: Revealing the process in applying a grounded theory analysis', *Qualitative Report*, 17: 1–23. Available from http://www.nova.edu/ssss/QR/QR17/rich.pdf, accessed 2 November 2014.

Richards, L. (2009) *Handling Qualitative Data: A Practical Guide* (2nd edn). London: SAGE.

Richardson, L. and Adams St Pierre, E. (2005) 'Writing: A method of inquiry', in N.K. Denzin and Y.S. Lincoln (eds), *The SAGE Handbook of Qualitative Research* (3rd edn, pp. 959–78). Thousand Oaks, CA: SAGE.

Rolfe, G. (2006a) 'Judgements without rules: Towards a postmodern ironist concept of research validity', *Nursing Inquiry*, 13(1): 7–15.

Rolfe, G. (2006b) 'Validity, trustworthiness and rigour: Quality and the idea of qualitative research', *Journal of Advanced Nursing*, 53(3): 304–10.

Rolfe, G., Segrott, J. and Jordan, S. (2008) 'Tensions and contradictions in nurses' perspectives of evidence-based practice', *Journal of Nursing Management*, 16(4): 440–51.

Ruppar, T.M. and Russell, C.L. (2009) 'Medication adherence in successful kidney transplant recipients', *Progress in Transplantation*, 19(2): 167–72.

Russell, S. (2006) 'An overview of adult-learning processes', *Urologic Nursing*, 26(5): 349–70.

Ryan-Nicholls, K.D. and Will, C.I. (2009) 'Rigour in qualitative research: Mechanisms for control', *Nurse Researcher*, 16(3): 70–85.

Saldaña, J. (2013) *The Coding Manual for Qualitative Researchers*. London: SAGE.

Sandelowski, M. (1993) 'Rigor or rigor mortis: The problem of rigor in qualitative research revisited', *Advances in Nursing Science*, 16(2): 1–8.

Sandelowski, M. (2002) 'Keynote address: Second Annual Advances in Qualitative Methods Conference. Reembodying qualitative inquiry', *Qualitative Health Research*, 12(1): 104–15.

Sandelowski, M. (2003) 'Tables or tableaux? The challenges of writing and reading mixed methods studies', in A. Tashakkori and C. Teddlie (eds), *Handbook of Mixed Methods in Social & Behavioral Research* (pp. 321–50). Thousand Oaks, CA: SAGE.

Sandelowski, M. (2004) 'Using qualitative research', *Qualitative Health Research*, 14(10): 1366–86.

Sandelowski, M. (2007) 'Words that should be seen but not written', *Research in Nursing & Health*, 30(2): 129–30.

Sandelowski, M. and Leeman, J. (2012) 'Writing usable qualitative health research findings', *Qualitative Health Research*, 22(10): 1404–13.

Sandelowski, M.J. (2008) 'Justifying qualitative research', *Research in Nursing & Health*, 31(3): 193–5.

Sarli, C. and Holmes, K. (2014) 'Assessing the impact of research', available at https://becker.wustl.edu/impact-assessment, accessed 28 April 2014.

Sbaraini, A., Carter, S., Evans, R. and Blinkhorn, A. (2011) 'How to do a grounded theory study: A worked example of a study of dental practices', *BMC Medical Research Methodology*, 11(1): 1–10. Available from http://www.biomedcentral.com/1471-2288/11/128, accessed 2 November 2014.

Shibutani, T. (1962) 'Reference groups and social control', in A. Rose (ed.), *Human Behavior and Social Processes: An Interactionist Approach*. London: Routledge & Kegan Paul.

Silverman, D. (2011) *Interpreting Qualitative Data* (4th edn). London: SAGE.

Smolander, K. and Rossi, M. (2008) 'Conflicts, compromises and political decisions: Methodological challenges of enterprise-wide e-business architecture creation', *Journal of Database Management*, 19(1): 19–40.

Stanley, L. (2008) 'It's a craft and a job and requires practice', *Writing on Writing*. Available at www.dur.ac.uk/writingacrossboundaries/writingonwriting/lizstanley/, accessed 10 January 2010.

Stern, P.N. (2009) 'In the beginning Glaser and Strauss created grounded theory', in J.M. Morse, P. Stern, J. Corbin, B. Bowers, K. Charmaz and A. Clarke (eds), *Developing Grounded Theory: The Second Generation* (pp. 24–9). Walnut Creek, CA: Left Coast Press.

Stern, P.N. (2007) 'On solid ground: Essential properties for growing grounded theory', in A. Bryant and K. Charmaz (eds), *The SAGE Handbook of Grounded Theory* (pp. 114–26). London: SAGE.

Strauss, A.L. (1987) *Qualitative Analysis for Social Scientists*. New York: Cambridge University Press.

Strauss, A.L. (1993) *Continual Permutations of Action*. New York: Aldine De Gruyter.

Strauss, A.L. and Corbin, J.M. (1990) *Basics of Qualitative Research: Grounded Theory Procedures and Techniques*. Newbury Park, CA: SAGE.

Strauss, A.L. and Corbin, J.M. (1994) 'Grounded theory methodology: An overview', in N.K. Denzin and Y.S. Lincoln (eds), *Handbook of Qualitative Research* (pp. 273–85). Thousand Oaks, CA: SAGE.

Strauss, A.L. and Corbin, J.M. (1998) *Basics of Qualitative Research: Techniques and Procedures for Developing Grounded Theory* (2nd edn). Thousand Oaks, CA: SAGE.

Strubing, J. (2007) 'Research as pragmatic problem-solving: The pragmatist roots of empirically-grounded theorizing', in A. Bryant and K. Charmaz (eds), *The SAGE Handbook of Grounded Theory* (pp. 580–601). London: SAGE.

Sullivan, P. (2009) *Writing With Your Head in Your Hands*. Available at www.dur.ac.uk/writingacrossboundaries/writingonwriting/patricksullivan/, accessed 10 January 2010.

Teddlie, C. and Tashakkori, A. (2003) 'Major issues and controversies in the use of mixed methods in the social and behavioral sciences', in A. Tashakkori and C. Teddlie (eds), *Handbook of Mixed Methods in Social & Behavioral Research* (pp. 3–51). Thousand Oaks, CA: SAGE.

Thomson, O., Petty, N. and Moore, A. (2013) 'Clinical decision-making and therapeutic approaches in osteopathy: A qualitative grounded theory study', *Manual Therapy*, 19(1): 44–51.

Thornberg, R. (2012) 'Informed grounded theory', *Scandinavian Journal of Educational Research*, 56(3): 243–59.

Thornberg, R., Halldin, K., Bolmsjo, N. and Petersson, A. (2013) 'Victimising of school bullying: A grounded theory', *Research Papers in Education*, 28(3): 309–29.

Thulesius, H.O., Scott, H., Helgesson, G. and Lynöe, N. (2013) 'De-tabooing dying control: A grounded theory study', *BMC Palliative Care*, 12(1): 1–8. Available at http://www.biomedcentral.com/1472-684X/12/13, accessed 2 November 2014.

Tuhiwai Smith, L. (1999) *Decolonizing Methodologies: Research and Indigenous Peoples*. London: Zed Books Ltd.

UCSF (2007) *1906–2006 Centennial Celebration – UCSF School of Nursing – University of California, San Francisco*. Available at http://nurseweb.ucsf.edu/centennl.html, accessed 25 January 2010.

Ungar, M. and Liebenberg, L. (2011) 'Assessing resilience across cultures using mixed methods: Construction of the child and youth resilience measure', *Journal of Mixed Methods Research*, 5(2): 126–49.

University of Essex and University of Manchester (2012) *UK Data Service*. Available at http://ukdataservice.ac.uk/, accessed 2 November 2014.

Urquhart, C. (2007) 'The evolving nature of grounded theory method: The case of the information systems discipline', in A. Bryant and K. Charmaz (eds), *The SAGE Handbook of Grounded Theory* (pp. 339–60). London: SAGE.

Urquhart, C. (2013) *Grounded Theory for Qualitative Research: A Practical Guide*. London: SAGE.

Vågan, A. (2009) 'Medical students' perceptions of identity in communication skills training: A qualitative study', *Medical Education*, 43(3): 254–9.

Vingilis, E., Hartford, K., Schrecker, T., Mitchell, B., Lent, B. and Bishop, J. (2003) 'Integrating knowledge generation with knowledge diffusion and utilization: A case study analysis of the consortium for applied research and evaluation in mental health', *Canadian Journal of Public Health*, 94(6): 468–71.

Wasserman, J.A., Clair, J.M. and Wilson, K.L. (2009) 'Problematics of grounded theory: Innovations for developing an increasingly rigorous qualitative method', *Qualitative Research*, 9(3): 355–81.

Watson, R. (2003) 'Scientific methods are the only credible way forward for nursing research', *Journal of Advanced Nursing*, 43(3): 219–20.

Weed, M. (2009) 'Research quality considerations for grounded theory research in sport and exercise psychology', *Psychology of Sport and Exercise*, 10(5): 502–10.

Whiteside, M., Tsey, K., Cadet-James, Y. and McCalman, J. (2014) *Promoting Aboriginal Health: The Family Wellbeing Empowerment Approach*. Cham, Switzerland: Springer.

Wiener, C. (2007) 'Making teams work in conducting grounded theory', in A. Bryant and K. Charmaz (eds), *The SAGE Handbook of Grounded Theory* (pp. 293–310). London: SAGE.

Williams, S. and Keady, J. (2012) 'Centre stage diagrams: A new method to develop constructivist grounded theory – late-stage Parkinson's disease as a case exemplar', *Qualitative Research*, 12(2): 218–38.

Wilson, H.S., Hutchinson, S.A. and Holzemer, W.L. (2002) 'Reconciling incompatibilities: A grounded theory of HIV medication adherence and symptom management', *Qualitative Health Research*, 12(10): 1309–22.

Wolcott, H. (1990) *Writing up Qualitative Research*. Newbury Park, CA: SAGE.

찾아보기

인명